Wilhelm von Bode

Ausstellung von Kunstwerken des Mittelalters und der Renaissance

Wilhelm von Bode

Ausstellung von Kunstwerken des Mittelalters und der Renaissance

ISBN/EAN: 9783742870612

Hergestellt in Europa, USA, Kanada, Australien, Japan

Cover: Foto ©Thomas Meinert / pixelio.de

Manufactured and distributed by brebook publishing software
(www.brebook.com)

Wilhelm von Bode

Ausstellung von Kunstwerken des Mittelalters und der Renaissance

AUSSTELLUNG VON KUNST-WERKEN DES MITTELALTERS UND DER RENAISSANCE AUS BERLINER PRIVATBESITZ

VERANSTALTET VON DER KUNSTGESCHICHTLICHEN GESELLSCHAFT

20 MAI BIS 3 JULI 1898

BERLIN • G. GROTE'SCHE VERLAGSBUCHHANDLUNG • 1899

VON DIESEM WERKE SIND VIERHUNDERT IN DER PRESSE NUMERIRTE EXEMPLARE HERGESTELLT, VON DENEN VIERZIG ALS VORZUGSEXEMPLARE AUF HOLLÄNDISCHEM BÜTTENPAPIER, DREIHUNDERTUNDSECHZIG EXEMPLARE AUF KUPFERDRUCKPAPIER GEDRUCKT SIND • • DIESES EXEMPLAR IST NR. 325

HERAUSGEGEBEN IM AUFTRAGE DER KUNSTGESCHICHTLICHEN GESELLSCHAFT VON WILHELM BODE, REDIGIRT VON RICHARD STETTINER

DER TEXT WURDE HERGESTELLT IN DER REICHSDRUCKEREI DIE TAFELN IN DER LICHTDRUCKANSTALT VON ALBERT FRISCH

VERZEICHNISS DER AUSSTELLER

SEINE MAJESTÄT DER KAISER • IHRE MAJESTÄT DIE KAISERIN FRIEDRICH
Kaiser Friedrich-Museums-Verein • Kgl. Zeughaus • Kgl. Bibliothek zu Bayreuth • Beuth-Schinkelmuseum • Nicolaikirche
Adolf von Beckerath • Carl Becker • Wilhelm Bode • Eugen Bracht • B. Burchardt • A. von Carstanjen • W. von Dirksen • Graf August von Dönhoff-Friedrichstein • Josef Epstein • Ernst Ewald • Max J. Friedländer • Max Friedeberg • Friedrich Goldschmidt • Rud. Ph. Goldschmidt • Georg Gronau • von Grosheim • Wilhelm Gumprecht • Bruno Güterbock • Gustav Güterbock • Eugen Gutmann • A. Gwinner • Frau Julie Hainauer • Karl von der Heydt • Ludwig Hoffmann • Carl Hofmann • Carl Hollitscher • Oskar Huldschinsky • Eugen Kallmann • C. F. Karthaus • R. von Kaufmann • Max Kempner • Frau Sidonie Kjeldsen • Ludwig Knaus • Baron von Korff • Julius Lessing • Robert Lessing • Felix Liebermann • Martin Liebermann • Max Liebermann • Fürst Lichnowsky • K. von Lindenau • Friedrich Lippmann • Franz von Mendelssohn • Robert von Mendelssohn • Paul Meyerheim • Freiherr von Mumm • von Parpart • Graf F. von Pourtalès • Adolf vom Rath • Georg Reichenheim • Frau Johanna Reimer • Dietrich Reimer • Frau Cornelie Richter • von Roese • Frau Baronin von Rosenberg • Hermann Rosenberg • Frau Marie Rosenfeld • Gustav Salomon • Adolf von Savigny • Frau Olga Schiff • Arthur Schnitzler • Eugen Schweitzer • James Simon • L. Sussmann-Hellborn • Freifrau von Stumm • Hugo von Tschudi • Georg Voss • H. Wallich • Valentin Weisbach • Frau Mathilde Wesendonck • August Zeiss

INHALTS-VERZEICHNISS

VERZEICHNISS DER ABBILDUNGEN IM TEXT

VERZEICHNISS DER TAFELN

nische und deutsche Arbeiten des XVI. Jahrhunderts in Wachs, Bernstein, gepresster Masse. Vergl. S. 4

MAJOLIKEN, FAYENCE, STEINZEUG • Altflorentiner Majoliken. Zu S. 146—158 Fünf Tafeln, italienische Majoliken des XV. und XVI. Jahrhunderts. Zu S. 159 bis 177. Für die Arbeiten des XV. Jahrhunderts aus Faenza oder im Stil von Faenza vergl. S. 163—169, für die Arbeiten im römischen Stil vergl. S. 170—173, für die Arbeiten um 1500 vergl. S. 173—175, für die Arbeiten des XVI. Jahrhunderts vergl. S. 175—177 • • Deutsches Steinzeug. Französische und deutsche Fayence. Zu S. 177. 178

AUFNAHMEN VON SÄLEN DER AUSSTELLUNG • Südwand des Hauptsaals • • Westwand des Hauptsaals • • Ostwand des Hauptsaals • • Cabinet von Beckerath • • Cabinet Hainauer • • Cabinet James Simon

RENAISSANCE-AUSSTELLUNG
BERLIN 1898

EINLEITUNG « « VON WILHELM BODE « « «

DIE Renaiſſance-Ausſtellung, welche vom 20. Mai bis zum 25. Juni 1898 in den Räumen der alten Akademie der Künſte ſtattfand, iſt die dritte von der Berliner Kunſtgeſchichtlichen Geſellſchaft veranſtaltete Ausſtellung von Kunſtwerken älterer Zeit im Berliner Privatbeſitz. Solche Schauſtellungen waren gleich bei Begründung des Vereins im Jahre 1886 als eine der Hauptaufgaben desſelben in Ausſicht genommen. Die Reihenfolge, in welcher die Kunſtwerke zur Anſicht gebracht werden ſollten, wurde ſchon damals im Allgemeinen vorgeſehen und iſt im Weſentlichen beibehalten worden. Wenige Jahre nach Begründung des Vereins, im Frühjahr 1890, fand als erſte die Ausſtellung von Gemälden und Werken der Kleinkunſt der holländischen und vlämischen Schule des XVII. Jahrhunderts statt, da die älteren Sammler Berlins diese Schulen fast ausschliesslich bevorzugten. Die zwei Jahre später, wieder in den Räumen der Kunstakademie, abgehaltene Rokoko-Ausstellung fusste hauptsächlich auf dem grossartigen Besitz der Königlichen Schlösser zu Berlin und Potsdam: den Schöpfungen und Erwerbungen Friedrich's des Grossen, dem sich der reiche Besitz von Werken der Kleinkunst dieser Zeit bei zahlreichen Privatsammlern Berlins einfügte. Für das Jahr 1894 oder 1895 war eine Ausstellung von Kunstwerken der Renaissance vorgesehen, mit Rücksicht auf das rasch steigende Interesse der Berliner Sammler an der Kunst dieser Zeit. Wäre die Ausstellung damals schon zu Stande gekommen, so hätte sie ein theilweise anderes Gesicht erhalten wie bei ihrer jetzigen Ausführung. Damals zählte die an gewählten Arbeiten verschiedenster Art aus dem XV. und XVI. Jahrhundert so reiche Sammlung Ihrer Majestät der Kaiserin Friedrich, jetzt der Schmuck des Schlosses Friedrichshof, noch zu den Berliner Sammlungen; damals befand sich auch, freilich nur auf kurze Zeit, die in Wien zusammengebrachte und im verflossenen Frühjahr in London versteigerte, gleichfalls sehr gewählte Sammlung des Herrn Martin Heckscher gerade in Berlin. In Folge der Verzögerung der Ausstellung, die ausschliesslich durch die Krankheit des Unterzeichneten veranlasst wurde, musste auf die ansehnliche Zahl vortrefflicher Kunstwerke dieser Sammlungen verzichtet werden; wir konnten ferner auch einige ganz hervorragende altitalienische und altniederländische Bilder, welche Herr Adolf Thiem in den letzten Jahren seiner Galerie einverleibt hat, nicht für die Ausstellung mehr bekommen, da dieselbe inzwischen leider mit dem Besitzer, der für die Entwickelung des Sammelsinns und des Geschmacks in Berlin von hervorragendem Einfluss gewesen ist, in's Ausland gewandert war. Trotzdem ist der im fortwährenden Wachsen begriffene Bestand an Kunstwerken aus der Zeit der Renaissance im Berliner Privatbesitz noch so bedeutend, dass bei der altbewährten Bereitwilligkeit unserer Sammler, ihre Schätze im öffentlichen Interesse zu Ausstellungen darzuleihen, eine Fülle des Besten uns zur Auswahl stand. Der Erfolg der Ausstellung, die schliesslich kurzer Hand vorbereitet und unter schwierigen Verhältnissen in Scene gesetzt werden musste, hat die Zuversicht, mit der die kleine, für die Ausstellung zusammengetretene Commission an die Arbeit ging, in glänzender Weise gerechtfertigt.

Wenn sie in den weitesten Kreisen den allgemeinsten Beifall fand, so hat sie dies nicht am wenigsten dem Umstand zu verdanken, dass neben der Malerei und der Sculptur die Kleinkunst und das Handwerk der Renaissance in gleicher Weise herangezogen war und dass die grosse Zahl der mannigfachen Kunstwerke vorwiegend nach malerisch dekorativen Rücksichten angeordnet wurde. Wie die Besitzer der bedeutendsten Sammlungen, aus denen uns die Auswahl gestattet war, ihre Kunstwerke nicht als todte Sammlungsstücke in Pulten und Schränken aufbewahren, sondern die Einrichtung und den Schmuck ihrer Zimmer daraus herstellen, so ist in der Ausstellung der Versuch gemacht worden, die Räume, wenn auch nicht in Wohnräume mit Renaissance-Ausstattung zu verwandeln, so doch ihnen einen wohnlichen Charakter zu geben. Dabei kam es uns zu statten, dass die kleinen Räume: die drei Cabinette in dem nach dem Hof gelegenen Saal und das Cabinet an der Lindenfaffade, einzelnen hervorragenden Sammlern zu Sonderausftellungen überlaffen werden konnten, die jedes für fich als ein in mannigfachfter Weife mit Kunftwerken ausgeftatteter, behaglicher kleiner Innenraum hergerichtet wurden.

Zur Erinnerung an diefes grofse Gefammtbild und an die kleinen anziehenden Einzelbilder find eine Reihe von Aufnahmen der Räume von verfchiedenen Punkten aus angefertigt worden. Neben der reichen und malerifchen Gefammterfcheinung bot die Ausftellung aber auch in den einzelnen Kunftwerken nach verfchiedenen Richtungen durch die Zahl bedeutender wie hiftorifch werthvoller Stücke ein befonderes Intereffe. Unter den Gemälden befand fich eine Reihe hervorragender Arbeiten fowohl der altitalienifchen wie der altniederländifchen Schulen. Dasfelbe gilt für die Bildwerke der italienifchen Renaiffance. Von den Arbeiten der Kleinkunft waren die italienifchen Bronzen: Statuetten, Medaillen, Plaketten, in grofser Menge vertreten, darunter viele ausgezeichnete und feltene Stücke. Unter den deutfchen Holzbildwerken waren die Buchsmodelle und einzelne gröfsere Figuren befonders beachtenswerth. An Zahl nach verfchiedenen Richtungen ebenfo bedeutend und gut wie die italienifchen Bronzen waren die italienifchen Majoliken vertreten, obgleich nur eine befchränkte Anzahl aus dem reichen Befitz der Berliner Sammler ausgewählt wurde. Ähnliches gilt von den italienifchen Möbeln vom Ende des fünfzehnten und aus der erften Hälfte des fechzehnten Jahrhunderts, welche die Ausftattung einer Reihe von Wohnungen der Berliner Sammler bilden. Unter dem deutfchen Silber bot fich, neben ein paar der berühmteften Arbeiten ihrer Art, eine gröfsere Zahl von anfpruchsloferen, aber eigenartigen und feinen Arbeiten. Franzöfifche Limoges-Emails waren abfichtlich nur in mäfsiger Anzahl, zur farbigen Belebung einzelner Schränke, ausgewählt worden, da fie in Menge einförmig wirken. Aus ähnlichen Gründen war auch deutfches Steingut und Zinn nur in einzelnen guten Stücken zur Aufftellung gebracht. Von Arbeiten mittelalterlicher Kleinkunft, die (weil wenig zahlreich in den Berliner Sammlungen) in diefe Renaiffance-Ausftellung mit einbezogen wurden, konnte die Auswahl, namentlich bei den Elfenbeinfculpturen, eine vorteilhafte fein.

Von allen diefen Kunftwerken war bisher nur ein kleiner Theil bekannt; noch unbedeutender ift die Zahl der in Nachbildungen veröffentlichten Stücke. Bei dem in unferer Zeit nur zu rafchen Wechfel der Kunftwerke im Privatbefitz und bei der fchwierigeren Zugänglichkeit derfelben erfchien daher eine Vervielfältigung der werthvolleren Stücke fehr wünfchenswerth; denn für die Forfchung ift die Vermehrung des Materials an guten Nachbildungen direct nach den Originalen ein dringendes Bedürfnifs, um fo mehr als nach manchen Richtungen die Kunftwerke in öffentlichem Befitz lückenhaft oder doch unvollftändig oder ungenügend reproducirt worden find. So bieten namentlich die Publicationen der Ausftellungen, welche der Burlington-Fine-Arts-Club in London aus englifchem Privatbefitz jährlich veranftaltet, befonders werthvolles Material für die wiffenfchaftliche Forfchung. Unfer Berliner Verein, der in feinen Ausftellungen ähnliche Zwecke verfolgt wie der Londoner Kunftclub, hat fich auch an jenen Ausftellungs-Publicationen ein Vorbild genommen, dem wir, wie in dem Werk über die Rokoko-Ausstellung, so auch in dieser Publication der Renaissance-Ausstellung nachzueifern bestrebt waren. Wenn diese beiden Werke noch ausschliesslich aus dem Zusammenwirken einzelner Mitglieder des Vereins mit der Grote'schen Verlagsbuchhandlung entstanden sind und vor Allem dem Eifer und Fleiss des Herrn Richard Stettiner ihr Zustandekommen verdanken, so wird doch hoffentlich die Entwickelung unseres Vereins derart sein, dass sie bei späteren Ausstellungen die Herausgabe von Publicationen derselben regelmässig und, wie es bei dem Londoner Club der Fall ist, von Vereinswegen ermöglicht.

* *

In den im Folgenden zusammengestellten Aufsätzen haben nicht alle Stücke, haben nicht einmal alle Gattungen der ausgestellten Kunstwerke besprochen werden können. Auf ein Paar der wichtigsten dieser Kategorien, auf Gobelins und Teppiche sowie auf die Wachsreliefs, sei daher hier kurz hingewiesen. Wie wesentlich die *Gobelins* zur decorativen Wirkung beitrugen, wird Jeder in Erinnerung haben, der auch nur einmal die Ausstellung besuchte. Einzelne auf bestimmte Maler zurückzuführende Stücke finden bei den Gemälden Erwähnung. Die vier Stücke aus der Folge der sechs grossen Darstellungen mit den Triumphen Petrarca's nach B. van Orley aus kaiserlichem Besitz bildeten den vornehmen Wandschmuck des langen Seitensaales; das Treppenhaus war durch umfangreiche Gobelins von späteren niederländischen Meistern aus dem Besitz von Frau Cornelie Richter und Herrn Hermann Rosenberg geschmückt; vereinzelte und zum Theil besonders feine Stücke waren in den übrigen Räumen vertheilt. Darunter sind hervorragend: die Verkündigung, eine niederländische Arbeit um 1520, und die kostbare etwa gleichzeitige Verdura mit dem Wappen des Cardinals Giuliano de' Medici (beide Herr W. von Dirksen), sowie zwei schmale Compositionen mit Grotesken nach Bacchiacca's Zeichnungen aus der um die Mitte des Cinquecento blühenden Mediceer-Fabrik (Herr V. Weisbach). Unter den alten vorderasiatischen *Teppichen* war der prächtige Seidenteppich (Herr Arthur Schnitzler) ein ganz ungewöhnliches Stück durch seine Übereinstimmung in Zeichnung und Farbe mit den Fayencen von Damascus aus dem XVI. Jahrhundert.

Die hauptsächlichsten *Wachsarbeiten* sind auf einer Tafel zusammengestellt. Diese zierlichen, sehr geschätzten Arbeiten, meist — wie die hiesigen — Florentiner Ursprungs aus der zweiten Hälfte des XVI. Jahrhunderts, hat die Kunstforschung kaum berücksichtigt. Wir wissen aus Cellini's Selbstbiographie, dass er selbst solche Arbeiten, namentlich Bildnisse, ausführte; zu seiner Zeit und in seiner Nähe haben wir die Künstler zu suchen, von denen die feinen farbigen Wachsportraits im Besitz der Herren Simon, Weisbach und G. Reichenheim wie die delicaten und reizvollen Compositionen einer hl. Familie und einer Märtyrerin (Herr J. Simon) herrühren. Ein hervorragendes Stück in sonst undankbarem Material war das auf derselben Tafel abgebildete Bernstein-Reliefportrait in Goldfassung, den besten deutschen Medaillen gleichstehend (um 1525, Herr G. Reichenheim). Von solchen kleinen Stücken in Gold, Silber, Perlmutter u. s. w. wäre noch eine Reihe zu erwähnen.

DER SOG. MOSTAERT. FLÜGELALTÄRCHEN BES. FRIEDRICH LIPPMANN

MALEREI ◦ ◦ NIEDERLÄNDER UND DEUTSCHE ◦ VON MAX J. FRIEDLÄNDER ◦ ◦

EIN Werk des Grofsen, von dem alles Heil der nordifchen Malkunft ftammt, durften wir an die Spitze der altniederländifchen Tafeln ftellen. Die dem *Jan van Eyck* zugefchriebene »Kreuzigung« wurde zum erften Male öffentlich gezeigt. In dem englifchen Kunfthandel vor kurzer Zeit aufgetaucht und von dem Kaifer Friedrich-Mufeums-Verein der Berliner Galerie gewonnen, fteht das Bild frei von Litteratur da. Technifch bietet es einen etwas fremdartigen Anfchein. Die Farbfchicht fitzt auf Leinwand, was bei einem altniederländifchen Bilde diefer Gröfse — 42 gegen 29 cm. — und diefer Malart, der gewöhnlichen Malart Eyck's, gewifs ungewöhnlich ift. Die Farbe ift von ihrer Eichentafel auf die Leinwand erft übertragen worden, mit einem namentlich in Rufsland häufig angewandten Verfahren. Hier ift die Übertragung anfcheinend nicht vollkommen gelungen. Zwifchen der Leinwand und der Farbfchicht ift der alte Kreidegrund nicht erhalten, fo dafs die durchfcheinende Structur des Gewebes der Malerei ihre natürliche emailartige Gefchloffenheit nimmt.

An dem befonderen Zuftand der Malerei mag es hauptfächlich liegen, dafs nicht jeder befugte Beobachter von dem Eyck'fchen Charakter der Darftellung rafch berührt wird.

An das niedrige Kreuz genagelt, ift die Geftalt des fterbenden Heilands fchreckhaft geftreckt faft über die ganze Bildfläche. In dem nackten Leibe ein Reft von Befangenheit und gothischer Typik. In dem düsteren, beinahe wilden Antlitze, dem schwarzen Haar, das in feuchten Strähnen herabhängt, und in den Strömen Blutes, die aus den Wunden fliessen, ist das Martyrium naiv deutlich ausgedrückt. Rechts zu Seiten des Kreuzes stehend weint Johannes — ein mehr vulgärer Ausdruck würde vielleicht den fast kindlich ungezügelten Ausbruch besser bezeichnen —, mit eckigem Gestus führt er die linke Hand an das thränende Auge. Links steht Maria, wie versteinert.

Dahinter hebt sich scheinbar das Land, im Mittelgrunde belebt durch hell punktirtes Laubwerk, und entfaltet sich reich im Hintergrunde, wo eine Stadt mit thurm- und kuppelreichen Baulichkeiten sichtbar wird und rechts ein Hügel, der eine Pinie und eine Windmühle trägt. Noch ferner eine Doppelkette hoher Berge. Der Meister konnte sich nicht genug thun, die Unendlichkeit der Fernsicht in den schmalen Raum zu bergen und setzte all' seine Kunst an die durch Naturgestaltung und Menschenwerk geschmückte Weite, die von der Passion ungetrübt prangt. Mit liebevoller Hingebung und Freude an der Mannigfaltigkeit und Vielgliederigkeit ist das Fernste durchgeführt, wie der links seine nackten Äste empor- und durcheinandertreibende Eichbaum, wie die Vögel, die das Gezweig umschwärmen. Und über der Landschaft strahlt ein krystallklarer Himmel, in dem Wolken schwimmen, Haufen kleiner schimmernder Ballen, Formationen, die wir vom Genter Altar her kennen, auch von dem »hl. Franciscus« zu Turin und von der kleinen »Kreuzigung« in St. Petersburg.

Für Eyck's Weise der Naturbeobachtung ist nichts mehr charakteristisch als die fast allzu dringende Bemühung um Ausprägung der verschiedenen Stofflichkeiten. Vorn hat der glatte und steinige Boden viele Sprünge, die hier und da spinnwebenförmig die Platte überziehen, ganz wie das schieferige Gestein in der Einsiedler-Tafel des Genter Altares; und schwammartig durchlöcherte Steinklumpen und -klümpchen liegen umher, die von ebendaher bekannt sind. Die Wirrniss und der Glanz des Haares auf Johannis Kopf ist mit denselben Mitteln und derselben Wirkung wie auf den Schädeln der Heilspilger dargestellt.

Der vergleichende Blick wird immer wieder auf die Tafeln des Genter Altares gerichtet. Andere Eyck'sche Schöpfungen, die unserer »Kreuzigung« ganz besonders nahe stehen, nämlich die Petersburger Flügel, das »Grab Christi mit den heiligen Frauen« bei Sir Francis Cook und der »hl. Franz« in Turin sind nicht ganz frei von Anzweiflung geblieben — seltsam genug auch das zuletzt genannte Bild. Und wenn ich diese Zweifel auch für ganz unberechtigt halte, hindern sie mich immerhin daran, mit Hülfe jener Tafeln den Eyck'schen Charakter des neuen Bildes zu demonstriren, da der Schreiber stets des feindlichsten Lesers gedenken soll.

Der Genter Altar enthält in seiner grossen Menschenschaar genug Figuren, die geeignet erscheinen mit den drei statuarisch isolirten Gestalten der Kreuzigung verglichen zu werden. Wir finden dort Gewänder, die dem Mantel der Gottesmutter in den Faltenmotiven verwandt sind und wir finden dort Gewänder, die dem ganz anders gefalteten Mantel des Jüngers ähneln. Auch die Formen der Hände und der Köpfe hier und dort vergleichen wir nicht vergeblich und, wiewohl die dramatische Spannung der Passionscene keinem Theile des grofsen Altares eigen ist, selbst dem dreitönigen Schmerzensausdrucke wird Entsprechendes im Genter Altare entdeckt.

In den Köpfen Christi, Mariae und Johannis werden die dem Meister eigenen Züge nicht leicht übersehen werden, namentlich die scharfe horizontale Falte zwischen Nase und Stirn, die nur halb offenen, wie blinzelnden Augen und die feuchte, stark gerundete Unterlippe. Lehrreich zumal scheint die Vergleichung des Marienkopfes mit dem vermeintlichen Portrait Hubert van Eyck's im Genter Altar; gerade weil hier Dinge mit einander verglichen werden, die der Aufgabe nach weit auseinanderliegen, tritt die Identität der die Formen gestaltenden, den Ausdruck suchenden Künstler-Individualitäten überzeugend hervor.

Ich vermuthe, dafs diese »Kreuzigung« ebenso wie die Täfelchen in Petersburg und »Die Frauen am Grabe Christi« in Richmond, in welchen Werken ein Kampf zwischen Überlieferung und selbständiger Naturbeobachtung nicht ganz zu Ende geführt zu sein scheint, gleichzeitig mit dem Genter Altar oder selbst früher entstanden sind. Die spätere Kunst Jan van Eyck's ist beruhigter, milder und heiterer.

Dafs *Roger van der Weyden* mindestens *ein* Portrait geschaffen hat, abgesehen von den Stifterbildnissen in seinen Compositionen, wissen wir aus dem Kunstinventar der Margarethe von Österreich, in dem ein Bildnifs Carl's des Kühnen von seiner Hand erwähnt wird. Es gilt den Menschentypus in der vergleichsweise erstarrten Kunst des Brüsseler Malers zu erfassen. Seine Portraitirfähigkeit ist nicht so grofs, als dafs nicht das Typische seines Stiles überall durchdränge. Die sechs oder sieben Männerbildnisse, die dem Meister mit dem besten Rechte zugeschrieben werden dürfen, bilden auch in Äufserlichkeiten, wie Kleidung, Haartracht und Behandlung des Hintergrundes, eine ziemlich fest geschlossene Gruppe. Dem im Antwerpener Museum bewahrten Portrait Philipp's des Guten, das übrigens anscheinend nur eine alte Wiederholung ist, wie die entsprechenden Tafeln, die in Gotha, im spanischen Privatbesitze und sonst gezeigt werden, schliefst sich wohl mit Recht das als Original betrachtete Berliner Portrait an, das vielleicht ebenso wenig Carl den Kühnen vorstellt wie Roger's Mann mit dem Pfeil in Brüssel. Dann der Herr von Croy, wieder in Antwerpen, Jean de Gros' Bildnifs, kürzlich aus Brügge in den Besitz eines Pariser Sammlers gelangt, endlich das schönste von allen, der junge Mann in der venezianischen Akademie. Von Frauenbildnissen möchte ich am ehesten hier anreihen das durch seine gute Erhaltung auffällige Portrait, das die Schenkung der Mrs. Lyne Stephens der Londoner National Gallery zugeführt hat (aus der Sammlung Beurnonville), das ähnliche Bildnifs in Wörlitz und das feine Brustbild einer älteren Frau bei Adolphe von Rothschild in Paris.

Das Portrait eines älteren bartlosen Mannes, das Herr Geheimrath von Kaufmann zu unserer Ausstellung geliehen hatte, fügt sich in die zusammengestellte Gruppe ein. Ein magerer Kopf, nicht unähnlich dem Peter Bladelin's, des Stifters in dem Berliner Flügelaltar, reckt sich aus dem schwarzen Gewande, das hinten am Halse kragenartig emporsteigt, vorn aber den kräftigen Hals frei läßt. So oder ähnlich ist der Abschluß der Kleidung in all' den Bildnissen Roger's. Der Mangel an dem vermittelnden Weiß des Untergewandes macht, daß der Ansatz des entblößten Halses ein wenig brutal erscheint. Charakteristisch für den Meister sind namentlich die nicht ganz einwandfreie Zeichnung der nahe an einander gerückten Augen, die Leere der Form, die Betonung der zeichnerisch erfaßten Hauptlinien, besonders der langen Kinnbackengrenze, die geringe Stofflichkeit des Fleisches, endlich die herbe und bittere Empfindung, die den Kopf beseelt. Das Haar ist, wie auch in den anderen Bildnissen des Meisters, straff in die Stirn und über die Schläfen gekämmt und scheint eine Perücke zu sein.

ROGER v. d. WEYDEN. BILDNISS. BES. v. KAUFMANN

Das Bildniß hing, wie alle Gemälde — mit *einer* Ausnahme —, die Herr von Kaufmann zu der Ausstellung gesandt hatte, in dem kleinen Vorderraum, der sich an den »Uhrsaal« anschließt. Das mit Möbeln und Holzfiguren aus dem Besitze dieses Sammlers in einheitlichem Stile ausgestattete Cabinet bot eine Galerie deutscher und niederländischer Tafeln des XV. und XVI. Jahrhunderts, wie sie keine andere Privatsammlung aufzuweisen vermag, wiewohl auch innerhalb der angedeuteten zeitlichen und örtlichen Begrenzung der Besitzstand des Sammlers mit dem Inhalt unseres Cabinets keineswegs erschöpft war.

Der Flügelaltar mit der Beweinung Christi an der rechten Wand dieses Raumes — für den nach dem Fenster Blickenden — trug schon in der Sammlung des Rev. Heath *Memling*'s Namen, wurde aber später kurze Zeit für eine Schöpfung des Dirk Bouts gehalten. Der Leib Christi und die drei Trauernden, Maria, Johannes und Magdalena, sind im Mittelfelde ohne Benutzung der räumlichen Tiefe geordnet. Die Gottesmutter und der Jünger bilden mit dem todten Leib, der etwas absichtlich zur Vorderansicht gewendet ist, eine fest geschlossene Gruppe, während Magdalena, in lebhaftem Schmerzensausdruck die Hände in Scheitelhöhe ringend, ein wenig abseits kniet. Die Flügel, die parquettirt sind — die Malerei der Außenseite ist verloren —, zeigen rechts den hl. Christoph, links den Jacobus Maior. Innerhalb der Grenzen, die Memling's Gestaltungskraft gesetzt waren, zeigt die Mitteltafel eine nicht gewöhnliche dramatische Energie und übertrifft an Kraft und Tiefe der Empfindung die beiden der Composition nach verwandten Darstellungen in der Doria-Galerie und im Hospital von Brügge, wie auch die entsprechende Gruppe im Lübecker Altar. Etwa 1475, also in der früheren Zeit des Meisters, ist der Altar entstanden. Die etwas ungelenke statuarische Erscheinung

Christoph's und Jacob's ist neben vielen anderen Stileigenschaften dieser Periode Memling's charakteristisch. Von noch stärkerem innerem Leben bewegt als dieses Werk erscheint übrigens das Fragment mit Johannes und vier klagenden Frauen in der Münchener Pinakothek, das sonderbarer Weise mit Memling noch nicht in Zusammenhang gebracht worden ist.

Memling's Ruhm ruht nicht so sehr auf den dramatischen Compositionen wie auf den ruhigen Andachtsbildern. Stellen wir die nicht wenigen Madonnenbilder des Meisters den Madonnenbildern gegenüber, die wir für *Dirk Bouts* in Anspruch nehmen, so wird deutlich, was bei der Gegenüberstellung je *eines* Marienbildes der beiden Meister vielleicht noch nicht deutlich würde. Der Löwener Maler hat das idyllische Motiv mit stärkerem Antheil gestaltet und namentlich das Gebaren des Kindes natürlicher, zugleich mannigfaltiger dargestellt. Memling wiederholt sich oft, giebt dem Kinde ein unkindliches, an Verehrung gewöhntes Wesen und drückt das zärtliche Verhältnifs zwischen Mutter und Kind nicht recht aus. Die kleinen Tafeln des Dirk Bouts, auf denen Maria in halber Figur erscheint, mit gesenkten Lidern der sorglichen Betrachtung des Kindes hingegeben, stelle ich zusammen. Erst das unter dem richtigen Namen in Antwerpen ausgestellte Bildchen mit waldigem Hintergrunde und das mit der irrigen Benennung »van der Goes« im Bargello zu Florenz (Sammlung Carrand) bewahrte Gemälde, von dem eine mindestens gleichwerthige Wiederholung existirt. Dann die kürzlich vom Kaiser Friedrich-Museums-Verein der Berliner Galerie gewonnene Tafel. Hier lächelt das Christkind den Beschauer an und ergreift mit der rechten Hand die grofse Zehe des rechten Fufses. Das originelle Motiv scheint den Zeitgenossen gefallen zu haben. Die Composition wurde im XV. Jahrhundert wiederholt. Ferner die aus den Sammlungen Pourtalès und Gontard in das Staedel'sche Institut zu Frankfurt gelangte Madonna, die dem Kinde die Brust bietet, und das auf der Auction Spitzer von G. Salting erworbene, besonders sorgfältig durchgeführte und gut erhaltene Bild. Hier schliefse ich das Gemälde unserer Ausstellung an, das Graf Friedrich Pourtalès — wie 1883 sein Vater — geliehen hatte. Maria blickt, fast ganz von vorn gesehen, seitlich herab auf das Kind, das in ihren Armen liegt, ähnlich wie in dem Frankfurter Bilde, und dessen ausgestreckte Ärmchen mit dem Rosenkranz spielen. Der landschaftliche Grund ist dem der Antwerpener Tafel verwandt. Die Malerei ist vortrefflich erhalten, warm in

[illegible]

der Färbung, kräftig im Auftrage, die Modellirung sorgsam und wirkungsvoll, die Zeichnung, namentlich in den Madonnenhänden, feiner als gewöhnlich. Unter den vielen Eigenschaften, an denen der Meister erkannt wird, hebe ich einige hervor: die intime, phlegmatische und melancholische Auffassung — Memling ist minder melancholisch und viel weniger intim, van der Goes minder phlegmatisch —, die zum Kinn spitz zulaufende Kopfform Mariae mit der breiten Stirn und die übertreibende Betonung der Lichtreflexe, die als helle Streifen auf der Schattenseite Leben bringen und die schwere Form klären.

Das grofs aufgefafste, wenn auch eben nicht fein durchgebildete Bruftbild eines bartlosen Mannes, das Herr W. Gumprecht ausgeftellt hatte, ift nicht fpäter als 1450 entftanden, wie fchon das Coftüm erkennen läfst, das turbanartige Kopftuch mit gezaddelten, feitlich herabfallenden Enden. Embleme, mit denen in eigenthümlicher Art die Zipfel des Kopftuchs geziert find, kleine Bücher und Notenfchrift, fcheinen den Dargeftellten als einen Meifter der Mufik zu bezeichnen. Die Malerei ift nicht im beften Zuftand; von der Zeichnung in dem Antlitz und von der Modellirung fcheint Manches verloren gegangen zu fein. Bei einem Verfuche, das Werk unterzubringen in ein etiquettirtes Fach, werden wir zu der glücklich umgrenzten Individualität des *Meifters von Flémalle* geführt, an deffen Art die entfchloffene Anlage des Kopfes, der entfchiedene Ausdruck, die etwas grelle Contraftirung von Hell und Dunkel und die ftarke Befchattung der Oberlippe erinnern. Nicht verfchwiegen fei, dafs die Holzart der Tafel, ftatt Eiche ein weicheres Holz, nach Oberdeutfchland weift. Der Stil und das Coftüm widerfprechen aber diefer Hinweifung, und auch als oberdeutfche Copie eines niederländifchen Originals darf man das Portrait nicht auffaffen.

Aus der Sammlung Hainauer war wiederum, wie 1883, die Darftellung Chrifti im Tempel ausgeftellt, die zu zwei Tafeln der Berliner Galerie gehört und über deren Autor W. Bode in feiner Befprechung der älteren Ausftellung fich geäufsert hat. Das Hainauer'fche Bild ift mit feinen hübfchen farbenreichen Frauentrachten die reichfte der drei Tafeln, die gleiche Mafse haben und ficher von *einem* Altar ftammen. Dem Meifter, dem die Trachten und alles Beiwerk beffer als die ein wenig blöde dreinfchauenden Köpfe gelingen, möchte ich die Heimfuchung in Lützfchena zufchreiben. Der wohl nicht fpäter als 1460 thätige Maler fteht dem Meifter von Flémalle am nächften.

Das befcheidene Madonnenbildchen mit dunkel fchraffirtem Goldgrund, von Herrn Oscar Hainauer auf der Auction Spitzer erworben, erinnert entfchieden an die Art des *Hugo van der Goes*, fowohl in den Formen der Köpfe und Hände, der kühlen, etwas flachen Färbung, wie in der Auffaffung. Nur bleibt diefe Halbfigur an Qualität hinter der entfprechenden, ficher von van der Goes gefchaffenen Darftellung im Staedel'fchen Inftitut zu Frankfurt ein wenig zurück.

Eher mit *Dirk Bouts* als mit van der Goes in Zufammenhang fteht der ganz von vorn gefehene Chriftuskopf, den Herr von Kaufmann ausgeftellt hatte, foweit die typifche Geftaltung überhaupt eine Meifter-Individualität verräth. Ähnliche Darstellungen sind nicht selten, eine genau entsprechende ist im Besitze des Herrn Dr. U. Thieme in Leipzig. Der auch nicht stark abweichende Kopf im Museum zu Antwerpen zeigt die Hand des Dirk Bouts ziemlich deutlich.

Der *Meister der Himmelfahrt Mariae*, der seinen Namen nach zwei Altären in der Brüsseler Galerie empfangen hat, war mit zwei kleinen Altarflügeln aus der Sammlung v. Kaufmann und mit der Halbfigur des hl. Augustinus, einem Fragment aus dem Besitze des Herrn Geheimraths Julius Lessing, auf der Ausstellung vertreten. An der hellen, dabei doch trüben Färbung, den untersetzten Proportionen, an den Formen der Landschaft, die unruhig, mit bläulichen Bäumchen besät erscheint, und an der punktirenden Ausführung der Schattenpartien in der Gewandung, namentlich in der rothen, ist dieser ziemlich fruchtbare Maler nicht eben schwer zu erkennen. Da er in mindestens drei mir bekannten Fällen Compositionen des Dirk Bouts übernommen und in seine mehr spiessbürgerliche Sprache übersetzt hat, so dürfen wir ihn mit einiger Sicherheit in *Löwen* localisiren. Das Abendmahl, eine der Darstellungen des Bouts, die er copirt hat, ist ja wohl nie aus seiner Löwener Capelle herausgekommen. Von *Albert Bouts*, einem Sohne des Dirk Bouts, wird uns übrigens erzählt, dass er eine »Himmelfahrt Mariae« gemalt habe.

Der *Meister des hl. Aegidius*, dessen Individualität v. Tschudi zuerst erkannt hat, war gegen das Ende des XV. Jahrhunderts thätig, vielleicht in Frankreich oder an den Grenzen von Belgien und Frankreich. Unsere Ausstellung bot die beiden kleinen Tafeln aus dem Besitze des Herrn von Kaufmann, die Darbringung im Tempel und die Flucht nach Aegypten, die v. Tschudi schon mit vollkommenem Rechte den beiden Londoner Legendenscenen angereiht hat. Der interessante Umstand, dass zur Architektur in unserer »Darbringung« der oberitalienische, mit Bramante's Namen bezeichnete Kupferstich als Vorbild diente, ist bereits bemerkt worden. Die Passionsbilder in London und Liverpool, sowie das »Martyrium des hl. Sebastian« in Berlin, die v. Tschudi mit dem Meister wenigstens in lose Beziehung gebracht hat, scheinen mir nicht hierher zu gehören. Dagegen wurden auf der Auction des Barons de B . . . (Paris 1883) zwei Darstellungen aus der Legende eines Bischofs angeboten, die nicht nur zweifellos von dem Aegidius-Meister herrühren, sondern sogar vielleicht zu demselben Altar gehören wie die berühmten Londoner Tafeln.

In dem Cabinet des Herrn von Kaufmann nahm viel Raum und Aufmerksamkeit in Anspruch ein höchst farbiges, decorativ wirkungsvolles Breitbild, das erst kürzlich aus dem Wiener Privatbesitze nach Berlin gekommen ist. In steifem Beieinander je zwei Heiligengestalten zu Seiten der Anna selbdritt, rechts auf niedrigem Sitz die hl. Barbara, hinter ihr stehend der hl. Ludwig, links sitzend die hl. Katharina, weiter hinten stehend Johannes der Täufer. Das Christkind bietet vom Schoosse Mariae der hl. Katharina den Ring, den anzunehmen die Jungfrau keineswegs bereit ist, weil sie mit der einen Hand dem Kinde eine Nelke reicht, mit der anderen ein Buch hält. Ein Sympton für die nicht gerade verständige Verarbeitung überkommener Vorbilder. Der Maler kannte Memling's Katharinenaltar, gewiss aber auch Werke des van der Goes. Sein Stil ist ungleichmässig und unorganisch und gerade deshalb nicht leicht in anderen Arbeiten wiederzuerkennen. Von ihm rühren her, wenn ich nicht irre, die Madonna in Halbfigur, mit der Bezeichnung »scuola tedesca« im Poldi-Pezzoli-Mufeum zu Mailand ausgeftellt, und ein etwas gröberes, von 1486 datirtes Diptychon, das jüngft im Londoner Kunfthandel aufgetaucht ift.

Den Malern, die zu Brügge feit 1470 etwa thätig waren, ift ein Mangel an Erfindungskraft eigen, der bei aller Hochfchätzung ihrer grofsen Eigenfchaften nicht überfehen werden foll. Und diefer Mangel wird fühlbarer in der Abfolge der drei Generationen, die mit den Namen »Memling«, »Gerard David« und »Moftaert« bezeichnet werden. Wird bei dem Studium Memling's das nahezu mechanifche Wiederholen einiger Motive, wie der Haltung des auf dem Schoofse Mariae fitzenden Chriftkindes, offenbar, fo wurde für die Schaffensart des Gerard David charakteriftifch gefunden, dafs er in zwei deutlichen Fällen relativ unbedeutenden Kupferftichen grofse, ungewohnte Compofitionen entlehnt hat. Der Pfeudo-Moftaert endlich hält fich an David, der wahrfcheinlich fein Lehrer war, wendet fich aber nicht felten, da fein Meifter einen kargen Vorbilderfchatz bietet und hinterläfst, zu den erfindungsreichen Oberdeutfchen, zu Dürer und auch zu Schongauer. Für die merkwürdige Unfelbftändigkeit diefes in anderer Hinficht hoch begabten Malers laffen fich fehr viele Zeugniffe zeigen.

Gerard David war auf unferer Ausftellung reich vertreten, wenngleich nur *ein* Werk dort war — vier Heilige, in *einen* Rahmen zufammengeftellte Flügelbildchen eines kleinen Altares, im Befitze des Herrn James Simon —, deffen Angliederung an das »Werk« des Brügger Meifters keiner Vertheidigung bedarf. Die Heiligen Chriftophorus, Franciscus, Hieronymus und Antonius ftehend, mit landfchaftlichem Grunde. Die Figuren entfprechen in jedem Zuge der bekannten Art des Malers und vertraten würdig, wenn auch die Erhaltung der Täfelchen nicht ganz einwandsfrei ift, die reife Periode feines Schaffens. Um dagegen die drei Bilder aus der Sammlung von Kaufmann, denen wir den Meifternamen »Gerard David« beigefchrieben hatten, richtig einzuordnen, mufs die bisher vernachläffigte Jugendkunft des Malers beleuchtet werden. Gegen das berühmte Bild in Rouen find die nicht weniger gut beglaubigten Gerichtsbilder in Brügge, die von 1499 datirt find, allzu ftark in den Hintergrund getreten. Das intereffantefte der Werke, die nach genauer Betrachtung der Brügger Stadthaustafeln dem Meifter zugefchrieben werden dürfen, ift mir die Kreuzigung Chrifti — beffer Nagelung Chrifti auf's Kreuz — im Befitze der Lady Layard zu Venedig. Zu der merkwürdigen, leider in fchlimmem Zuftand befindlichen Tafel, die doppelt fo breit wie hoch ift, gehören, wenn ich recht fehe, die beiden Flügel im Mufeum zu Antwerpen, die unter Mabufe's Namen ausgeftellt find. Ludwig Scheibler hat das Mittelbild und hat die Flügel, ohne einen Zufammenhang anzunehmen, als dem Geertgen von St. Jans nahe ftehend bezeichnet. Diefe Beziehung zur holländifchen Kunft foll nicht vergeffen werden. In Antwerpen ftehen zur Linken die fteifen Reiter, die Henkersarbeit überwachend, zur Rechten Magdalena, Johannes mit Maria und noch zwei Frauen. Mufs das Mittelbild, das zu diefen quadratifchen Flügeln gefucht wird, doppelt fo breit wie hoch fein, fo kann die Kreuzigung in der gewohnten Gestaltung schwerlich darauf Platz haben, während die Kreuztragung zwischen den fest, einander zugekehrt stehenden Gruppen der Trauernden und der Henkersgarde sich kaum bewegen kann. Die höchst seltene Darstellung der Nagelung auf's Kreuz ist dasjenige, was diese Flügelbilder zu verbinden geeignet ist. Und das Layard'sche Gemälde stimmt stilistisch wohl zu den Seitenstücken. Mit pedantischer Genauigkeit, mit anscheinend schwach berührtem Herzen hat Gerard David das grausame Werk hier geschildert, wie in dem einen furchtbaren Brügger Gerichtsbilde, ohne den leidenschaftlichen Zug, der über die quälenden Einzelheiten hinwegzureissen vermöchte.

GERARD DAVID: DER HL. FRANZ
BES. F. v. KAUFMANN

Es giebt einen zweiten Weg zu Gerard David's Jugendkunst. Die »Hochzeit zu Kana« im Louvre gilt jetzt jedem Verständigen als Schöpfung des Meisters. Ausserdem besitzt der Louvre ein Triptychon, in dessen Mittelfelde die Madonna zwischen zwei merkwürdig gerade stehenden Engeln, in Abhängigkeit von Memling, dargestellt ist. Das Compositionsmotiv dieser Madonna ist frei wiederholt in einem Bilde der Northbrook-Sammlung, das im gewöhnlichen, späten David-Stil ausgeführt ist, und in einem kleineren Bilde der Berliner Galerie, das von dem Pseudo-Mostaert stammt. Die Flügel des Pariser Flügelaltares zeigen eben den Donator und seine Gattin, die als Stifter-Figuren, *etwa 10 Jahre älter*, an der Hochzeit zu Kana theilnehmen. Dieses Triptychon ist ein ziemlich frühes Werk des Gerard David und ein für die Herkunft und Entwickelung seiner Kunst sehr lehrreiches.

Der Gruppe der Jugendarbeiten schliesst sich die Anbetung der Könige in Brüssel an, die Scheibler schon richtig bestimmt hat.

Herr von Kaufmann hatte zwei kleine, sorgsam in warmem Tone durchgeführte Flügelbilder ausgestellt. Das linke Täfelchen zeigt den genau von vorn gesehenen, in feierlich gerader Haltung vor einer Baumwand des Mittelgrundes stehenden Täufer. Die kühle Unbeweglichkeit, die Pedanterie der wohlverstandenen Falten, die statuarische Isolirtheit der übermässig klar und stark modellirten Figur, das sind wesentliche Eigenschaften Gerard David's, die keiner seiner Schöpfungen fehlen. In dem anderen Bildchen ist der hl. Franz, der die Stigmata empfängt, im Zwange der Aufgabe bewegt und beseelt, oder vielmehr ist in einer bewegten Haltung erstarrt. Den Fluss der Bewegung lässt David nicht fühlen. Hier ist namentlich der Faltenwurf und die Landschaft bezeichnend. Man betrachte vergleichend das Pariser Triptychon. Stilistisch nah verwandt und derselben Periode des Meisters angehörend erscheint die Geburt Christi, die Herr von Kaufmann aus Rufsland erwarb und deren Zusammenhang mit der aus den Sammlungen Nieuwenhuys und Spitzer in die Galerie von Budapest gelangten sehr ähnlichen Composition bekannt ist. Auch auf ein drittes, in Composition und Stil verwandtes Gemälde im Pariser Privatbesitze, das sehr schlecht erhalten ist, wurde schon hingewiesen. Das Berliner Bild ist die zweite Redaction, in der die Figuren ein wenig geschlossener angeordnet erscheinen als in Budapest und das Christkind und die beiden Engel nicht ganz so kümmerlich in den Gröfsenverhältnissen sind. Herrlich hier und dort ist die Hintergrundslandschaft, in deren Baulichkeiten eine nicht geringe architektonische Erfindung eifrig sich bethätigt. Es giebt in den Jugendwerken des Gerard David mehr als einen Anhaltspunkt dafür, dafs der Lernfähige an den Werken van Eyck's nicht unbelehrt vorbeigegangen ist.

Von dem nicht so gestaltungskräftigen, wie mafsvollen, vornehmen, mit dem Reiz seiner Frauengestalten und der warmen Gluth seiner Färbung höchst gefälligen Maler, den ein langlebiger Irrthum Jan Mostaert nennt, bot unsere Ausstellung drei Werke, nämlich zwei Donatorenflügel, dann eine kleine Wiederholung des berühmten, jetzt dem Mabuse richtig zugeschriebenen Palermitaner Triptychons und endlich ein köstliches Flügelaltärchen, das Herrn Geheimrath Lippmann gehört. Die Altarflügel aus der Sammlung von Kaufmann mit den gedrängten Portraitgruppen, auf der einen Tafel der Stifter mit den Söhnen, empfohlen von dem Evangelisten Johannes, auf der anderen die Gattin mit den Töchtern unter dem Schutze einer weiblichen Heiligen, sind ein recht typisches Werk des Meisters, dessen Erfolge im umgekehrten Verhältnisse zu den Bildgröfsen zu stehen scheinen. Die Verhältnisse dieser Tafeln — die Figuren haben halbe Lebensgröfse — sind ihm schon ein wenig beschwerlich grofs. Die Formen zeigen eine etwas leere, verblasene und unstoffliche Erscheinung, während der decorativ coloristische Effect von schöner Ruhe und Weichheit ist. Noch deutlicher treten die Mängel hervor in den ganz ähnlich geordneten Donatorengruppen mit dem hl. Georg und der hl. Barbara in der Galerie zu Brüssel. Der auf den Flügeln der Sammlung von Kaufmann dargestellte Stifter scheint ein besonders eifriger Gönner des Pseudo-Mostaert gewesen zu sein. Der Earl of Northbrook besitzt seit ganz kurzer Zeit in seiner Sammlung, in der unser Meister übrigens ohnedies schon hervorragend gut vertreten war, eine Madonnentafel, in der *eben der* Stifter mit Weib und Kindern adorirend kniet. Hier sind bei den einzelnen Portraits die Lebensjahre vermerkt, was auf unseren Flügeln nicht der Fall ist.

Das Flügelaltärchen in Palermo, des jungen Mabuse glücklichstes Werk, weckte mit seinen neuen Eigenschaften nicht geringes Aufsehen und wurde öfters wiederholt. Neben der im Stil sehr wenig abweichenden Replik des Mittelbildes in der Sammlung des Earl of Northbrook und der schwächeren Wiederholung auf Schlofs Gnadenthal zeichnet sich das kleine Triptychon aus dem Besitze des Herrn von Kaufmann, das nur im Mittelfelde dem Palermitaner Flügelaltar entspricht, durch eine deutlich abweichende Behandlung aus. Die geistreiche, glitzernde Lebhaftigkeit Mabuse's ist in die dumpfe Ruhe des Pfeudo-Moftaert überfetzt. Die Flügel find nicht wiederholt. Auf dem linken Seitenfeld ift vielmehr der hl. Andreas ftehend dargeftellt, rechts ein knieender Stifter, deffen Ausführung abweicht von der übrigen Malerei und der vielleicht ein wenig fpäter von anderer Hand hinzugefügt worden ift. Gemeinhin wird der Pfeudo-Moftaert den Meiftern des XV. Jahrhunderts angereiht, infofern auch mit Recht, wie er die Überlieferung der älteren Brügger Malerei treu fortführt, doch war er wohl gleichalterig etwa, wenn nicht gar jünger, mit dem ganz unähnlichen Sprofs deafelben Stammes, dem unruhigen Neuerer Mabufe. Seine im Technifchen durchaus gefunde, in der Auffaffung erfchöpfte und rückftändige Kunftübung zollte der revolutionären Macht der zu neuen Geftaltungen drängenden Meifter vom Schlage des Mabufe öfters mit unmittelbarem Nachahmen verehrenden Tribut.

Das Triptychon aus dem Befitze des Herrn Geheimraths Lippmann hat ganz kleine Mafse, die kleinften, in denen der Meifter fich überhaupt ausgedrückt hat, und in dem gedrängten Beieinander find alle feine Vorzüge glücklich vereinigt. Auf der Aufsenfeite der Flügel find in ftatuarifchen, fein bewegten Geftalten von anmuthigem weiblichem Reiz die Verkündigung und die Heimfuchung dargeftellt — grau in grau. Um fo köftlicher glühen die Localfarben in warmer Harmonie nach der Öffnung der Thürchen. Roth ift, wie ftets bei dem Pfeudo-Moftaert, die herrfchende Note. In der Mitte liegt das Chriftkind, rechts und links knieen, fymmetrifch einander zugewandt Maria und Jofeph. Auf dem rechten Flügel die Flucht nach Aegypten, auf dem linken die Anbetung der Könige, beide Scenen, im Zwange des fehr fchmalen Raumes, mit etwas kleineren Figuren gefchildert und mit Fortlaffung alles nicht unbedingt Nöthigen. Wie ökonomifch der Meifter mit feinen Compofitionstypen fchaltet, lehrt die Vergleichung diefer Anbetung der Könige mit der entfprechenden Darftellung in der Münchener Pinakothek. Die Scene, die in München die doppelte Breite einnimmt, ift nicht ungefchickt zufammengefchoben, ohne dafs die Hauptfiguren in der Haltung, in den Bewegungsmotiven irgendwie verändert wären.

Während Brügge den Stil des XV. Jahrhunderts zu conferviren fucht, vereinigt fich in Antwerpen die Luft am Neuen mit felbftändiger Geftaltungskraft wenigftens in *einer* Perfönlichkeit.

Die beiden kleinen und befonders fchmalen Altarflügel mit dem Evangeliften Johannes und der hl. Agnes, die, aus englifchem Privatbefitz nach Köln gelangt, bei der Verfteigerung der Sammlung Nelles eingefchoben wurden, hat Ludwig Scheibler als Arbeiten des *Quentin Maffys* beftimmt. Herr A. von Carftanjen, der die Täfelchen auf der Kölner Verfteigerung erwarb, fchmückte die Berliner Ausftellung damit. Der bis zum Knie fichtbare Evangelift füllt die Breite des einen Flügels ganz aus mit feinem rothen Gewande, deffen Farbe im Licht wie im Schatten wenig von feiner Intenfität verliert. Er fegnet mit der faft bis zum Kinn erhobenen Rechten den Kelch, aus dem der kleine Drache fich erhebt. Das jugendliche, herbe und doch formenfchöne Antlitz mit dem ganz leicht geöffneten Munde und der leicht gerunzelten Stirne drückt die seelische Spannung einer vornehmen, empfindsamen Menschenart aus, deren natürliche Stimmung leidvolles Nachdenken ist. Die reich gekleidete und zierlich geschmückte weibliche Heilige hält mit der Linken einen grünen Zweig und liest andächtig in ihrem Buche. Das Lamm springt wie ein treuer Hund an ihr empor. Von der sehr fein durchgeführten Landschaft wird nur ein Weniges sichtbar, rechts und links von den Köpfen und darüber. Auf der Tafel der hl. Agnes wächst ein im Mittelgrunde stehender einzelner Baum sehr schlank empor bis zum oberen Bildrande — wie fast stets in den Hintergrundslandschaften des Massys, aber auch des Patenier. Unter den anerkannten Schöpfungen des Quentin Massys wird schwer etwas unmittelbar zum Verglichen-werden Geeignetes gefunden. Fast alle von dem Meister geschaffenen Gestalten zeigen die Grössenverhältnisse des Lebens, während unsere Figuren etwa ein Drittel der natürlichen Grösse haben. Freilich van Mander berichtet mindestens von einem kleinfigurigen Gemälde des Massys. Wir blicken vergleichend auf die herrliche Jünglingsgestalt auf dem linken Flügel des grossen Brüsseler Altares und auf die Halbfigur der hl. Magdalena in Antwerpen. Wenn selbst die Gesichtstypen, die Form der Hände, die fein geschwungenen Faltenlinien nicht so bestimmt für Massys zeugten, wer ausser ihm konnte so viel Schärfe mit so viel Weichheit vereinigen, die Magerkeit der Formen mit dem anmuthigen Fluss der Bewegung und der reifen Empfindungssüssigkeit verschmelzen. Die Landschaft mag eher an Patenier als an Massys erinnern. Allein es bleibt die nahe Möglichkeit, dass Massys und Patenier zusammen gearbeitet haben. Die Landschaft in den allgemein anerkannten Werken des Massys ist heller, unruhiger, nicht so stimmungsvoll geschlossen, wie hier — und wie in Patenier's besten Arbeiten. Die beiden Heiligengestalten aber stehen gewiss weit über dem, was wir Patenier zutrauen dürfen.

Schwerer mag es sein, die Autorschaft des Massys vor der hl. Magdalena glaubhaft zu machen, die unser Katalog wie die beiden Flügel aus dem Besitz des Herrn von Carstanjen unter seinem Namen aufführte. Genug Autorität, dabei wiederum Scheibler's Urtheil, kommt der Zuschreibung zu Hülfe. Das schöne Bild war in der Sammlung Mansi zu Lucca, aus der der Kaiser Friedrich-Museums-Verein es für die Berliner Galerie erwarb, wohl bekannt. Mir scheint, die Gestalt weist zu viele fremdartige Züge auf, als dass sie — bei deutlicher localer und zeitlicher Nachbarschaft — als Schöpfung des Meisters angesehen werden dürfte. Wir vergleichen mit der ganz von vorn bis zu den Knieen sichtbaren Figur die in der grossen Beweinung Christi zu Antwerpen in denselben Grössenverhältnissen und in ähnlicher Bewegung dargestellte Magdalena. Die Antwerpener Büsserin hat einen überaus weich, mit zarten Übergängen modellirten Kopf, sie hat Theil an der nervösen Inbrunst, der höchsten Note in des Meisters Ausdrucksscala, sie hat reife, frauenhafte Züge. Im Gegensatze dazu hat unsere Magdalena eher eine freundlich mädchenhafte Erscheinung, ein Antlitz, das mit einer fast mathematischen Linie umschrieben ist, und Ohren, die henkelartig auf beiden Seiten gleichmässig sichtbar werden. Massys verhüllt die Ohren fast stets und scheint sie als einen unbeseelten Theil des Kopfes nicht zu lieben. Coloritlifch erfcheint die Mansi-Tafel von originellem Reiz, doch liegt diefer Reiz nicht in der Zufammenftellung ausgefuchter, hell fchimmernder Localfarben, wie in den beglaubigten Schöpfungen des Quentin Maffys. Die Geftalt ift mit ziemlich breitem Vortrag in durchfichtiger brauner Farbe angelegt. Die braune Farbe herrfcht im Kleide der Heiligen und zieht fich in die Landfchaft fort, deren Formation übrigens entfchieden an Patenier's Art erinnert. Indem ich an die Möglichkeit denke, dafs diefes eigenartige Bild das Werk eines bisher nicht bekannten vortrefflichen Nachfolgers des Maffys fei, weife ich auf die »heilige Familie«, die auf der Vente Gavet 1897 verfteigert wurde, hin und auf die »Beweinung Chrifti« in der Sammlung Virnich zu Bonn, die offenbar von einem durch Maffys' Vorbild wefentlich beftimmten Meifter herrührt. Die in der Qualität unfer Gemälde nicht erreichende Tafel enthält eine Magdalenengeftalt, die in jedem Betracht der Figur aus der Mansi-Sammlung ähnlich ift. Das Bonner Bild ift auch fchwer und warm gefärbt.

Joachim de Patenier war glänzend auf der Ausftellung vertreten, nämlich durch das überaus reiche und vortrefflich erhaltene Landfchaftsbild aus der Galerie Wefendonck und durch den Flügelaltar, der aus dem Befitze des Herrn Profeffors Bernftein in die Sammlung von Kaufmann übergegangen ift. Das Triptychon fchliefst fich der durch die Infchrift beglaubigten Wiener Taufe Chrifti fo eng an, wie kein anderes dem Meifter zugefchriebenes Werk. Auf dem Mittelfelde ift die Ruhe der heiligen Familie auf der Flucht nach Aegypten dargeftellt, auf dem rechten Flügel der hl. Cornelius, auf dem linken Johannes der Täufer. Patenier beweift in diefem Altare, der durchaus auf der Höhe des Wiener Bildes fteht, die Fähigkeit, den Figuren ein natürliches und befriedigendes Verhältnifs zur Landfchaft zu geben. Van Mander fpricht von Patenier, wie wenn der Meifter ausfchliefslich Landfchaftsmaler gewefen sei. Sein Bericht ift in Bewunderung vor Tafeln wie die Wefendonck'fche Landfchaft gefchrieben, auf die jedes Wort zu paffen fcheint. Man hat danach jede gröfsere Figur in einem Bilde Patenier's einem anderen Meifter (am liebften Maffys) zufchreiben wollen und ift damit wohl zu weit gegangen. So deutlich fich in manchen Fällen die Collaboration nachweifen läfst, die Geftalten des fignirten Wiener Bildes und die des Berliner Triptychons find von Patenier felbft.

Der dreitheilige Altar mit der Gefchichte des verlorenen Sohnes aus dem Befitze des Herrn Dietrich Reimer zeigte deutlich den Zufammenhang mit der Schule des Quentin Maffys. Datirt aus dem Jahre 1526, ftammt das Bild fchon aus einer Zeit des Schwankens, da an die Stelle der foliden Maltradition eine mehr flüchtige Behandlung als moderner und geiftreicher trat. Die Auffaffung ift trocken, mit einem Anklang akademifcher Regel. *Cornelis Maffys*, von dem das Rijksmufeum zu Amsterdam eine etwas jüngere Tafel gleichfalls mit der Gefchichte des verlorenen Sohnes befitzt, mag das Triptychon gefchaffen haben. Das letzte Wort der Infchrift »1526 Factu. Ao. Sum Hant.« foll wohl den Ort der Entftehung — Antwerpen — bezeichnen.

Ein flüchtig mit tufchendem Farbenauftrag gemaltes Bildchen — in meinem Befitze — intereffirte auf der Ausftellung namentlich durch die zwanglofe Auffaffung des anſcheinend doch den Evangelien entnommenen Vorgangs und durch die hübſche Landſchaft. Chriſtus ſpricht zu einer ſitzenden Frau, gelehnt an das Thor eines Bauernhofes, dabei fünf andere leicht bewegte Figürchen. Offenbar rührt die Tafel von dem Braunſchweiger Monogrammiſten her, von deſſen bekannten Arbeiten ſie ſich nur durch gröſsere Helligkeit und Leichtigkeit des Malvortrags unterſcheidet. Das Bildchen iſt nur der Ausſchnitt aus einem ſehr viel gröſseren Gemälde. Rechts am Rande werden auf einem verticalen, die Darſtellung abſchlieſsenden Balken die einzelnen gemalten Haare einer lebensgroſsen Geſtalt ſichtbar. Die genrehafte Scene (Chriſtus mit Maria und Martha?) iſt alſo urſprünglich nur eine Hintergrundsvorſtellung geweſen, auf die der Blick an der Hauptfigur vorbei, durch ein Fenſter etwa, fiel. Schade, daſs die Tafel nicht ganz erhalten iſt. Sehr erfreulich war vermuthlich die groſse Figur nicht. Das Ausſchneiden unſerer freundlichen Gruppe war wohl eher eine Sünde gegen die Hiſtorie als gegen den Geſchmack. Wahrſcheinlich hätte gerade dieſe Tafel mit dem Nebeneinander der groſsen Geſtalt und der kleinen Figuren die Identität des Braunſchweiger Monogrammiſten und Jan van Hemeſſen's beſonders überzeugend gezeigt.

Das ſchöne, oft gerühmte Selbſtportrait des *Meiſters des Todes Mariae*, das aus der Sammlung des Grafen Redern in die des Herrn Geheimraths von Kaufmann übergegangen iſt, fehlte nicht auf der Ausſtellung und erwarb ſich neue Freunde mit der vornehmen Einfachheit ſeiner farbigen Erſcheinung. Die Anhaltspunkte, mit deren Hülfe in dem Portrait das Selbſtbildniſs des Malers nachgewieſen wurde, ſind zu bekannt, als daſs ſie hier noch einmal vorgetragen zu werden brauchten.

Ebenſo wenig bedarf es neuer Erläuterungen, um die Bedeutung der kleinen Tafel von *Herri met de Bles*, der Enthauptung Johannis des Täufers, aus der Sammlung Hainauer feſtzuſtellen. Das Bild ſteht dem ſignirten Gemälde in München ganz beſonders nahe und muſs bei jeder Aufzählung der Werke des Meiſters ganz zu Anfang genannt werden, um ſo mehr, wie es durch ſeine Qualität unter den höchſt ungleichwerthigen ſtilverwandten Arbeiten hervorragt. Eine gröſsere Wiederholung der Compoſition tauchte vor Kurzem im römiſchen Kunſthandel auf, während das zu unſerer Tafel gehörende Gegenſtück ſich noch zu Paris in gräflich Pourtalès'ſchem Beſitze befindet. Mit den übermäſsig ſchlanken und ſehnigen Geſtalten, die ſtark bewegt und mit phantaſtiſchem Zierat geſchmückt erſcheinen, mit der ſpitzigen, accentuirenden Malerei bieten die Tafeln des Bles einen abenteuerlichen Effect, deſſen groſsen Erfolg bei den Zeitgenoſſen zu erklären ein faſt mehr cultur- als kunſthiſtoriſches Studium erforderte. Gerade die ſchwächeren Kräfte wurden zur Nachahmung dieſes Stiles gelockt.

Der Name des Zeichners und Radirers *Dirk van Staar* erſchien wohl zum erſten Male in einem Gemäldekataloge. Die Vergleichung des ziemlich groſsen Flügelaltars mit der Anbetung der Könige im Mittelfelde, den Herr Geheimrath Lippmann kürzlich aus dem Wiener Privatbeſitze erworben hat, mit den nicht ganz ſeltenen Zeichnungen und den Radirungen, die das Zeichen •D • V• tragen, wird unſere Beſtimmung berechtigt erſcheinen laſſen. Der Meiſter iſt namentlich an den kühnen Verkürzungen und Überschneidungen kenntlich, an den rundlichen, etwas manirirten Formen und an der weltlichen, decorativ oberflächlichen Auffassung. Das Malwerk zeichnet sich durch leichte Flüssigkeit aus, die Färbung ist hell, kalt und bevorzugt das Blau sehr entschieden. Als Tafelbild des Meisters dürfte das Triptychon ziemlich vereinzelt bleiben, welcher Umstand seiner historischen Bedeutung zu Gute kommt. Es fehlt nicht an Anzeichen dafür, dass Dirk Glasmaler war oder doch Entwürfe für Glasmalereien lieferte. Noch in der Capelle zu Cambridge, dem an Ausdehnung unvergleichlichen Monumente der Glasmalerei, meinte ich seinen Stil wiederzuerkennen.

Waren einige der vlämischen Hauptmeister vom Anfange des XVI. Jahrhunderts, wie Patenier, Bles und der Meister des Todes Mariae, auf der Ausstellung würdig vertreten, so fehlten Mabuse, der sonst eben nicht seltene, und Orley wenigstens mit einer eigenhändigen Tafelmalerei, obwohl sein Name im Kataloge zur Einordnung einiger Bilder Hülfe geleistet hatte. Würdig genug war *Orley* allerdings durch den Gobelin mit der Anbetung der Könige aus der Sammlung Hainauer repräsentirt. Der Entwurf zu diesem köstlichen Stück Bildweberei rührt ohne jeden Zweifel von ihm her.

Weit mehr, als bisher geschehen ist, wird es nöthig sein, aus dem reichen Material an niederländischen Gemälden vom Beginne des XVI. Jahrhunderts »*Meister aufzustellen*«, wie der Ausdruck lautet, nämlich die von *einer* Hand geschaffenen Werke unter einem passenden Nothnamen zu vereinigen. Nur so wird die Sichtung der noch recht wirren Masse nach und nach glücken.

Der Meister der beiden Altarflügel mit einer Donatorenfamilie und der grau in grau gemalten Verkündigung auf den Rückseiten, die Herr General-Director Friedrich Goldschmidt ausgestellt hatte, kommt auch in der Londoner National Gallery vor. Dort hängt ein im Stil, in der Anordnung und in den Grössenverhältnissen nahe verwandtes Triptychon (Nr. 1088), in dem Mittelbilde, das den Berliner Flügeln fehlt, die Kreuzigung, auf den Flügeln innen der Stifter und sein Weib, aussen (abgesägt) wieder die grau in grau gemalte Verkündigung. Der als Portraitist sehr tüchtige Maler, der seinen Figuren keine rechten Verhältnisse zu geben weiss, hat anscheinend von Mabuse oder von Orley gelernt.

Die stattliche Madonna in dem Besitze der Frau Olga Schiff, in unserem Kataloge als aus der Schule van Orley's stammend verzeichnet, rührt, wenn ich recht sehe, vom *Meister der weiblichen Halbfiguren* her, dessen hübscher, aber etwas leerer Frauentypus, dessen Handform und Faltenwurf deutlich wahrzunehmen sind. Die dem Meister eigene, etwas süssliche Färbung wird freilich nicht beobachtet, der Gesammtton ist vielmehr ungewöhnlich dunkel und schwärzlich, doch liegt das in der beabsichtigten Abend- oder selbst Nachtstimmung begründet. Der ziemlich fruchtbare Maler wird übrigens oft verkannt, wenn er nicht eben weibliche Halbfiguren bietet, während zum Entgelt weibliche Halbfiguren ihm öfters ganz unberechtigt zugeschrieben werden. Unserem Bilde nahe steht eine heilige Familie im Privatbesitze zu Budapest, die gleichfalls noch nicht als das Eigenthum des Halbfigurenmeisters erkannt und als »Scorel« im »Klassischen Bilderschatze« publicirt worden ist, dann noch ein ganz ähnliches Bild in der Londoner National Gallery (Nr. 720).

Nicht leicht bestimmbar ist die aus dem Kaiserlichen Schlosse dargeliehene Halbfigur einer Goldwägerin, im Katalog als »Orley?«. Ich halte es für möglich, dass der in der Wirkung ein wenig grellen, in der Ausführung etwas trockenen Tafel ein Original des *Meisters vom Tode Mariae* zu Grunde liegt; vieles, abgesehen von der durchaus fremden Malweise, namentlich die Tracht, die Faltenlinien, aber auch der Kopftypus und die Handform erinnern an Schöpfungen aus der späteren Zeit dieses Meisters.

Einem bestimmten Meister glaube ich das interessante Bild aus dem Besitze des Herrn Professors Meyerheim — die heilige Familie mit zwei Engeln — zuschreiben zu dürfen, ohne freilich den Namen zu kennen. Wir bleiben in den vlämischen Landen, die ja zu Anfang des XVI. Jahrhunderts einen unvergleichlichen Reichthum an Altartafeln fast der ganzen nordischen Welt geliefert haben. Das Hauptwerk dieses Malers ist der Flügelaltar der Sammlung Weber mit der heiligen Familie und den Heiligen Barbara und Katharina, den Woermann's Katalog nicht unrichtig unter »Art des Quinten Massys« aufführt (Nr. 69). Zweifellos von derselben Hand ist das kleinere und etwas schwächere Triptychon, das bei Lempertz 1894 versteigert wurde (»Museum« Hammer, »Amberger« Nr. 11), und das noch weniger bedeutende Rundbild der Sammlung Spitzer (Nr. 3327). Mit nicht ganz ebenso grosser Sicherheit reihe ich hier an die Madonna, die aus dem Kölner Privatbesitze in die Sammlung Jaffé nach Berlin kam — L. Scheibler publicirte diese Tafel, wie mir scheint, irrthümlich als Schöpfung des Meisters vom Tode Mariae (Zeitschrift für christliche Kunst 1891, Heft 5) —, und endlich das Gemälde unserer Ausstellung. Dabei darf nicht unberücksichtigt bleiben, dass die ausgestellte Tafel ebenso wie das nicht ausgestellte Bild des Herrn Jaffé nicht unwesentlich durch »Restaurirung« alterirt erscheint und namentlich eine Weichheit in der Modellirung des Madonnenkopfes zeigt, die neben der metallisch harten Formenrundung des Hamburger Triptychons auffällt.

Das vlämische Madonnenbild aus der Zeit um 1520, das Herr Consul Gwinner hergeliehen hatte, machte auf den ersten Blick einen verwirrenden, halb oberdeutschen, halb niederländischen Eindruck; deshalb, weil die Composition in den wesentlichen Zügen dem Kupferstiche *Dürer*'s, der Madonna mit der Meerkatze, entlehnt ist. Die auf Goldgrund in halber Figur dargestellte Maria hält den Kopf ganz so wie die Gottesmutter auf dem Dürer'schen Blatte, auch die Bewegung des Kindes ist übernommen, wenngleich das Motiv, durch das die Bewegung bestimmt wird, aufgegeben ist. In der Vorlage hält das Christkind mit der Rechten einen Vogel, mit der Linken ein Beutelchen, aus dem der Vogel sein Futter pickt, während der Maler dem Kinde ein grosses Stiefmütterchen in die Hände gegeben, die beiden Engel, die eine Krone auf's Haupt Mariae setzen, hinzugefügt und sonst noch Einiges geändert hat. In den Typen ist der niederländische Meister dem Vorbilde nicht nachgegangen. Am ehesten wird man an Madonnenbilder aus des Mabuse Frühzeit erinnert.

JAN STEPHAN VON CALCAR(?)
BILDNISS DES ATTILA GRIMALDI. BES. CARL HOLLITSCHER

Ein wenig oberdeutſch, wohl hauptſächlich durch den Typus des Dargeſtellten, erſcheint das kleine, um 1510 in den Niederlanden entſtandene Bildniſs eines jungen Mannes aus der Sammlung Hainauer, das mit zwei »H«, die durch eine geknotete Schnur verbunden ſind, bezeichnet iſt. Die Initialen, die ſich auf den Namen des Dargeſtellten, nicht auf den des Malers beziehen, ſind ganz ähnlich angebracht auf einem Bildniſs der Dresdener Galerie (Nr. 842; hier »KL«), das auch ſtiliſtiſch dem Berliner Portrait nahe ſteht.

Die Reihe der vlämiſchen Werke wurde glücklich abgeſchloſſen durch einige Portraitdarſtellungen aus der Mitte und vom Ende des XVI. Jahrhunderts, die, ſo gut es gehen wollte, mit beſtimmten Meiſtern in Beziehung gebracht waren. Zu einer Zeit, in der die belgiſchen Maler Compoſitionen geſtalteten, die dem modernen Geſchmacke kaum genieſsbar ſind, haben ſie tüchtige Bildniſſe zu ſchaffen nicht aufgehört, wie denn die gute Tradition auf dieſem Felde von den Tagen der van Eyck zu den Tagen des van Dyck nicht eigentlich unterbrochen wird.

Das in breiter Maſſigkeit ſehr ſtattlich ſich darſtellende Portrait eines Mannes in kräftigen Jahren aus dem Beſitze des Herrn Profeſſors Ernſt Ewald erinnerte mit ſeiner breiten, flüſſigen Malweiſe und ſeiner faſt braun in braun gehaltenen Färbung entſchieden an den »Mann mit der ſchönen Hand« in München, auch an den »Carondelet« der Sammlung Duchatel, an zwei Bilder alſo, die neuerdings mit guten Gründen für den jüngeren *Jooſt van Cleef* in Anſpruch genommen werden. Die Benennung mit voller Sicherheit auszuſprechen, daran hindert mich, abgeſehen von dem nicht ganz befriedigenden wenigſtens nicht ganz klaren Zuſtand der Berliner Tafel, der Umſtand, daſs trotz Juſti's Bemühungen das Dunkel über die Thätigkeit des groſsen Portraitiſten nicht vollkommen gelichtet erſcheint. Ich finde den Zuſammenhang des beglaubigten Werkes in Althorp mit den verſchiedenen neuerdings hier angereihten Bildniſſen nicht unbedingt überzeugend und halte die drohende Mode, jedes Portrait mit einer lebhaft bewegten Hand dem Meiſter zuzuſchreiben, für gefährlich.

Das Bildniſs des Attila Grimaldi, aus dem Beſitze des Herrn Hollitſcher, zeigt in organiſcher Vereinigung gute niederländiſche und gute italieniſche Eigenſchaften. Neben der unglücklichen Benennung »Sebaſtiano del Piombo«, mit der die Tafel aus dem Pariſer Kunſthandel kam, erſcheint die Beſtimmung »*Jan Stephan von*

Calcar« zum wenigsten als eine ansprechende Vermuthung. Als Schöpfung des auf italienischem Boden, in der Lehre Tizian's ausgebildeten Niederländers ist allenfalls beglaubigt — durch eine alte Inventarnotiz — das Louvre-Bildniss von 1540. Mit diesem Portrait hat unsere stolze Halbfigur des Sprösslings aus der berühmten Genueser Familie in der That einige Verwandtschaft. Schon im Äusserlichen, dem Arrangement mit der Säule zur Linken, aber auch in der Auffassung, der Haltung des Dargestellten, ähneln sich die beiden Gemälde.

Das höchst solide durchgeführte Familienportrait aus dem Besitze des Herrn V. Weisbach trug in unserem Kataloge den Namen »*Adriaen Thomas Key*« wegen seiner nahen Verwandtschaft mit den vortrefflichen Stifterflügeln der Familie de Smidt im Antwerpener Museum, die mit der Signatur des Meisters bezeichnet sind. Nach den Trachten scheint dieses Portraitstück nicht früher als 1570 entstanden zu sein. Der bisher ebenso wenig wie sein Oheim Willem Key in seiner Portraitthätigkeit verfolgte tüchtige Meister liebt eine klare Plastik der Kopfe und Hände etwa nach dem Vorbild des Martin de Vos. Die Anordnung der Figuren ist nicht besonders geschickt, die Hände sind auffällig kurz und breit.

Unter dem Namen des *Antonis Moro* war das Bildniss eines Mannes ausgestellt, der mit fliessendem braunen Vollbart in gelblichem Koller, mit weissen Armeln, mit einem runden Jägerhut, beide Hände an das Schwert legend, ein unvergessliches Bild schmucker Kraft und klarer Festigkeit bietet. Ein fürstlicher Jagdmeister oder Waffenwart in der Blüthe reifer Männlichkeit. Die Meisterbestimmung, mit der das Bildniss aus dem Besitze des Fürsten Lichnowsky hergeliehen war, befriedigte keineswegs. Mit der lichten blonden Färbung, der fetten weichen Malweise zeigt dieses Meisterwerk nichts von der scharfen, selbst trockenen Sachlichkeit, die den Schöpfungen des Holländers eigenthümlich ist, vielmehr eine effectfichere Breite und Leichtigkeit, die wie eine Vorahnung Rubens'scher Freiheit erscheint. Unter den vlämischen Schöpfungen aus der Zeit um 1560 nach einem verwandten Eindruck suchend, kommen wir bald zu dem einzigen beglaubigten Bildniss (das weibliche Gegenstück ist leider verschollen) des *Frans Floris*, dem berühmten Falkenträger der Braunschweiger Galerie.

Schöpfungen der *holländischen* Malerei vom Anfange des XVI. Jahrhunderts sind doch nicht ganz so selten, wie die compilatorische Litteratur in ihrer Verlegenheit angiebt. Zwar die Kirchenaltäre sind zumeist in den Bilderstürmen zu Grunde gegangen, aber eine nicht unbeträchtliche Zahl kleinerer, der Hausandacht bestimmter Tafeln ist uns erhalten geblieben. Die Ausstellung bot einige interessante Stücke, die zum ersten Male weiteren Kreisen zugänglich wurden, hoffentlich zum Nutzen des noch immer vernachlässigten Studienfeldes.

Jener holländische Maler, dessen Arbeiten zuerst der Berliner Galeriekatalog zusammenstellte, und der kürzlich von verschiedenen Seiten mit Jan Mostaert, dem Hofmaler der Statthalterin Margaretha identificirt wurde, war mit zweien seiner Werke auf der Ausstellung vertreten, nämlich mit dem Bildnisse eines Herrn von Bronckhorst aus der Hainauer Sammlung und dem Flügelaltar aus der Galerie Wesendonck. Abgesehen von den im Berliner Kataloge aufgezählten und sonst bekannt gewordenen Bildern, sah ich einen sehr reichen Flügelaltar mit der Kreuzabnahme im belgischen Kunsthandel, der ebenso wie eine etwas schwächere Kreuzigung, die vor einigen Jahren im Londoner Kunsthandel auftauchte, von diesem in der Ausführung alterthümlich sorgsamen, in der Auffassung etwas frostigen und etwas gezierten holländischen Maler herrühren. Seinen Arbeiten anzureihen sind ferner mehrere Ecce homo-Darstellungen und ein feines Bildchen mit Engeln, die das Haupt des Täufers klagend umfliegen, in der Londoner National Gallery. Glück hat in einem Aufsatze, der in der »Zeitschrift für bildende Kunst« erschienen ist, alles sorgfältig gesammelt, was für die Identität dieses Malers und Mostaert's spricht. Seine Argumentation ist gewinnend, wenn auch nicht ganz überzeugend. Auf einen Umstand, der gegen die Identität zu zeugen scheint, möchte ich hinweisen. Van Mander betont bei mehreren Schöpfungen des Jan Mostaert die natürliche Größe der Figuren. In den 15 oder 16 Gemälden des Meisters, die mir bisher bekannt geworden sind, kommt keine Figur von voller Lebensgröße vor, die Gestalten der Compositionen erreichen sogar gewöhnlich nur das halbe Maß der natürlichen Größe. Und — was schwerer wiegt — der Stil dieses Malers scheint geradezu einer Gestaltung in Größenverhältnissen des Lebens zu widersprechen. Das Portrait des Joost van Bronckhorst, des Herrn von Bleiswijk, der »Rekenmeester« im Haag war, ist eine besonders sorgsame und charakteristische Arbeit des Meisters, mit dem gewählten Colorit, der dünnen, empfindlichen Farbschicht, der geringen Plastik, der nicht correcten Zeichnung der Augen, der etwas steifen und unbeseelten Auffassung und der Hintergrundslandschaft, die aus sehr kleinen Motiven zusammengesetzt ist. Die Form der Hand mit der sonderbar kleinen Handfläche ist ein fast untrügliches Merkmal. Der Wesendonck'sche Altar, den eine Utrechter Familie gestiftet hat, ist leider nicht ganz so gut erhalten wie das Portrait aus der Hainauer-Sammlung, sonst aber ein nicht minder deutliches Monument der Thätigkeit des holländischen Malers, der dort anfängt, wo Geertgen van St. Jans aufhört.

Bei dem Missbrauche mit dem Namen des *Lucas van Leyden*, den die Galeriekataloge namentlich in Italien treiben, wird der kritische Beobachter vor den Gemälden des Meisters allzu ängstlich und lässt gern die Bilder bei Seite, um sich nur an die beglaubigte gedruckte Kunst zu halten. In Berlin allein giebt es immerhin vier Gemälde des Leydener Malers, aus den verschiedenen Perioden seiner Thätigkeit, die von seiner Malkunst eine klare Vorstellung geben können. Die »Schachpartie« in der Galerie mag 1510, der »hl. Hieronymus« 1514 etwa, das reiche Madonnenbild 1518 ungefähr entstanden sein, während die Halbfigur der Madonna aus der Sammlung von Kaufmann, die W. Bode in Venedig erwarb, um 1528 zu datiren ist. Die Körperformen in dem sehr interessanten kleinen Bilde, das unsere Ausstellung schmückte, haben etwas heroisch Schweres, die Hände greifen fast michelangelesk, der Madonnenkopf ist voll und breit. Nahe verwandt im Motiv, in der Formensprache und in den Massen ist eine von Sidney Colvin im »Jahrbuch der königlich preussischen

CORNELIS ENGELBRECHTSEN: VERSTOSSUNG DER HAGAR. BES. F. LIPPMANN

Kunſtſammlungen« publicirte Zeichnung des Meiſters im British Museum. Das Colorit unſeres Täfelchens iſt kühl, ein wenig bunt, die Malerei glatt und flüſſig.

Dem Lehrer des Lucas van Leyden, dem *Cornelis Engelbrechtſen*, waren im Kataloge der Ausſtellung zwei Tafeln zugeſchrieben, »die Verſtoſsung der Hagar« aus dem Beſitze des Herrn Geheimraths Lippmann und der Crucifixus mit Heiligen, ein Bild, das auf der Verſteigerung der Sammlung Clavé zu Köln Herrn Geheimrath von Kaufmann zugeſchlagen wurde. Die beiden Bilder ſind Glieder einer ziemlich langen Kette von Tafeln, die ich dem holländiſchen Meiſter zuſchreiben zu dürfen glaube. Alle dieſe meiſt kleineren Gemälde, die mit den beiden beglaubigten Altären in Leyden zuſammengehen, kann ich hier nicht aufzählen. Der Gekreuzigte mit den neun männlichen und weiblichen Heiligen, ein eigenthümlicher Compoſitionstypus, eine Variante — keine Copie — der nahe verwandten, auch in der Gröſse entſprechenden Darſtellung im Rijksmuſeum zu Amſterdam, erinnert in einigen weiblichen Geſtalten ſehr entſchieden an die Donatorenflügel des einen Leydener Altares. Die Malerei iſt anſcheinend etwas weniger ſcharf und klar als in anderen Werken des Meiſters, auch als in der entſprechenden Amſterdamer Tafel, deren Färbung übrigens weſentlich kühler wirkt. Das mit ſeiner genrehaften Auffaſſung des altteſtamentariſchen Vorganges und mit der ausführlichen Landschaftsdarstellung, der schlichten Wiedergabe eines Wirthschaftshofes, an die Kupferstiche des Lucas van Leyden gemahnende Bild mit der Verstofsung der Hagar schliefst sich in Zeichnung und Malweise besonders eng an die runde »Versuchung des hl. Antonius« an, die im Kataloge der Dresdener Galerie als »Copie nach Lucas van Leyden« bezeichnet wird, mir aber wie unsere Tafel ein späteres Werk des Cornelis zu sein scheint. Engelbrechtsen starb nicht früher als Lucas, und die Möglichkeit, dafs der Schüler, dessen Entwickelung sich räthselhaft rasch vollzog, auf den Lehrer zurückgewirkt habe, liegt nahe genug. Den Leydener Altären stehen zunächst einige Passionsbilder im deutschen Privatbesitze, in Holland, in Belgien und anderswo, und von dem Studium dieser Gemälde nach Typen, Färbung und Pinselführung wird der Beobachter zwanglos zu den angeführten und einigen anderen Bildern geführt.

Zwei Tafeln von der Hand des *Jacob von Amsterdam* waren auf der Ausstellung, beide über jedem Zweifel, wenngleich der bekannten Initialen entbehrend und in der von Ludwig Scheibler aufgestellten Liste fehlend. Das oben abgerundete, mittelgrofse Bild mit der Anbetung der Könige, das erst vor wenigen Jahren aus provinziellem Privatbesitze in die Sammlung des Herrn von Kaufmann gelangt ist, trägt die Jahreszahl 1520, gehört also der mittleren Periode des Meisters an. Die figurenreiche Composition bietet in Fülle die dem Maler eigenen Typen und ist auch in jedem anderen Betracht eine seiner charakteristischen und guten Arbeiten. Das ganz kleine, ebenfalls oben runde Täfelchen mit Anna selbdritt, das Herr Arthur Schnitzler kürzlich in Köln erworben hat, gehört zu den späten Werken des fruchtbaren Malers und zeichnet sich durch Weichheit der Malerei und einen im Verhältnifs zu der Bildgröfse breiten Farbenauftrag von schöner Leuchtkraft aus. Die hl. Anna sitzt vor einer Mauer, sichtbar bis zum Ellbogen, und hält auf den Knieen die viel kleinere Maria, die ihrerseits das Christkind trägt. Von einem Bäumchen rechts hängt ein Wappenschild — im Felde ein Drache — herab. Die Typen sind zwar charakteristisch genug, um jeden Zweifel an der Autorschaft Jacob's niederzuschlagen, haben aber nicht — wenigstens nicht in scharfer Prägung — die dem Meister oft eigene, vom Regelmäfsigen abbiegende Gestaltung, das gerade und steile Profil, die sehr breite Stirn und das niedrige Kinn.

Von den Bildern, die unser Katalog unter *Scorel*'s Namen rubricirte, konnte das hübsche Frauenbildnifs aus dem Besitze des Herrn W. Gumprecht sich hier ebenso wenig wie auf der Utrechter Leihausstellung, wo mehrere Arbeiten *Scorel*'s daneben hingen, als ein Werk dieses Meisters halten. Weder der silbrige Fleischton, noch auch die Handform entsprechen seiner Art. Rechts oben liest man »C S . . . 1533«, zwischen den Initialen und der Zahl sind zwei gekreuzte Stäbchen sichtbar. Vielleicht gelingt es mit Hülfe dieser Signatur, die doch eher auf den Maler denn auf die Dargestellte zu gehen scheint, Näheres über das wahrscheinlich niederrheinische — nicht holländische — Portrait festzustellen. Das ganz vortreffliche Bildnifs eines bartlosen Mannes mit röthlichem Teint, der die Linke auf einen Todtenschädel legt und mit der Rechten eine Nelke hält, vor landschaftlichem Grunde, eins der wenigen guten Stücke aus der Londoner Sammlung Doetsch, jetzt bei Herrn von Kaufmann, steht offenbar dem Scorel zeitlich und örtlich ganz nahe und ist gewiss seiner würdig. Dennoch möchte ich vorschlagen, das Gemälde lieber dem Amsterdamer Portraitmaler *Dirk Jacobsz* zuzuschreiben. Der 1497 geborene Maler würde das Portrait in den dreissiger Jahren des Jahrhunderts als eine ziemlich frühe Arbeit geschaffen haben. Die grössere Unruhe sowohl in der Zeichnung wie in der Lichtvertheilung im Verhältnisse zu Scorel's Stil ist diesem Meister eigenthümlich. Die Hände in seinen Portraitstücken sind gewöhnlich stark und kühn bewegt, mit besonderem Effect gezeichnet. Dirk fand auch Bewunderer seiner etwas absichtsvollen Bemühung. Ein gewisser Ravaert, erzählt van Mander, bot eine grosse Summe für die Erlaubnis, aus einem der Portraitstücke des Meisters eine Hand herauszuschneiden. Ein interessantes Symptom für die Herrschaft des Scorel'schen Stiles: Dirk Jacobsz, der Sohn Jacob's von Amsterdam, schloss sich weit enger an Scorel als an den Vater an, und ebenso that Cornelis Buys, der auch zur Sippschaft Jacob's gehörte.

Für ein echtes Werk *Scorel's* halte ich das in grossem Zuge einfach angelegte, flüssig in durchsichtigem, vorwiegend braunem Tone gemalte Bildnis eines den Beschauer anblickenden Mannes, das Se. Majestät der Kaiser geliehen hatte. Der kräftig beleuchtete Kopf mit der lebhaft bewegten Profillinie, der unverhältnissmässig gross in der oben gerundeten Bildfläche erscheint, hat durchaus die sprechende Gewalt, die Scorel in seiner guten Zeit mit Erfolg erstrebte. Das Staedel'sche Institut in Frankfurt hat 1886 ein Bildnis erworben, das auf Grund einer falschen Inschrift als »Quentin Massys« betrachtet wurde, von allen Verständigen aber als »Scorel« erkannt wird. Der hier dargestellte Mann gleicht der Persönlichkeit unseres Portraits auffällig.

Das lebensgrosse, bis zu den Knieen reichende Bildnis eines vornehmen Mannes mit Vollbart, in dunkler Kleidung, aus dem Besitze des Herrn K. von der Heydt, trägt mit Recht den Namen des *Antonis Mor*, des grössten nordischen Portraitisten, der zwischen 1550 und 1570 thätig war. Der Blick des leicht zur Schulter gesenkten Kopfes ist mit einem Ausdruck, der Zurückhaltung und Misstrauen zu enthalten scheint, wie nicht selten in Mor's Bildnissen, dem Beschauer zugewandt. Die Hand, sehr lang, sorgsam im Einzelnen ausgearbeitet und etwas unruhig in dem Umriss, entspricht durchaus der bekannten Art des Meisters.

Das liebenswürdige Bildnis einer jungen Frau, das aus dem Pariser Kunsthandel in die Sammlung von Kaufmann gekommen ist, gehört zu jenen nicht gerade seltenen Arbeiten, die, unter der Anregung der Scorel'schen Kunst entstanden, nicht leicht einem bestimmten Meister zugeschrieben werden können. Als Schöpfung *Mor's*, als welche der Katalog es einführte, müsste das von 1545 datirte Portrait zu den früheren Arbeiten des angeblich 1512 geborenen Meisters gehören, stimmt aber keineswegs mit dem beglaubigten Gemälde von 1544 in der Berliner Galerie so deutlich überein, als dass die Zuschreibung mit einiger Sicherheit vorgetragen werden könnte. Von derselben Hand zweifellos ist das gute Bildnis einer nicht gerade schönen Frau im Wallraf-Museum zu Köln, das Scheibler dem Heemskerk zuſchreibt. Schon die Form der Inſchrift, das Verhältniſs der Figur zur Bildfläche und alles Äuſserliche, aber auch die künſtleriſche Behandlung kehrt hier wieder. Ebenfalls verwandt, wenn auch nicht unbedingt von derſelben Hand, iſt das unter dem Namen des P. Pourbus in der Antwerpener Galerie ausgeſtellte, von 1544 datirte Bildniſspaar.

BARTEL BRUYN. BILDNISS [illegible]

Wenige Schöpfungen der *niederrheiniſchen* Kunſt waren auf der Ausſtellung. Aus der Zeit, da die kölniſche Kunſt ſelbſtändig und von dem vlämiſchen und von dem holländiſchen Nachbar unabhängig blühte, gab es nur ein beſcheidenes Werk zu ſehen. Von den Kölnern war allein *Bartel Bruyn*, der Schüler, vielleicht auch Sproſsling der Niederlande, reich vertreten. Sehr ſelten ſind Malereien, in denen der Stil *Stephan Lochner*'s nachklingt. Bald nachdem dieſer begnadete Meiſter, der an Schönheitsſinn diesſeits der Alpen vielleicht keinen Rivalen beſitzt, ſeine wenigen Werke geſchaffen hatte, ward das niederländiſche Vorbild mit ſeinen ſtärkeren Illuſionsanſprüchen ſo mächtig in Köln, daſs Lochner's Stil ſich nicht auslebte, ſondern abgelöſt wurde. Die beiden kleinen Heiligengeſtalten, Johannes und Magdalena, Altarflügelchen aus der Sammlung Nelles, von Herrn von Kaufmann ausgeſtellt, entbehren nicht der freundlichen Anmuth und der blumigen Helle, entbehren in den Hauptzügen wenigſtens nicht der Eigenſchaften, mit denen die Schöpfungen des Dombild-Meiſters entzücken. Freilich iſt die Durchführung nicht ſo ſorgſam, wie wir in einem Werke des Meiſters von dieſem Maſsſtab erwarten. Man mag in den etwas derb und etwas handwerklich ausgeführten Malereien die Decoration der Auſsenſeite eines Flügelaltärchens ſehen.

Die merkwürdige Anbetung des neugeborenen Chriſtkindes aus der Sammlung Hainauer wurde bereits auf der Berliner Leihausſtellung von 1883 richtig beſtimmt. Es war gar nicht leicht, zu erkennen, daſs dieſe Tafel von dem *Meiſter des Bartholomäus-Altares* herrühre, da der ſonſt in ſcharfer Prägung bekannte Stil dieſes Malers, hier jugendlich unentwickelt, nur von einem ſcharf blickenden, mit dem Weſen der Künſtler-Individualität vertrauten Auge wahrgenommen werden konnte. Der Compoſitionstypus — die verehrenden Perſonen im Halbkreiſe knieend um das Chriſtkind, das auf dem Mantelzipfel Mariae liegt, — iſt uns bekannt aus den Darſtellungen Gerard David's. Die beſondere, lebhafte Empfindung des kölniſchen Malers, der fich mit Zierlichkeit und Zärtlichkeit, nicht eben fehr markig ausdruckt, wird namentlich deutlich, wenn wir die gemeffenen und fchweren Darftellungen des Brügger Meifters zur Vergleichung aufftellen. Die charakteriftifche grofse Helligkeit der Tafel fällt zuerft auf.

Der Stil der Zeichnung ift ungleichartig, wie unfertig. Der Kopftypus wie die Handform fchwankt. Kürzlich hat die Brüffeler Galerie ein Bild erworben — die Hochzeit zu Kana —, das mir ein zweites deutliches Jugendwerk des kölnifchen Meifters zu fein fcheint. Ich glaube, dafs diefe Hochzeit zu Kana etwas fpäter entftanden ift als das Hainauer'fche Bild. Von den Frühwerken ausgehend, kann man wohl die wenigen reifen Schöpfungen des Meifters zeitlich ordnen, zum wenigften die Vorftellung empfangen, der Thomas-Altar fei älter als der Kreuz-Altar, und der Bartholomäus-Altar und die Madonna der Sammlung Dormagen repräfentirten die letzte Stufe.

Von des älteren *Bartel Bruyn* reicher Productivität zeugten auf der Ausftellung nicht weniger als fechs Werke. Dabei hatten die Herren Profeffor Knaus und von Kaufmann die in ihrem Befitz befindlichen Männerbildniffe des Meifters nicht ausgeftellt. Dem Portrait einer jungen Frau aus der Sammlung Minutoli, das jetzt Herrn Bauinfpector Friedeberg gehört, ift wegen der Datirung — 1514 — eine befondere Bedeutung beigelegt worden. Wäre das Datum einwandfrei, fo könnte das Täfelchen freilich, als das frühefte bekannte Bild des Meifters, fehr wichtigen Auffchlufs geben über feine Jugendentwickelung. Schon der Umftand aber, dafs die Anordnung und das Coftüm ganz und gar nicht abweichen von feiner typifchen Art, die aus vielen Portraits der zwanziger und dreifsiger Jahre des Jahrhunderts wohl bekannt ift, macht uns ftutzig. Ferner pflegt der Maler die Datirung nicht in der hier angewandten Weife anzubringen. Die Zahl 1514 — in arabifchen Zeichen — fteht ziemlich dürftig unten, am Rande eines Tifches, während die Jahreszahlen fonft im Grunde, oben oder feitlich erfcheinen. Alt fcheint die Zahl nichtsdeftoweniger zu fein, vielleicht darf fie auf das Geburtsjahr der dargeftellten Frau bezogen werden. Kurz nach 1530 würde dann das urfprünglich oben runde, jetzt rechtwinkelig abgefchloffene Täfelchen entftanden fein, gleichzeitig mit mehreren anderen Bildniffen des Meifters auf der Ausftellung. Und der Stil widerfpricht dem nicht. Da waren zwei mit den Jahreszahlen 1530 bezeichnete und den Mafsen nach zufammengehörige Bruftbilder von Männern aus dem kaiferlichen Schloffe. Der jüngere Mann mit dem Vollbart ift auf dem Rücken der Tafel als Dr. Ludwig Valckenberch bezeichnet. Die Malerei beider Bildniffe fcheint ein wenig verrieben. Weit fchöner und eins der beften Bildnifspaare des Meifters überhaupt find die Portraits eines jüngeren Mannes und feiner Gattin, die Herr James Simon ausgeftellt hatte. In zwei englifchen Privatfammlungen getrennt, auf einer Londoner Leihausftellung und darauf in der Sammlung Heckfcher vereinigt, gelangte das von 1534 datirte Paar vor kurzem in den Befitz des Ausftellers. In der gefchmackvollen Feinheit der Durchführung und im Reiz des Colorits haben diefe Bilder kaum ihres Gleichen unter Bruyn's Portraits. Der Mafsftab — halbe Gröfse der Natur ist der Kunst des Meisters besonders günstig. In der Haltung der Dargestellten, in der Bewegung der Hände, in der Behandlung des Hintergrundes stehen die Bildnisse fest in der Typik, zu der Bruyn sehr früh kam. Ein vergleichender Blick von diesem Frauenbildnifs hinüber zu der jungen Frau in Braunschweig (von 1539), zu der streng blickenden Frau in Brüssel (von 1537), zu der behäbigen Dame in Strafsburg (von 1532, hier freilich landschaftlicher Grund) lehrt uns, dafs der nächst Holbein zielsicherste deutsche Portraitist bei aller Gleichartigkeit der Gesammterscheinung die individuellen Nuancen des Ausdrucks wohl zu erfassen vermochte. Innerhalb der bestimmt festgestellten Hauptlinien des Kopfes erreicht der Meister in seinen besten Arbeiten eine bewundernswerthe Weichheit der Modellirung. Die besonders rühmlichen Bildnisse Bruyn's stammen fast alle aus den dreifsiger Jahren des Jahrhunderts. In Hinsicht auf seine religiösen Compositionen sind diese Jahre eher schon eine Zeit des Niedergangs. Seine schönsten Altarbilder stammen aus den zwanziger Jahren oder sind noch älter.

Von dem *jüngeren B. Bruyn*, dessen Arbeiten durch geringere Plastik und minder lebendigen Ausdruck sich deutlich von den Werken des Vaters unterscheiden, war auf der Ausstellung das Doppelportrait einer Mutter mit ihrer halberwachsenen Tochter, aus der Sammlung von Kaufmann, vielleicht sein glücklichstes Bild und auffallend farbig.

Die Malerei Westfalens war nur durch *ein* Bild, durch einen Spätling auf der Ausstellung vertreten. Das miniaturartig kleine Bildnifs eines Mannes aus dem Besitze Sr. Majestät des Kaisers stellt sich als ein Werk des *jüngeren Ludger tom Ring* dar, auch wenn man den Siegelring, der auf dem Tisch liegt, nicht auf den Namen des Malers bezieht. Ein Mann in reicher Kleidung, ganz von vorn gesehen, in Halbfigur, steht in einem Zimmer, dessen Geräth mit etwas trockener Sorgsamkeit geschildert ist. Der 1521 geborene, 1583 oder 1584 gestorbene Meister hat in binnenländischer Abgeschlossenheit, in fester Familientradition eine glücklich zurückgebliebene Portraitirkunst geübt und in gleichmäfsig lichter Haltung, ohne Helldunkel, überhaupt ohne modische Effectmittel, etwas steif und pedantisch, doch ehrlich und mit der Gediegenheit der älteren Maler, eine Reihe sehr hübscher kleiner Bildnisse geschaffen. Wenn die Umstände danach gewesen wären, hätte er wohl der Schöpfer einer Kunstgattung in Deutschland werden können als Portraitminiaturist. An Begabung reicht er wohl an die Oliver's. Das Täfelchen aus dem kaiserlichen Schlosse soll nach einer Notiz auf der Rückseite den westfälischen Abenteurer Thurneiser darstellen, der am Berliner Hofe sein Wesen trieb. Die Notiz scheint jedoch unrichtig zu sein. Wenigstens zeigen die Holzschnitte und Medaillen andere Züge.

Von der *oberdeutschen* Malerei war auf der Ausstellung bei Weitem nicht so viel wie von der niederländischen. Das ist kein Zufall. Früher ging der internationale Kunsthandel an den Schöpfungen der süddeutschen Tafelmaler — von Ausnahmen abgesehen — verständnifslos vorüber. Später hat die Sorge der staatlichen und städtischen Verwaltungen, der Eifer einiger Museen das Beste vor dem Kunsthandel gerettet und dem Privatbesitze entzogen. Die grossen Meister fehlten auf unserer Ausstellung, Dürer, der jüngere Holbein, Grünewald, Altdorfer. Von *Dürer* war immerhin eine Zeichnung da, das schöne Blatt aus dem Skizzenbuche der niederländischen Reise, das Herr V. Weisbach aus der Holford-Sammlung erwarb. *Baldung Grien* war besser vielleicht, als es durch eine seiner Tafelmalereien möglich gewesen wäre, durch vier von den fünf Glasfenstern der Douglas-Sammlung vertreten, die der Kaiser Friedrich-Museums-Verein zum Schmucke des im Bau befindlichen Museums erworben hat. Von *Burgkmair* war wenigstens eine stattliche Rarität der Druckkunst durch Herrn Weisbach ausgestellt, der mit Gold gehöhte Holzschnitt, der hl. Georg.

Die mit fränkischer Derbheit gezeichneten, charaktervollen, auf den beiden Seiten einer Tafel gemalten Männerbildnisse aus dem Besitze des Herrn Geheimraths Lippmann, datirt 1490, scheinen nicht unwürdig des eigentlichen Vorgängers Dürer's, mag man ihn Pleydenwurf oder Wohlgemuth nennen. Auf der einen Seite das Brustbild eines bartlosen Mannes, mit einer Nelke in der Rechten, im Grunde landschaftlicher Ausblick durch ein Fenster; auf dem Rücken der Tafel das Brustbild eines bärtigen Mannes, der einen Pfeil hält, auf Goldgrund. Die merkwürdigen Portraitstiche des Meisters W＋B erinnern in manchem Betracht, namentlich in der nicht einwandfreien Zeichnung der Augen, an diese gemalten Bildnisse.

Allgemein anerkannt als Schöpfung *Schäufelein's*, wenn auch nicht gerade für seine Art besonders charakteristisch, ist der büssende Hieronymus aus der Galerie Wesendonck, eine Tafel, die durch gute Erhaltung, durch prächtige Leuchtkraft besonders in dem rothen Gewande des Heiligen auf unserer Ausstellung sich hervorthat. Der dem Meister eigene Stil, der vielleicht am besten mit dem Hinweis auf seine unermüdlich fleissige Holzschnittproduction erklärt wird, scheint hier noch nicht vollkommen entwickelt. Dagegen erkennt man den Dürer-Schüler um so deutlicher. In der Galerie zu Prag hängt eine fast gleich grosse, stilistisch verwandte Darstellung desselben Heiligen, die mit der Signatur Schäufelein's und mit der Jahreszahl 1510 bezeichnet ist. In so früher Zeit ist auch die Wesendonck'sche Tafel entstanden. Ebenfalls als frühe Arbeiten des Meisters mussten die beiden kleinen Altarflügel aus dem Besitze des Herrn von Kaufmann der hl. Sebastian und der hl. Bartholomäus angesehen werden, wenn sie überhaupt mit Recht unter seinem Namen ausgestellt waren.

In heller Gesammthaltung, mit dünnflüssiger Farbe und zeichnendem Pinsel gemalt, boten die hübschen, vor wunderlicher Nischenarchitektur statuarisch dargestellten Figuren nicht wenige Merkmale, die für Schäufelein sprachen, so den Mangel an körperlicher Wirkung, die flächenhaft eingetragenen Lokalfarben und die rundliche, ein wenig manierirte Zeichnung der Gesichtszüge. Dennoch möchte ich nicht mit Bestimmtheit für den eigenen Vorschlag eintreten, finde aber, dass die von anderer Seite versuchte Zuschreibung der Täfelchen — »Meister von Messkirch« — noch weniger befriedigt und dass die ältere Benennung »Hans von Kulmbach« (so hiessen die Bildchen im Kunsthandel) ganz unrichtig ist.

[illegible]

Entschieden nicht von Schäufelein und aller Wahrscheinlichkeit nach von dem *Messkircher Meister*, den man ja nicht mit Schäufelein verwechseln soll, stammt das aus dem kaiserlichen Schlosse dargeliehene Bildniss des Grafen Eitel Friedrich zu Zollern. O. Eisenmann machte mich darauf aufmerksam. Abgesehen von äusseren Anhaltspunkten — der Meister hat bekanntlich einen anderen Eitel Friedrich von Zollern in dem zu Sigmaringen bewahrten Bilde portraitirt — wird der Stil des Messkirchers deutlich in der Zeichnung des runzlichen Gesichtes. Da diese Malerei entstand, um 1525 oder etwas später, war der Dargestellte nicht mehr am Leben. Damals herrschte ein anderer Graf Eitel Friedrich von Zollern, der Dritte, dessen Züge wir aus dem Sigmaringener Gemälde kennen. Der in unserem Bild dargestellte Erbkämmerer des Reiches und Ritter des goldenen Vliefes starb schon 1512. Das Portrait muss nach seinem Tode entstanden sein, was übrigens durch die Aufschrift »Dem Gott Gnad« bestätigt wird, etwa im Auftrage des dritten Eitel Friedrich, der sich auch selbst von dem Meister portraitiren liess.

Weniger in der Malweise als in der Composition und Zeichnung erinnerte ein bescheidenes Madonnenbild auf der Ausstellung, Eigenthum des Herrn von Kaufmann, an die Kunst des *älteren Holbein*, und zwar im Besonderen an die signirte frühe Marientafel zu Nürnberg. Der schraffirte Goldgrund, die Faltenlinien des Gewandes, der Frauentypus und die Formen des Kinderkörpers riefen das Nürnberger Gemälde in's Gedächtniss. In Augsburg hat Herr von Kaufmann die kleine Tafel erworben.

Das Bildnifs einer jungen Frau mit allen Merkmalen der Kunst *Strigel*'s in Färbung, Ausdruck und Handform nimmt befonderes hiftorifches Intereffe in Anfpruch wegen des fpäten Datums 1528. Der Memminger Meifter hat nur noch die erfte Hälfte des Jahres 1528 erlebt. Das Frauenbildnifs, das feinen Weg durch die Sammlungen Fr. Lippmann, Przibram, Heckfcher genommen hat und jetzt Herrn O. Huldfchinsky gehört, Strigel's letztes bekanntes Werk, zeigt deutlich, wie der Maler feine Art der Auffaffung und Behandlung confervativ feftgehalten hat im Wandel der Zeit. Vor dem Fehler, feine Spätzeit mit fremden Werken zu belaften, einem Fehler, den B. Vifcher nicht ftets vermieden hat, kann das Studium gerade diefes Bildes bewahren. Die in eine Halbkreisfläche componirte fitzende Madonna, hinter der Engel einen Vorhang fpannen, wird, wie das Portrait, ohne Weiteres als eine Schöpfung des in der Anordnung und namentlich in der Raumanfchauung alterthümlichen, in dem weltlichen, oft dreiften Ausdruck feiner heiligen Geftalten aber der neuen Zeit angehörigen Meifters erkannt.

Über die originellen, in unruhiger Farbigkeit glitzernden Täfelchen im Befitze des Herrn von Kaufmann — die Verkündigung, die Heimfuchung, die Geburt Chrifti und die Darbringung im Tempel, vier faft quadratifche Flügelbildchen eines Altares, jetzt in *einem* Rahmen neben einander — ift viel Unrichtiges gefagt worden. Weder Grünewald, noch Cranach, noch Hans Leu können ernftlich in Betracht gezogen werden. Im Ganzen fcheint es nöthiger, den felbftändigen oberdeutfchen Schöpfer diefer Bildchen, der eine fpielerifche, unerzogene und kraufe Kunft übt, zu ifoliren, als ihn mit einer der bekannten Gröfsen zu identificiren. Feft fcheint mir nur zu ftehen, dafs derfelbe Meifter, der im Temperament an Altdorfer erinnert, die wunderliche Verkündigung in der Jakobskirche zu Augsburg gefchaffen hat, in welchem Werke von lebensgrofsen Verhältniffen feine Schwächen deutlicher, feine Tugenden eher verborgen erfcheinen als in unferen vier Täfelchen. Der Nachweis, dafs ein in der Augsburger Verkündigung vorkommendes Decorationsmotiv auch in einem Cranach'fchen Holzfchnitte zu finden ift, läfst fich nicht zur Feftftellung des Malers benutzen. Cranach's Holzfchnitte waren weit verbreitet und konnten überall benutzt werden. Der Jugendftil Cranach's hat eine derbe Gröfse, eine bäuerifche Kraft, von der in unferen Bildern gar nichts zu merken ift. Diefe Malereien bieten einen wild wuchernden Reichthum an Farben und Formen, jede Einzelheit ift klein.

Dürfen wir vermuthen, dafs der Maler, der die Verkündigung in der Jakobskirche fchuf, in Augsburg auch thätig war, fo mag wieder darauf hingewiefen werden, dafs die Bildergruppe in einigen Stilelementen mit den Radirungen der in Augsburg thätigen Familie *Hopfer* verwandt erfcheint.

Durch frifche, faft humoriftifche Auffaffung, temperamentvolle Bewegtheit, durch naturaliftifche Lichtbehandlung fielen die Gegenftücke mit je einem Kirchenvater auf, Flügeltafeln aus dem Befitze des Herrn von Lindenau, *tirolifche* Arbeiten, in denen viel vom Geifte des grofsen Pacher lebendig ift. Die Bilder find datirt — ein feltener Fall; in dem Buche des einen Kirchenvaters fteht die Jahreszahl 1498.

LUCAS CRANACH D. Ä. LUCRETIA (FRS. L. KRAUS)

Durch die in einander geftellten Buchftaben »H« und »M« beglaubigt, von 1543 datirt, ift das Bildnifs eines jungen Mädchens von 17 Jahren, aus kaiferlichem Befitz, ein charakteriftifches und vortrefflich erhaltenes Zeugnifs der Thätigkeit des Münchener Hofmalers *Hans Müelich*. Aus den vierziger Jahren des Jahrhunderts ftammen auch die beften Bildniffe des Meifters, die in Wien und München bewahrt werden.

Lucas Cranach war auf der Ausftellung vielleicht nicht ganz fo reich vertreten, wie bei dem häufigen Vorkommen feiner Bilder in norddeutfchem Privatbefitze zu erwarten gewefen wäre, immerhin fehlte es nicht an guten Arbeiten feiner Hand und nicht an Proben aus den verfchiedenen, typifch feft gefchloffenen Bildergruppen. Die nicht ganz wohl erhaltene Tafel aus der Sammlung Wefendonck, Chriftus und die Schächer an den Kreuzen, eine kahle Compofition, tritt als hiftorifch wichtiges Monument auf mit dem relativ fehr frühen Datum 1515. Schuchardt, deffen Bilderkenntnifs freilich höchft lückenhaft war — von den fieben hier ausgeftellten Gemälden nennt er keins — führt aufser dem berühmten Gemälde von 1504 und einem Portrait von 1514 kein Bild Cranach's auf mit einem früheren Datum als 1515. Und wenn es auch nicht ganz fo fchlimm in Wirklichkeit fteht, find vor 1518 datirte Gemälde immerhin fehr felten. Da die Schöpfungen der Frühzeit aber allein die hohe Stellung rechtfertigen, die der fächfifche Maler traditionell einnimmt, fo mag das Wefendonck'fche Bild forgfam beachtet und mit den anfcheinend gleichzeitigen Holzfchnitten des Meifters verglichen werden. In Betrachtung der dürftigen Compofition, der die landfchaftlich malerifche Belebung ganz fehlt, in Betrachtung der leeren Umrifslinien der nackten Formen kann ich mich einiger Bedenken gegen die Richtigkeit des Datums nicht entfchlagen. Eine Vergleichung des Gemäldes mit dem von 1515 datirten Holzfchnitte, Spalatin betend vor dem Crucifixe, verftärkt die Bedenken eher, als dafs fie fie hebt.

Das von zarter Empfindung befeelte Bildnifs einer jungen Frau, das Se. Majeftät der Kaifer dargeliehen hatte, fcheint mir etwa 1518 entftanden zu fein; wie viele Schöpfungen Cranach's aus diefer Zeit, trägt es keine Signatur, galt auch nicht als »Cranach« (vielmehr als »Dürer«). Die Buchftaben »B—S« im Schmucke der Frau beziehen fich wohl auf den Namen der Dargeftellten. In den Jahren kurz vor 1520 hat der Meifter eine Reihe Portraits gefchaffen, die zu feinen liebenswürdigften

Leistungen gehören, wie das kürzlich in Leipzig aufgefundene Portrait eines Jünglings, das traurig ruinirt worden ist.

Dann käme in der zeitlichen Reihe mit dem Datum 1529 das Portrait Joachim's I. von Brandenburg, das aus dem Besitze der Bibliothek in Bayreuth durch einen Zufall auf der Ausstellung des Berliner Privatbesitzes erschienen war. Das Costüm des ersten Joachim ist ein wenig barbarisch mit Schmuck beladen. Die Durchführung des Portraits ist genau und tüchtig. Ein Bedenken erhebt sich aus der Form der Cranach-Signatur. Die Flügel des Drachens liegen eher als dass sie ständen. Es widerspricht aber aller Erfahrung, dass Cranach sich im Jahre 1529 dieser Form der Signatur bedient habe. Man wird wohl zu der Erklärung greifen müssen, dass unser Bildniss die später — nach 1537, also nach dem Tode des Fürsten — gemalte Wiederholung eines 1529 entstandenen Bildnisses sei.

Eine sehr freundliche, überdies durch gute Erhaltung ausgezeichnete Schöpfung des älteren Cranach ist die Lucretia, die Herr Professor Knaus ausgestellt hatte. Das nackte spannlange Püppchen hebt sich mit der sanft geschlängelten Umrisslinie, in der Überschneidungen ganz vermieden sind, von dem gleichmässig dunkeln Grunde mit zierlicher Wirkung ab. Die Haltung und der Ausdruck des sich den Dolch auf die Brust setzenden Fräuleins wecken nicht gerade tragische Gedanken. Die Darstellungen der nackten Weiblichkeit, denen sich der Maler von Wittenberg namentlich seit 1530 eifrig zuwandte, offenbar mit nicht geringem Glücke bei seinen Zeitgenossen, beruhen auf trüben Vorstellungen von der antiken Kunst und auf einem Streben nach Formenschönheit und zierlicher Gefälligkeit, das der ursprünglich derben Natur des Meisters nicht wohl anstand. Unsere Lucretia, datirt von 1533, zeigt wie einige ähnliche, gleichzeitig entstandene Gestalten eine befangene Anmuth, die später abgestreift wird. In Massen, Stil und Qualität genau entsprechende, von 1532 datirte nackte Figürchen sind im Staedel'schen Institute zu Frankfurt und in der Akademie zu Wien. Die entsprechenden Gestalten im grösseren Massstab sind bei Weitem nicht so erfreulich.

Auffallend durch seine für die späte Entstehungszeit unerwartet vortreffliche Qualität ist das der Sammlung von Kaufmann angehörige Portrait eines 50jährigen Mannes. Datirt 1544 — in diesem Jahre war der Meister, soweit die datirten Bilder ein Urtheil gestatten, wenig productiv —, erscheint das erstaunlich richtig gezeichnete und sorgsam durchgebildete Portrait als das beste Bildniss, das Cranach in den vierziger Jahren des Jahrhunderts noch geschaffen hat. Justus Jonas, dessen Name auf dem Rücken der Tafel genannt ist, scheint nicht dargestellt zu sein, doch vertritt der schlichte Mann mit dem Ausdrucke besonnener Frömmigkeit den Reformatorentypus recht wohl und sieht entfernt dem Melanchthon ähnlich.

Die noch tüchtige Portraitkunst des *jüngeren Lucas Cranach* war durch ein grosses, etwas leeres, im Fleischtone röthliches, schwach modellirtes Bildniss des brandenburgischen Kurfürsten Joachim II. charakteristisch vertreten. Die Tafel, die aus dem kaiserlichen Schlosse stammt, ist signirt mit der geflügelten Schlange und datirt 1571. Der Kurfürst starb schon in den ersten Tagen des

Jahres 1571. Das Bildnifs wurde wohl zum Andenken an den heimgegangenen Fürften gemalt.

Bedenkend, dafs die beiden Bildniffe der Brandenburger wahrfcheinlich die einzigen Bilder der Ausftellung waren, die, wenn nicht in Berlin, fo doch für Berlin gefchaffen worden find, freuen wir uns der immerhin beträchtlichen Zahl altdeutfcher Malereien, die in die Stadt gelangt find.

DIE FLORENTINER • DIE UMBRER • DIE SCHULEN VON PADUA, FERRARA, MAILAND UND VERONA • VON HANS MACKOWSKY • •

DIE Tradition für das Sammeln altitalienifcher Gemälde reicht in Berlin nicht weit zurück. Auch darf kein Einheimifcher, ja nicht einmal ein Deutfcher überhaupt, den Ruhm für fich beanfpruchen, auf diefem Gebiet des Sammelns vorbildlich gewirkt zu haben. Ein Engländer, der in Berlin anfäffige Kaufmann Solly war es, der, nach der Gepflogenheit feiner Landsleute, in grofsem Stile zu fammeln begann. Mit einer Luft am Befitz, der die Bedenken verwöhnter Kennerfchaft keine allzu engen Grenzen zogen, liefs er aufkaufen, was zu Beginn des XIX. Jahrhunderts in den aufgehobenen Klöftern und Kirchen Italiens öffentlich zum Verkauf ftand. So brachte er in verhältnifsmäfsig kurzer Zeit eine Sammlung frühitalienifcher Bilder, vorwiegend der Malerfchulen Toscanas und der angrenzenden Provinzen, zufammen, deren Unerfchöpflichkeit noch heute in Erftaunen fetzt. Für die Liebhaber wurde der Schatz indeffen erft gehoben, als die Staatsregierung die Solly'fche Sammlung für das neu zu gründende Mufeum erwarb und, keine zehn Jahre fpäter, aus ihr das zufammenftellte, was der Berliner Galerie hinfichtlich ihrer italienifchen Quattrocentiften die erfte Stelle unter allen deutfchen Sammlungen fichert.

Von den Königlichen Mufeen hat auch, nachdem die fortfchreitende kunftgefchichtliche Erkenntnifs den Gefchmack mehr und mehr dafür vorbereitet hatte, das private Sammeln altitalienifcher Bilder feinen Ausgang genommen. Wie unter den Gemälden aus der altniederländifchen und altdeutfchen Schule, nimmt das kleinere Andachtsbild zufammen mit dem Portrait den Vorrang vor dem feltenen Predellenftück oder gar der Caffonemalerei ein, doch fehlen auch Beifpiele diefer Gattung nicht.

Unter den Sammlungen, in denen vornehmlich den altitalienifchen Meiftern eine liebevolle und verftändnifsinnige Gaftfreundfchaft zu Theil wird, bevorzugt die der Frau Julie Hainauer das Florentiner Quattrocento, während die jüngere des Herrn James Simon glänzende Leiftungen auch der oberitalienifchen Localfchulen bietet, die mehr als einmal bedeutfam in die Entwickelungsgefchichte der italienifchen Malerei eingegriffen haben. Eine der älteren Berliner Privatfammlungen des Herrn Adolf von Beckerath hat ihren Schwerpunkt dagegen weniger in Beifpielen der Malerei als in Zeichnungen und Sculpturen, die an ihrer Stelle einer befonderen Würdigung unterzogen werden follen.

FRANCESCO PESELLINO · MADONNA · BES. FRAU J. HAINAUER

GEMÄLDE. Das Cabinet mit den Hauptſtücken der Sammlung Hainauer enthielt unter den italieniſchen Gemälden das zeitlich frühеſte. Es ſtellt auf einer im Halbbogen geſchloſſenen kleinen Tafel die Madonna mit dem Chriſtkind auf einem buntgefleckten geradlinig abſchlieſsenden Marmorthrone dar, an deſſen Seiten rechts Johannes der Täufer mit aufwärts weiſender Gebärde, links der hl. Hieronymus in Verehrung ſtehen; den goldenen Hintergrund umzieht ein fein gepunzter Rand. In richtiger Erkenntniſs des engen Zuſammenhanges dieſes Bildes mit den Arbeiten des Fra Filippo ſchrieb der Katalog das Werk dem Frate ſelbſt zu. Es iſt aber ein ſchönes und eigenhändiges Werk *Francesco Peſellino's*, jenes Meiſters, der, nach Vaſari's Worten, ſo ganz in den Spuren Fra Filippo's gewandelt iſt, »che se la morte non ce lo toglieva così acerbo di gran lungo lo superava«. Obwohl die Madonna und das Chriſtkind dem groſsen von Fra Filippo für die Medici gemalten Altarbilde im Weſentlichen gleichen — einem Bilde, dem Peſellino übrigens die theils in Florenz theils in Paris befindliche Predelle hinzufügte —, verräth doch die Compoſition, die Anmuth der Typen und die vollere Faltengebung eine andere Hand als die des derberen Dominikaner-Mönches. Wir erkennen in ihr die gleiche, die das bei Captain Holford befindliche kleine Meiſterwerk der Madonna mit Engeln und vier Heiligen malte. Dieſes, ehemals dem Fra Angelico zugeſchriebene, jetzt mit Sicherheit als Peſellino erkannte Werk bietet zahlreiche Analogien mit der Hainauer'ſchen Tafel. Die Figur des hl. Hieronymus auf dem Hainauer-Bilde erſcheint wie eine Vorſtufe zum Hieronymus auf der engliſchen Tafel. Faſt identiſch auf beiden iſt die Faltengebung im Gewand der Madonna; auch die unruhige Lebendigkeit des Chriſtkindes weiſt auf ein und dieſelbe künſtleriſche Hand. Der blumige Wieſengrund, auf dem die verehrenden Figuren ſtehen, die nach vorn architektoniſch reich ausbuchtende Thronſtufe, die runden ſpitz zulaufenden Finger, endlich auch die helle Färbung und das kleine Format ſind weitere überzeugungskräftige Kennzeichen für Francesco Peſellino.

Während ſeines kurzen Lebens hat Peſellino keine Schüler heranbilden können. Nach dem Tode ſeines Groſsvaters 1446 führte er deſſen Bottega in Gemeinſchaft

SCHÜLER DES PESELLINO: MADONNA. BES. F. BRACHT

mit zwei älteren Genossen fort, von denen der eine, Zanobi di Migliore, bald aus dem Geschäft austrat. Der andere hingegen, Piero di Lorenzo aus Prato, blieb bis zu Pesellino's Tode (1457) in engster Beziehung zu ihm. Ihm fällt sogar der größte Antheil zu an der Trinität in der Londoner National Gallery, dem letzten Werke, das Pesellino kaum begonnen hinterließs und um das sich ein häßslicher Streit zwischen der Wittwe Mona Tarsia und dem Mitarbeiter Piero di Lorenzo entspann. Von Beiden kennen wir gesicherte Werke nicht und sind somit in einiger Verlegenheit, einem von ihnen jenes Madonnenbild zuzuschreiben, das in vielen Einzelheiten auf einen nahen Schulzusammenhang mit Pesellino deutet. Ich meine die Halbfigur der Madonna mit dem Kinde, das einen Stieglitz in den Händen hält, in einer fensterartigen Steinumrahmung, aus dem Besitz des Landschafters Herrn Eugen Bracht. Für den Zusammenhang mit dem Atelier Pesellino's spricht die Ähnlichkeit, die in der Faltengebung und namentlich in der Zeichnung der dickfingerigen Hände zwischen dem Gott-Vater auf der Londoner Trinität einerseits und unserer Madonna andererseits herrscht. Viel deutlicher als bei Pesellino macht sich auf diesem Schulbilde das Vorbild von Fra Filippo geltend. Besonders verdient als Beweis hierfür die liebenswürdige Kindlichkeit des spielenden Knaben hervorgehoben zu werden. Im Gegensatz zu Pesellino, der die hellen heiteren Farben liebt, neigt der unbekannte Schüler wie der Frate zu den stumpferen Tönen. Das Inkarnat ist blutlos und durch den Firniſs stark in's Gelbliche gewandelt, die Farbe zäh. Die Ausführung aber ist bei harter Zeichnung außerordentlich sorgfältig; in Pünktchen ist das Gold im Heiligenschein und im Futter des Mantels aufgesetzt. Vielleicht liegt unserer Madonna überhaupt eine Composition Fra Filippo's zu Grunde, wofür eine Reihe ganz ähnlicher Bilder, nur mit verändertem Hintergrund, ein gewichtiges Zeugniſs ablegen. Ich verweise zunächst auf das bei Stefano Bardini in Florenz befindliche Exemplar, das leider stark vom Restaurator übergangen worden ist. Außer einigen Abweichungen in der Tracht — der Schleier der Madonna fällt weiter über Wange und Hals, der Mantel ist mit einer Edelsteinborde eingefaſst — ist nur der Hintergrund mit der zerfallenen Quadermauer und der gethürmten Stadt von dem Bracht'schen Bilde verschieden. Eine andere Wiederholung aus der Sammlung des Lord Battersea erschien in London auf der Florentine Exhibition (Nr. 95), unter der Bezeichnung Fra

Filippo Lippi; hier bildet eine in Rosen und Nelken prangende Hecke den anmuthigen Hintergrund. Das vierte der mir bekannten Exemplare wurde zu Köln im November 1898 auf der Auction Ittenbach versteigert und befindet sich jetzt im englischen Kunsthandel. Mit seinem Rosenhag als Hintergrund steht es dem Wagner'schen Bilde vor allen anderen nahe. In der Bracht'schen Redaction erkennt man zweifellos die geübteste Hand. Es steht zu hoffen, dass der an seiner scharfen Zeichnung und dem stechenden Blick seiner Gestalten leicht kenntliche Meister sich aus der Schaar der Anonymen bald zu einer greifbaren Persönlichkeit herausondern wird.

Mit Pesellino brachte der Katalog noch ein zweites Madonnenbild der Hainauer-Sammlung in Zusammenhang. Es stellt die Madonna, von zwei Engeln umgeben, vor einer Rosenhecke auf niedrigem Throne dar, während das Christkind vor ihr auf einer den unteren Bildrand entlang laufenden Balustrade steht und einen Vogel küsst; von rechts tritt der kleine Johannes, des Christkindes Spielgefährte, in Verehrung hinzu. Wir haben eines jener Halbfigurenbilder vor uns, die Fra Filippo's Kunst volksthümlich gemacht hat. Die aufgerichteten Flügel der Engel schneiden mit ihren zarten Federn in das leuchtende Gold eines seitlich gerafften Vorhanges, der in der Mitte abermals einen Ausblick auf einen Rosenhag in voller Blüthe gewährt. Die nächste Verwandtschaft mit unserem Bilde zeigt eine auf der Auction Demidoff-San Donato versteigerte Madonna, von der das Berliner Museum eine eigenhändige, nur ganz unbedeutend abweichende Replik besitzt (Nr. 71 A). Das Hainauer-Bild ist aber durch Hinzutreten der Engel und des Giovannino weit reicher in der Composition als jene beiden. Allen dreien gemeinsam ist eine helle Farbengebung und ein scharfer, schwarzer Contur. Unser Bild zeigt in den liebenswürdigen Engelsköpfen und in dem kleinen Johannes, wie nahe sich auch dieser noch anonyme Meister, der in der Art Pesellino's arbeitet, an Fra Filippo angeschlossen hat. Im ersten Corridor der Uffizien hängt unter Nr. 61 eine fälschlich auf Graffione bestimmte Replik dieser Madonna, die, namentlich in den Fleischpartieen nicht ganz vollendet, die Beliebtheit der Composition verräth.

Von der Wirkung, die Fra Filippo's Madonnen damals ausübten, auch auf Künstler, die nicht in des Frate Schule aufwuchsen, legte ein leider fragmentirtes Bildchen, ebenfalls aus dem Besitz der Frau Julie Hainauer, den deutlichen Beweis ab. Klar und scharf aus dem schwarzen Grunde ausgeschnitten, sehen wir ein Madonnabrustbild mit weit vortretender Stirn und langem Halse, ein reich gefälteltes Schleierhäubchen auf den zurückgekämmten Haaren; das nackte, bis unter die Arme sichtbare Christkind verlangt an der Mutter empor und greift mit der Linken an ihr Kinn. Im Motiv erinnert das Bild an Fra Filippo's Madonna in München (Nr. 1006). Die Anlage des Kopfes, das fleischige Ohr deuten auf den grossen Meister selbst. Das Colorit indessen, wenn wir von dem später zugestrichenen dunkeln Hintergrund absehen, das kräftige Kirschroth des Madonnengewandes, das strohgelbe Haar und das wächserne Incarnat, desgleichen die ungemein scharfe Zeichnung bringen ähnliche Madonnen aus der frühen umbrischen Schule in's Gedächtniss. Dennoch, unser

Bild ist florentinisch, und das Zusammenfließen florentinischer und früh-umbrischer Kunstweise erfährt eine natürliche Erklärung, wenn wir an Meister wie Zanobi Machiavelli u. A. denken. Dafs unser Bild diesem Zanobi nahesteht, der aus der Gozzoli-Schule einige früh-umbrische Elemente in seine spätere, ganz von Fra Filippo beeinflufste Florentiner Kunstweise übernahm, scheint mir zweifellos. Dem Meister selbst es zuzuschreiben, läfst schon der fragmentirte Zustand bedenklich erachten.

Die Florentiner Portraitmalerei des Quattrocento war mit den stolzen Namen Botticelli und Pollajuolo vertreten. Unter den etwa zwanzig bekannten, Botticelli zugewiesenen Bildnissen ist ein langlockiger, bartloser Jünglingstypus in einfacher Tracht mit runder Mütze besonders bemerkenswerth. Er tritt mehrfach in der National Gallery zu London, in den Uffizien, in der Sammlung Liechtenstein zu Wien auf, ohne dafs die Dargestellten zu identifiziren wären. In diese Reihe gehört auch das Bildnifs der Sammlung Hainauer. Es zeigt den jungen Mann fast ganz in Vorderansicht. Unter der rothen Mütze quillt zu beiden Seiten des schmalen Gesichtes eine Fluth reich gelockten, kastanienbraunen Haares hervor; freundlich und nachsinnend ist der Ausdruck des Gesichtes, ein leises Lächeln umspielt die vollen Lippen. Der schwarze Überrock mit weifsen Puffen auf den Schultern ist links über der Brust zurückgeschlagen und läfst neben dem Streif gelben Futters das weinrothe, über dem Brustschlitz verschnürte Untergewand sehen. Unter dieser Verschnürung und am Halse kommt das fein gefältelte Hemd zum Vorschein. Den Hintergrund bildet blauer Himmel mit leichten zarten Wolken. Das schmale Gesicht mit den gestreckten Formen, der streng geführte dunkle Umrifs, die bestimmte Zeichnung und die klare Beleuchtung scheinen mit aller Deutlichkeit auf Botticelli selbst zu weisen. Die Behandlung des Haares indessen und vor Allem eine coloristische Zusammenstellung wie Gelb und Weinroth erinnert an die Schule Ghirlandajo's. Am ehesten möchte man vor unserem Bildnisse an *Davide Ghirlandajo* denken, dessen Hand wir deutlich auf dem Auferstehungsbilde der Berliner Galerie (Nr. 75) erkennen. Hier waltet die gleiche trockene Zeichnung, die gleiche etwas harte Farbengebung wie auf dem Jünglingsbildnisse.

Das andere Bildnifs steht in der stattlichen Reihe jener weiblichen Profilköpfe, bei deren Auftreten der Name Piero della Francesca ausgesprochen zu werden pflegt. Diesem viel verkannten Meister schrieb es auch der Katalog der Vente Odiot, auf der es 1889 ersteigert wurde, zu. Mit Sicherheit erkannte W. Bode indessen *Piero del Pollajuolo* als den Urheber. Ein Vergleich mit dem durch die Notiz des Medici-Inventars für Piero gesicherten Bildnifs des Herzogs Gian Galeazzo Sforza in den Uffizien bestärkt in jeder Weise die Richtigkeit dieser Bestimmung. Beiden Portraits ist die Modellirung mit den für Piero charakteristischen braunen Schatten gemeinsam, auf beiden löst sich das wachsferne Incarnat mit eckigem Umrifs von dem dunklen Hintergrund. Die Farbe ist zäh, aber von lackartiger Leuchtkraft. Aus dem grünen, tief ausgeschnittenen Gewande mit dem rothen, gebauschten Ärmel steigt in strengstem Profil einer jener herben Frauenköpfe auf, die aus den Büsten der Zeit wohl bekannt sind. Das über den Schläfen wellig gelöste Haar und das turbanartig um den Hinterkopf gefaltete Schleiertuch gehören der Mode des ausgehenden Quattrocento an. Das Fehlen jeglichen Schmuckes darf nicht hindern, die Dargeſtellte in den hohen Kreiſen der Florentiner Geſellſchaft zu ſuchen. Leider haben weder Medaillen noch andere Hülfsmittel einen Anhalt zur Ermittelung dieſer mehr herriſchen als gewinnenden Perſönlichkeit gegeben.

Filippino's pathetiſch erregte Kunſt trat beſſer in einigen Zeichnungen der Sammlung A. von Beckerath als in dem kleinen fein durchgeführten Bilde mit dem büſsenden Hieronymus aus dem gleichen Beſitz hervor, das der Katalog in Zuſammenhang mit Filippino brachte. Hieronymus in ſchmerzhafter Buſsübung vor dem Crucifixus iſt eins der beliebteſten Themata der florentiniſchen Malerei. Auch von Filippino beſitzen wir auſser der groſsartigen Geſtalt des buſsfertigen Kirchenvaters auf der Madonna (Nr. 293) der National Gallery zu London ein in anſehnlichem Maſsſtabe gehaltenes Bild mit demſelben Heiligen. 1480 von den Ferranti in die Badia geſtiftet, hängt es unter Caſtagno's Namen in der Akademie zu Florenz (Nr. 91). Wiewohl es ebenfalls in die Frühzeit des Meiſters gehört, zeigt es einen weſentlich anderen Geiſt und eine durchaus verſchiedene Formenauffaſſung. Von der ſchwärmeriſchen Ekſtaſe dieſes Hieronymus beſitzt der Heilige auf der Beckerath'ſchen Tafel nichts. Der verrichtet ſeine Buſsübung mit weit weniger Leidenſchaft. Sein Körper, übrigens mit groſser Feinheit und Sorgſamkeit durchmodellirt, iſt zarter und hat an den Hüften die ſchlanke Einbuchtung, die den umbriſchen Meiſtern ihr Schönheitsgefühl vorſchrieb. Auch die Landſchaft mit dem ſtillen Zug der waldigen Höhen, dem Schlängelfluſs, zu dem das Wild zur Tränke kommt, und der zarten Luftſtimmung hat wenn auch im Allgemeinen florentiniſchen Charakter, ſo doch wenig von Filippino's romantiſch mit bewaldeten Felsgeſchieben durchwachſenen Wildniſſen. Das kleine Bild beſitzt in allen ſeinen Theilen den Reiz einer noch ängſtlich Bedacht nehmenden jugendlichen Hand. Der Meiſter, in deſſen Werden wir hier Einblick gewinnen, iſt aber mehr von der umbriſchen Lyrik als von der Florentiner Dramatik erfüllt. Die Provenienz des Bildes aus dem Magazin von Sta. Maria Maddalena dei Pazzi, wo Perugino ſein berühmtes dreigetheiltes Fresco malte, könnte der Annahme eines umbriſchen Eingewanderten vielleicht einigen Halt gewähren.

Von *Raffaellino del Garbo*, dem bevorzugten Schüler Filippino's, enthielt die Ausſtellung eines jener Tondi, die von Fra Filippo bis Raffael ſo oft den Rahmen für die Darſtellung der Madonnen in ihrer häuslichen Mütterlichkeit hergeliehen haben. Wir ſehen in einen ſchmuckloſen Raum, der weniger durch das hoch in der Mitte angebrachte Fenſter als durch eine ſeitliche, ſäulengetrennte Wandöffnung Licht erhält. Hinter einer Holzbank ſteht die Madonna, im Begriff das Kind von ihren Armen auf ein weiſses, reich geſticktes Kiſſen niederzuſetzen. Zu beiden Seiten iſt je ein Engel dienend und verehrend zugleich herzugetreten; ſie ſind dabei niedergekniet und halten den lang herabhängenden Mantel der Mutter Gottes. Das neben dem Kiſſen aufgeſchlagene Buch zeugt von der frommen Andacht der Jungfrau, in der ſie durch die Unruhe des Kindes geſtört worden iſt. Aus dieſem Motiv erklärt ſich die Action aller Betheiligten. In der ſtrahlenden Farbengebung ſteht dies Bild dem

PIERO DEL POLLAJUOLO: BILDNISS. BES. FRAU J. HAINAUER

Tondo Filippino's in der Corsini-Galerie zu Florenz besonders nahe. In den Gewandungen der Engel kommt Raffaellino's Farbenscala charakteristisch zum Ausdruck: der Engel links trägt einen gelben Mantel über dem weissen Untergewand, sein Widerpart rechts ist in rosa und braun schillernde Gewandung gekleidet. In der Mittelachse leuchtet das tiefe Carmoisinroth des Madonnenmantels. Das Incarnat weist Raffaellino's schwarzgraue Schatten auf. Die stolze Farbenpracht der Tafel entschädigt vollauf für die mangelhafte Perspective des Raumes und für die ziemlich flüchtig angelegte Landschaft. Eine hohe Lieblichkeit ist in den Engelsköpfen erreicht. Die Sorgfalt der Ausführung, die gute Zeichnung der Hände mit dem für Raffaellino charakteristisch stark betonten Mittelhandknochen weisen das Werk in die Frühzeit des Meisters. Er steht in dieser Arbeit seinem Lehrer Filippino noch zum Verwechseln ähnlich.

Eine Madonna von *Bastiano Mainardi* (Sammlung Hainauer) zeigt die auch bei Mr. Quincy Shaw in Boston befindliche Composition. Jedoch ist das Berliner Bild jenem in America überlegen. Die Jungfrau in Dreiviertelfigur betet das links auf einem Postament sitzende Christkind an, das mit nicht ganz gelungen verkürzter Rechten die Gebärde des Segnens macht. Ein bewaldeter Felsenhang links im Mittelgrund schiebt sich vor einen See mit aufragender Stadt und ferner Bergsilhouette. Diese Landschaft ist so stereotyp für den Schwager Ghirlandajo's wie der Madonnentyp und die Haltung des Christkindes.

Ein Jünglingsportrait von *Angelo Bronzino* (Besitzer James Simon) führt mitten hinein in's höfische Cinquecento mit seinem gemessenen Ceremoniell und der Ausgeglichenheit seiner Cultur. Wir haben keinen Anhalt für die Persönlichkeit dieses Jünglings, der, aus seinem gelehrten Formelbuche eben aufschauend, mit einem Blick ungetrübtester Klarheit den Dingen, die er las, nachzuschauen scheint. Seine zarte, aber keineswegs blasse Farbe deutet auf ein Wachsthum in kühler Hofluft; der vornehme Schnitt des Gesichtes und die schlanke Bildung der Hände verrathen fürstliches Geblüt. Die Gewandung ist einfach, werktäglich; das eng über der wohlgebildeten Brust anliegende schwarze Wams und der geschmeidige Arm lassen erkennen, dass dieser junge Höfling auch in allen körperlichen Übungen früh geschult ist. So betrachtet, gewinnt das Gemälde kulturhistorische Bedeutung. Es erinnert an jenen ganz einzigen Cortigiano-Typus, das Ideal der ausgebildeten Renaissance, der die Höhe der chriftlichen Cultur genau fo kennzeichnet wie der καλος κ' ἀγαθος die reinfte Ausbildung des antiken Lebens. Bronzino, fo oft, namentlich in feinen Frauenbildniffen, farbenftolz prunkend in der Wiedergabe edelfteinbefäter Prachtgewänder, befcheidet fich auf diefer Tafel mit wenigen Tönen: in das unauffällige Braun des Hintergrundes und das neutrale Schwarz der Gewandung bringt nur das Grün der Tifchdecke eine gewiffe farbige Lebendigkeit. Grofs aber ift der Meifter hier in der Befeelung. Denn wunderbar traf er im Ausdruck jenes Alter, wo Spiel und Unfchuld fich leife wandeln zu Wollen und Erkenntnifs. Das pfychifch Feffelnde in unferem Jünglingskopf ftellt dies Bildnifs über manche Arbeit Bronzino's, in der die Freude an äufserem Pomp die Charakterfchilderung beeinträchtigt hat.

Gewährt die Reihe der bisher befprochenen Bilder eine faft vollftändige Überficht über die Entwickelung der Florentiner Malerei während ihrer Blüthe, fo waren — die Venezianische immer ausgenommen — die übrigen Localfchulen Italiens nur mit ftark vereinzelten und zufammenhangslofen Werken auf der Ausftellung zu finden. Die Kunft des benachbarten Umbriens war nur in zwei kleinen, aber fehr gewählten Täfelchen kennen zu lernen. Das eine, aus James Simon's Befitz, zeigte Salome vor Herodes. Der in Florenz, das den Täufer als Stadtpatron verehrt, fo beliebte Vorwurf ift hier mit deutlicher Anlehnung an Florentiner Vorbilder im Sinne einer anfchaulichen Illuftration, nicht wie in Florenz als dramatifche Epifode behandelt. Im Hofe feines Palaftes, deffen fchönbogiger Säulenumgang auf ferne Berge fich öffnet, tafelt Herodes mit den Grofsen. Die frohe Gafterei aber unterbricht Salome, die, zierlich vor dem Könige niederknieend, ihm des Täufers Haupt auf der Schüffel darreicht. Des Königs fchmerzliche Verwunderung — Entfetzen zu fchildern, lag dem Maler fern — theilt fich fowohl den Tafelgenoffen mit, wie den Räthen, die zu Viert links im Vordergrund ftehen. Ganz unbekümmert, wie Statiften, hält rechts der befcheidene Hofftaat: ein Zwerg mit einem Affen am Strick und ein fchlank gewachfener jugendlicher Page. Rechts im Hintergrunde unter den Säulen wird Johannes vor dem vergitterten Fenfter feines Kerkers hingerichtet, während Salome ohne Schauder die Schüffel bereit hält. Der äufserlichen Anmuth und Gefälligkeit der Compofition entfpricht die lebhafte, mit feinem Farbenfinn zufammengeftellte Colorirung. Die warmen rothen und gelben Töne, die im Figürlichen vorherrfchen, finden ihren Gegenwerth in dem klaren, kühlen Blau, in das fich die zarten Umriffe der weifsmarmornen Säulenhalle zeichnen. Allenthalben vermittelt Grün die warmen und kalten Töne. Diefe Farbenfcala ift jenen acht Bildchen mit Darftellungen aus der Legende des hl. Bernhard in der Pinakothek zu Perugia eigen, und an ihre Art erinnert auch die oft wiederkehrende Gefte der ftaunend erhobenen Hand, die reiche, knitterige Fältelung mit dem ftarken Glanzlicht auf dem Steg der Falten, die Compofition der grofsen, oft unbetheiligt im Vordergrunde ftehenden Figuren und die in den Mittelgrund verlegte Haupthandlung des Bildes. Einer der Meifter diefer Tafeln — es fällt nicht fchwer, drei verfchiedene Hände in den kleinen reizvollen Werken zu erkennen — wird auch der Künftler unferes Predellenbildchens fein, und wenn ich den bedeutendften unter ihnen, *Fiorenzo di Lorenzo*, namhaft mache, fo denke ich neben vielen analogen Einzelheiten auch an die fubtile Behandlung der Architektur und an die durchgehende Feinheit der Ausführung.

Das zweite Bild aus der umbrifchen Schule rührt von *Giovanni Santi*, dem Vater Raphael's, her und mag, wie Fiorenzo's Gemälde, Theil einer Altarftaffel gewefen fein (Befitzer A. von Beckerath). Auf der kleinen, convex ausgebogenen Fläche entfaltet fich eine reiche Compofition von fechs Figuren. Der hl. Franz in feiner lichtgrauen Mönchskutte und der hl. Sebaftian mit blauem Lendenfchurz, an einen Baumftamm gefeffelt, grenzen mit faft architektonifcher Strenge rechts und links die Compofition ab. Der Kern aber, die Anbetung des Kindes von der Madonna und zwei Engeln, ift locker gehalten. Die Madonna ift aus dem Centrum nach rechts gerückt, und die Engel, einander zugewendet, bieten links das Gegengewicht. Durch diefe vom Traditionellen abweichende Gruppirung erhält die Compofition eine Freiheit und Leichtigkeit, die Giovanni in feinen grofsen, fteif aufgebauten Altarbildern oft vermiffen läfst. Auf fanfter Anhöhe im Mittelgrunde erblickt man die fchützende Hütte, links öffnet fich der Hintergrund zu blauer Bergferne. Blau und Gelb, beides gedämpft, find die vorherrfchenden Farben. Der nackte Körper des Sebaftian ift mit Sorgfalt gezeichnet. Der unruhige, aus der Schule Melozzo's übernommene Faltenwurf im Gewand der Engel, das Madonnenantlitz mit der übermäfsig breiten Stirn und dem fpitz zulaufenden Untergeficht find für den Meifter ebenfo charakteriftifch wie die kurzen, ftumpfen Daumen. Seiner zeitlichen Entftehung nach reiht fich das kleine, feine Werkchen, deffen Reiz vorwiegend im Colorit beruht, den frühen Arbeiten des Giovanni Santi ein, dem Sebaftians-Altar in der Galerie zu Urbino oder der Madonna mit Heiligen im Municipio zu Gradara.

Unter den Malereien der norditalienifchen Meifter ftand *Mantegna*'s Madonna (Befitzer J. Simon) obenan. Kaum mehr als ein Bruftbild in dreiviertel Profil hat der Meifter gegeben. Maria in tiefes, faft fchmerzliches Sinnen verloren, drückt mit beiden Händen das feft fchlafende Kind unter ihrem ftraff um die Schulter gezogenen Brocatmantel an die Bruft. Das Kind ift eng in die Windeln eingefchnürt, nur die kleinen runden Fäufte fchauen, im Schlaf geballt, aus der feften Umwickelung hervor. Mit ruhiger und bewufster Meifterfchaft hat hier des Künftlers Hand bis in's Kleinfte gewaltet. Das Sinnen der Mutter mit Augen, die im Raum verloren haften, der leis, wie unter fchmerzlicher Vorahnung zuckende Mund ift fo rührend und ergreifend gegeben wie der tiefe Schlummer des arglofen Kindes. Die Farbe ift dünn auf die feinkörnig durchfchimmernde Leinwand aufgetragen; das zartrofige Fleifch, das in's Schwärzliche gehende Blau des Gewandes und das mit kurzen Lichtern aufblitzende Gelb im Brocat des Mantels wird von dem feinen Silbergrau, Mantegna's ftändigem Localtone, überfchimmert. Eine leife Befangenheit in der Formengebung, eine gelegentliche Härte im Contur des ftraff die Schulter umfpannenden Mantels verrathen, dafs wir es mit einem Jugendwerk zu thun haben. Das fchöne Gemälde kam erft kürzlich aus vicentinifchem Privatbefitz in die Sammlung J. Simon's.

Lorenzo Costa's vollbezeichnetes (L. COSTA F.) fchon mehrfach in der Litteratur erwähntes Madonnenbild mit den Heiligen Jofeph, Franz und Hieronymus repräfentirte allein die ferrarefifche Schule (Sammlung Wefendonck). Eines der feltenen Beifpiele trefflicher Erhaltung wird das Bild, das auf der Grenze vom Quattro- zum Cinquecento fteht, befonders wichtig in feiner Beziehung zu den Jugendwerken Correggio's. Ricci hat neuerdings mit aller Entfchiedenheit Cofta's vorbildliches Wirken für Correggio nachgewiefen und ein wenn auch nur vorübergehendes Schülerverhältnifs in Mantua, wo Cofta und Correggio um 1513 zufammentrafen, wahrfcheinlich gemacht. Die Formen, namentlich der Madonnenkopf auf dem Wefendonck'fchen Bilde, im Verein mit dem Schmelz der Farben und den correggiesken toni cromatici geben der Ricci'fchen Anfchauung an einem concreten Beifpiel feften Halt.

Bernardino Conti's jugendlicher Maltefer-Ritter, den Se. Majeftät der Kaifer hergeliehen hatte, veranfchaulichte auf's Vorzüglichfte die fcharf umreifsende, etwas nüchterne Portraitkunft des lombardifchen Meifters. Im Verein mit dem im Berliner Mufeum befindlichen Bruftbild eines Cardinals und einigen anderen theils im Vorrath der Berliner Sammlung aufbewahrten, theils leihweife an das Provinzialmufeum in Hannover abgegebenen männlichen Bildniffen, die alle, wie jenes im kaiferlichen Befitz befindliche, aus der Sammlung Solly ftammen, gehört es zu den beften Bildniffen diefes in deutfchen Sammlungen nicht eben häufig vertretenen Meifters. Wie das runde, wohlgenährte Geficht des Cardinals, hebt fich auch das fchmale, fcharf gezeichnete Antlitz diefes Maltefers mit feinem bleichen Fleifchton und dem langen, lichten Haar in ftrengftem Profil von der Schwärze des Hintergrundes. Aus dem Gefält des fchwarzen, mit dem Maltefer-Kreuz befttickten Mantels greift über der Bruft eine vornehm bleiche Hand heraus. Die breitringige Ordenskette der investirten Ritter fchmückt den Hals; am Barett, das wie das Gewand nach der Vorfchrift fchwarz ift, leuchtet zwifchen den blanken Nefteln eine Goldplakette mit undeutlicher, antiker Darftellung. Der Meifter hat links unten in der Ecke bezeichnet:

BERNARDINVS
DE COMITE
DE MEDIOLANI PINXIT

Über den Dargeftellten unterrichtet eine im Einzelnen nicht fofort klare und bisher nicht gedeutete Infchrift am oberen Bildrand:

SIXTVS RVVERVS BALVVIS MANVASCE ANNV AGENS XXV + 1501

Liefsen fchon die fcharf gefchnittenen Züge mit der markanten Nafe und dem energifchen Kinn an den Familientypus der Rovere denken, fo beftätigen die Anfangsworte der Infchrift, dafs wir thatfächlich ein Mitglied diefer durch die Päpfte Sixtus IV. und Julius II. weltgefchichtlichen Familie vor uns haben. Wir erfahren ferner, dafs diefer junge Sixtus 1501 fünfundzwanzig Jahre zählte, mithin 1476 zur Welt gekommen fein mufs. Das Kreuz vor der Jahreszahl ift, wenn man genauer hinfieht, kein Todtenkreuz, fondern ein häufig vorkommender malerifcher Schnörkel, in unferem Falle mit befonderer fymbolifcher Rückfichtnahme auf den Kreuzritter angebracht. Unklar bleiben nur die Worte baluvis Manuasce. Hier müffen wir uns erinnern, dafs die Territorien und Ordenspfründen der Johanniter in Provinzen und diefe wieder in Balleien (balivis = baluvis) eingetheilt waren. Aus Bofio's 1621 herausgegebener Istoria della Sacra Religione et ill^ma militia di S. Gio. Gierosol^no (Vol. I, p. 177) erfährt man, dafs Graf Guy von Forcalquier laut Schenkungsurkunde vom 30. Mai 1149 dem Johanniter-Orden für alle Zeit zu eigen gab: »Manoascam Burgum et Castellum et Totas auras cum toto Territorio et omnibus ad Manoascam pertinentibus, hoc est usque ad territorium Montis Furonis et usque ad territorium de Vols et usque ad flumen quod vocatur Durencia«. Diefes in der Provence gelegene Schlofs, um das fich inzwifchen die kleine Stadt Manosque angebaut hat, war alfo die Ordenspfründe des Fra Sifto della Rovere. Fra Sifto war Neffe Sixtus' IV., aus der Ehe der Schwefter des Papftes Luchina mit einem einfachen Advocaten hervorgegangen. Er gehörte zu den Günftlingen Julius' II., der für ihn 1505 durch ein befonderes Breve allerhand Privilegien beim Grofskanzler und Ordensrath der Johanniter erwirkte, darunter auch den Dispens von der Ordenspflicht, auf Rhodus mit den Rittern leben zu müffen, da er ihn »continuamente ne' servigij suoi« gebrauche. Fra Sifto, der Advocatenfohn, hat eine fchnelle und glänzende Laufbahn zurückgelegt. 1508 ernannte ihn der Papft zum Cardinal, dann wurde er päpftlicher Vicekanzler, bis er im Jahre 1517 am 8. März in verhältnifsmäfsig jungen Jahren ftarb. Unfer Bildnifs ftellt ihn noch dar, ehe die Thronbefteigung Julius' II. den Ordensritter zu bevorzugter Stellung führte. Ein müder, etwas krankhafter Zug um die Augen erklärt vielleicht das frühzeitige Ende des Mannes, der eines der beachtenswertheften Beifpiele päpftlichen Nepotismus ift.

Ungefähr in der gleichen Zeit wie jenes Portrait wird die Kniefigur eines hl. Laurentius von *Ambrogio Borgognone* (Befitzerin Frau Baronin von Rofenberg) entftanden fein. Der Heilige, den Roft in artiger Kleinheit wie eine Märtyrerpalme in der Rechten, ift in ein dunkelgrünes Diakonengewand gehüllt. Mit dem bei Borgognone üblichen grauen Fleifchton bildet dies Grün eine zarte Harmonie.

Lionardo's Einwirkung auf die Mailänder Schule zeigte ein kleines, leider nicht fonderlich erhaltenes weibliches Bruftbild in der Art *Luini*'s, von vorn gefehen, mit gefcheiteltem, braunem Haar und in weifsem, goldbeftícktem Gewand (Befitzerin Frau Johanna Reimer).

Ein Tondo von *Gaudenzio Ferrari* aus dem Beſitze Eugen Schweitzer's enthält die Halbfigur des Engels der Verkündigung auf Goldgrund, in ſtrengem Profil nach rechts. Aus dem weiſsen Obergewand hebt ſich zum Segen bereit der rechte Arm, den ein rothes Untergewand eng umhüllt; roth iſt auch der Mantel, der um die linke Schulter geſchlungen iſt. Die Linke trägt den ſchlank aufgeſproſsten Lilienſtengel, deſſen weiſse Blüthen zart in den Goldgrund ragen. Alle Umriſſe ſind beſtimmt und energiſch gezeichnet, aber die Schatten kaum angedeutet. Die Färbung iſt zart und hell, und ihr Charakter weiſt das Bild in Gaudenzio's zweite Periode nach 1514. Vom nothwendigen Gegenſtück der Madonna läſst ſich eine leider nur ſchwache Spur aufweiſen. Colombo (Vita ed opere di G. F. p. 24) ſpricht ohne Quellenangabe und ohne nähere Bezeichnung von zwei Tondi mit den Figuren der Verkündigung, die Gaudenzio für Domodoſſola gemalt habe. Danach könnte unſer Verkündigungs-Engel das eine ſein; das zweite mit der Madonna, deren innigen Ausdruck Colombo beſonders rühmt, ſoll in den Beſitz des Grafen Cibrario in Turin übergegangen ſein. Im Inventar ſeines Vaters hat der jetzige Graf Cibrario indeſſen das Bild nicht auffinden können. Der Verkündigungs-Engel gelangte erſt vor Kurzem aus dem Münchener Kunſthandel zu ſeinem neuen Beſitzer.

Von der in Mailand namentlich unter den geſchickten Händen des *Antonio da Monza* blühenden Illuminirkunſt gaben zwei reich verzierte Initialen O und A mit dem hl. Andreas und einer nicht näher gekennzeichneten weiblichen Märtyrerin aus V. Weisbach's Sammlung nebſt einigen von einem oberitalieniſchen Anonymus herrührenden Miniaturen (Beſitzer James Simon) hinreichende Vorſtellung.

Der Schule von Verona hat Eug. Schweitzer beſonderes Intereſſe zugewandt. Aus ſeinem Beſitze ſtammen die drei kleinen Arbeiten, die auf der Ausſtellung die Kunſt Veronas vertreten muſsten. Noch in das Quattrocento gehört eine etwas gröblich behandelte, aber nicht ohne Zartheit empfundene Madonna von *Liberale da Verona*. Liberale's Schüler *Girolamo dai Libri* konnte man nur in einer überaus feinen und liebenswürdigen Miniatur kennen lernen, die eine Dame auf einem Saiteninſtrument ſich vergnügend darſtellt. *Nicolò Gioffino*, ebenfalls Schüler Liberale's, weckte lebhafte Neugierde mit einer kleinen Tafel, deren Darſtellung ich leider nicht deuten kann. Auf dem freien Platz vor einer Renaiſſancebogenhalle erblickt man eine erregte Gruppe von Männern. In ihrer Mitte hat ſich ein Jüngling den Dolch in die Bruſt geſtoſsen und wird von den Umringenden nur mit Mühe daran gehindert, die Waffe zum zweiten Mal gegen ſich zu führen. Links ſeitlich ſcheint ein älterer, weiſsbärtiger Mann einem Jüngling mit Federhut und Schwert eine Erklärung des ſchrecklichen Vorgangs zu geben. Rechts fällt der Blick auf Baulichkeiten, die ein Almoſenempfänger und eine Gruppe Unterhaltender als Staffage beleben. Die hart zuſammenſtehenden rothen, gelben und grünen Töne, die Männer in knapp anliegender Zeittracht, dann auch die reiche Architektur im Hintergrunde ſind charakteriſtiſch für den Meiſter, der hier wie ein Nachfolger Domenico Morone's erſcheint. Das Bildchen iſt eines der auf der Ausſtellung ſeltenen Beiſpiele einer Caſſonemalerei, d. h. eines gemalten Einſatzes in ein Kunſtmöbel. Von der gleichen Hand, wenn auch nicht zu dem gleichen Mobel gehörig, ſtammen zwei kleine Tafeln des Lindenau-Muſeums in Altenburg (Nr. 190 und 191), die, bisher unter dem unglücklich gewählten Namen Coſimo Roſſelli ausgeſtellt, von dem Verfaſſer des neuen Katalogs, mit nicht geringer Verkennung ihres wahren Urhebers, für einen oberdeutſchen Meiſter um 1530 in Anſpruch genommen werden. Auch dieſe beiden Darſtellungen ſind unerklärt; vermuthlich ſtellen ſie, wie die Schweitzer'ſche Tafel, einen Vorgang aus der römiſchen Geſchichte dar. Eine vierte, ebenfalls Gioſſino zugehörige, mit Anſpielung auf eine Verlobung, bewahrt die Sammlung der Baronin Auguſte Stummer von Tavarnok (Galerie Winter) in Wien.

ZEICHNUNGEN. Das Cabinet, in dem Herr *Adolf von Beckerath* eine Ausleſe aus ſeiner Sammlung untergebracht und ſelbſt aufgeſtellt hatte, beherbergte, mit Ausnahme des Dürerblattes, alle Zeichnungen, die auf der Ausſtellung gezeigt wurden. Hier nöthigten die kleinen, zum gröſsten Theile ſchwarz und weiſs gehaltenen Kunſtwerke zu einer Anordnung, die von vorn herein auf jeden Wetteifer mit der reichen Farbigkeit der übrigen Räume Verzicht geleiſtet hatte. Alte Rahmen, die mit kräftigen Profilen die zarten Blätter umſchloſſen, ſtark im Mittelpunkt oder an den Seiten dominirende plaſtiſche Arbeiten und einige die obere Wand abſchlieſsende farbige Wappenſchilde gaben dem Ganzen die nothwendige Haltung und einigen farbigen Reiz. Manche der groſsen Renaiſſancekünſtler wie Botticelli, Filippino, Signorelli, von denen die Ausſtellung kein Bild vorführen konnte, waren hier wenigſtens mit einer oder der anderen ihrer Zeichnungen vertreten. Und wenn die übrigen Räume die Kunſt jener Tage im Zwange der Überlieferung, in der Abhängigkeit von dem allgemeinen Geſchmacke zeigten, ſo führten die Zeichnungen des von Beckerath'ſchen Cabinets oft mitten hinein in die Werkſtätten, in die Vorbereitung zu groſsen Arbeiten, zu der zwanglos ſich ausſprechenden Perſönlichkeit des Künſtlers ſelbſt. Darin vornehmlich liegt ja der Reiz einer Zeichnung, daſs ſie, die augenblickliche Niederſchrift einer aufblitzenden Idee oder das ſorgfältige Suchen nach der gröſsten Rundung des künſtleriſchen Ausdrucks, Perſönlichſtes offenbart, indem ſie uns zum Zeugen des künſtleriſchen Verdichtungsproceſſes macht. —

Von *Botticelli* ſah man zwei Zeichnungen, beide auf röthlichem Papier mit ſtarken, weiſs gehöhten Lichtern. Die eine ſtellt einen alten ſitzenden Propheten dar, der auf das linke Knie ein Buch ſtützt. Haar und Bart wallen herab, auf dem Haupte trägt er eine hohe Mütze mit einem Kronreif. Wir möchten an die Studie zu einem Gott-Vater denken, ſo nahe ſteht der Typus dem Gott-Vater des Quattrocento. Die Conturen, in Silberſtift gezogen, ſind auſserordentlich zart, die weiſs gehöhten Lichter ſind in der vollen Schärfe ſtehen geblieben. Das zweite Blatt vereinigt auf ſeiner kleinen Fläche nicht weniger denn ſechs Figuren, fünf ſchreitende männliche, und eine knieende weibliche. Dieſe ſcheint laut und eindringlich zu dem älteren Mann in der Mitte der Gruppe, der die Züge des Apoſtels Petrus trägt, emporzuſtehen. Hinter Petrus wird eine männliche Geſtalt mit langen Locken bis zur Bruſt ſichtbar: vermuthlich Chriſtus ſelbſt, der tauben Ohres ungerührt das Weib hinter ſich gelaſſen hat. Ein Jünger links weiſt mit erhobener Hand die fchreiende Frau auf den gleichgültig weiterfchreitenden Herrn und Meifter. Rechts vorn wenden fich zwei andere Jünger unwillig nach der Klagenden um. Danach fcheint es, als habe Botticelli hier die Gefchichte von dem kananitifchen Weibe dargeftellt. Vergebens hat fich das Weib an Chriftus gewandt mit der flehenden Bitte, die vom Teufel geplagte Tochter zu heilen. »Und er antwortete ihr kein Wort.« Nun ruft fie hinter ihm drein, fo dafs die Jünger fie unwillig zurechtweifen. Die Zeichnung war urfprünglich in der gleichen Technik angelegt wie der fitzende Prophet. Später erft hat eine nachbeffernde Hand den zarten Silberftiftcontur einigermafsen gröblich mit Bifter umriffen und, fo namentlich im ausdrucksvollen Kopf des Weibes, die Reinheit der Handfchrift verwifcht. Von dem Meifter felbft redet trotzdem noch Alles auf dem Blatte. Seinem Stil nach werden wir es in die römifche Periode Botticelli's fetzen. Die vollen fchweren Falten, die Typen und die noch mafsvolle Erregtheit der Gruppe entfprechen ganz den gleichen Eigenfchaften auf Botticelli's Fresken in der Sixtinifchen Capelle. Der capriciös oft abfpringende Stift, die längeren Proportionen der Figuren, die ftürmifche Lebendigkeit der Dantezeichnungen ift diefem Blatte noch nicht eigen.

Drei fchöne Zeichnungen *Filippino*'s gaben Gelegenheit, den Meifter mitten in vorbereitender Arbeit zu gröfseren Aufträgen zu beobachten. Ein fchlicht gefcheitelter, in den Schleier gehüllter Madonnenkopf mag als Studie für die Madonna auf der grofsen, 1485 datirten Tafel gedient haben, die, für die Capella di San Bernardo im Palazzo vecchio zu Florenz beftimmt, im erften toscanifchen Saal der Uffizien endgültige Aufftellung gefunden hat. Ungefähr in die gleiche Zeit fällt ein hohes, fchmales Blatt mit bezeichneter Vorder- und Rückfeite. Auf der Vorderfeite fteht, im Profil nach rechts gewandt, ein junger Mann, der mit der Linken den Mantel fafst und in der Rechten die Palme des Märtyrers hält. In der Art, wie er den Mantel fafst, und in der Gewandung erinnert er an den hl. Sebaftian auf dem Vierfigurenbild in S. Michele zu Lucca. Die Rückfeite der Zeichnung enthält einen männlichen Act, der von aufserordentlichem Verftändnifs des Künftlers für den menfchlichen Körper zeugt. Ein Jüngling fitzt ganz leicht auf einem hohen Sitz und hält, den Oberkörper ein wenig nach links verfchoben, eine Binde oder Schlinge in der Rechten. Wir haben es alfo vielleicht mit einer Studie zu einer Grablegung zu thun. Eine Compofition Filippino's, die diefe Studie verwendet, kann ich leider nicht nachweifen. Dem Stile nach werden wir das Blatt in die frühe Zeit Filippino's zu fetzen haben.

Ein drittes Blatt des Meifters führt in das Studium und in das Treiben der Werkftatt. Zwei garzoni, vermuthlich über das erfte Stadium des Pinfelwafchens, Farbenreibens und Vorbereitens des Malgrundes wenig hinausgediehen, hat Filippino hier zu Modellen benutzt. Mit eilig übergeworfenen Mänteln hat er ihnen die Pofe der Verkündigungsfiguren angewiefen. Links, der demüthig Geneigte mit der Mütze in der Hand, agirt die Madonna, von rechts, das Knie gebeugt und die Hand zum fegnenden Grufse erhoben, tritt der Zweite als Gabriel hinzu. Das panneggiamento, den Fall der Gewandung, hat der Meifter hier an der improvifirten Gruppe ftudiren wollen. Mit leichten, ficheren Strichen find die Hauptformen feftgehalten und mit grofser Sorgfalt die weifsen Lichter auf den Faltenftegen gehöht. Das Blatt fällt noch in die mittlere Zeit des Meifters, d. h. vor feinen zweiten Aufenthalt in Rom. Wunderbar frifch und unmittelbar ift die Formengebung, und mit Entzücken geht man dem leichten Strich des Silberftiftes nach, den eine meifterliche Hand führt und ein ficheres Auge die Hauptformen entlang leitet. Die Erhaltung der Zeichnung ift ebenfalls ohne Fehl.

Mit einer in grofsen Licht- und Schattenmaffen prachtvoll aufgebauten Madonnen-Compofition aus *Fra Bartolommeo*'s fpäterer Zeit, die wie eine Studie zur Corfini-Madonna erfcheint, geht die Reihe der Zeichnungen aus der Florentiner Schule zu Ende.

An anderer Stelle diefer Publication ift der Nachweis geliefert, dafs das Bruftbild eines älteren Mannes mit Mütze keine Arbeit *Melozzo*'s ift, vielmehr venezianifchen Urfprungs. Melozzo's grofser Schüler *Luca Signorelli* ftellte auf einem leicht aquarellirten Blatt feine ungemeine, bis auf Michelangelo unerhörte Kenntnifs des nackten menfchlichen Körpers zur Schau. Das Tragen einer fchweren Laft hat Signorelli auf diefer Zeichnung an zwei Beifpielen ftudirt. Rechts fehen wir einen nackten jungen Mann, der eine jugendliche, bekleidete Frau auf der rechten Schulter eher balancirt, als dafs er fie trägt. Die ganze Laft des weiblichen Körpers wuchtet auf diefe rechte Schulter herab. Daher ftützt fich der rechte Arm des Trägers feft in die Hüfte, die Muskeln an dem fchwer belafteten Standbein fchwellen an, während der freie Arm hinaufgreift, die Frau am Ellenbogen zu ftützen. Denn auch das Weib fitzt unficher auf dem fehnigen Nacken und hält fich, während der Körper fchwer nach links herübergeneigt ift, an dem Kopf des Trägers feft. Die links daneben ftehende Geftalt giebt das gleiche Motiv von der Rückenanficht; ftatt der bekleideten Frau fitzt ein nackter Mann auf der rechten Schulter des Trägers. Prachtvoll entwickelt fich das Spiel der Muskeln auf dem Rücken, und gerade die Übereinanderftellung des laftenden und des tragenden Körpers erzeugt den intereffanteften anatomifchen Contraft. Leider ift die Zeichnung querüber an zwei Stellen ftark lädirt, und eine breite Retouche geht gerade durch den unteren Theil des Rückens. Man denkt an Compofitionen wie das Jüngfte Gericht in der Brizio-Capelle zu Orvieto oder an die ebendort befindlichen Grifaillen mit Darftellungen aus Dante's Komödie; doch läfst fich unfere Zeichnung auf keine Compofition dort oder überhaupt auf ein Werk Signorelli's beziehen.

Von Perugino waren zwei Zeichnungen ausgeftellt. Im »guten Schächer« hat der Meifter der religiöfen Emphafe körperliches Leid mit feelifchem Überwinden glücklich zu paaren gewufst; fein zartgeftimmtes Talent gab für die Qual des Gekreuzigten nicht fo viel her, wie für den Ausdruck der entführten Seele. Ganz Anmuth und Liebreiz ift Perugino in dem fchwebenden Engel. Indem der himmlifche Sendling das Haupt demuthsvoll über den gekreuzten Armen neigt, trägt ihn der fanfte Hauch, der in feinem Gewande fpielt, Chriftus oder der Madonna nahe, denen feine Verehrung gilt. Denn zweifellos befitzen wir in diefem Blatt eine Studie zu einer jener zahlreichen Engelgeſtalten, die auf leicht geballtem Gewölk um die Mandorla anbetend und verehrend, gleich einem himmliſchen Hofſtaat die inmitten thronende Heiligkeit umſtehen.

Eine jener im Quattrocento leicht verſtändlichen, für uns räthſelvollen allegoriſchen Geſtalten erblicken wir auf einer Zeichnung *Coſimo Tura*'s, die bereits im IX. Bande des Jahrbuchs d. K. Preuſs. Kunſtſamml. von Adolfo Venturi publicirt worden iſt. Ein geflügeltes Weib mit nacktem Oberkörper, den es uns in Vorderanſicht zuwendet, den linken Fuſs auf eine glänzende Kugel ſtützend, ſitzt auf einem viereckigen Poſtament und hält hoch in der Rechten eine ananasartige Frucht; ein Kind zu ihren Füſsen blickt lebhaft mit weit zurückgeworfenem Kopfe zu der Frucht auf und greift ungeſtüm mit den Händen nach ihr.

[illegible]

In die nächſte Generation der ferrareſiſchen Malerſchule führen zwei Zeichnungen von *Ercole de' Roberti*. Die eine, ein todt ausgeſtreckt liegender Chriſtus in Seitenanſicht, iſt vielmehr eine Nachzeichnung als eine Studie zur Pietà in der Royal Institution zu Liverpool. Die Lage des Körpers auf dem Bilde entſpricht der der Zeichnung. Während man aber auf dem Gemälde den Kopf, über den ſtützenden Arm der Madonna geſunken, in intereſſanter Verkürzung ſieht, liegt er auf der Zeichnung, wie der Körper, genau im Profil mit lang herunterhängenden wirren Locken. Bedeutſamer und eine echte Arbeit des Meiſters iſt die zweite Zeichnung, ein groſs geſchnittener, ſtrenger Frauenkopf in Vorderanſicht mit niedergeſchlagenen Augen. Das ſchlicht geſcheitelte Haar deckt am Hinterkopfe ein weiſses Häubchen, das Gewand iſt viereckig ausgeſchnitten. Der ſtrenge und ernſte Ausdruck iſt charakteriſtiſch für Ercole's Frauenköpfe; den groſsen Schnitt des Geſichtes finden wir wieder z. B. auf der kleinen Berliner Madonna (Nr. 112 D) und bei den Frauen auf dem »Zug nach Golgatha«, dem Predellenbilde der Dresdener Galerie, das mit der Pietà in Liverpool zu einer Altarſtaffel ehemals vereinigt war. Die Umriſſe ſind mit ſchwerer, aber ſicherer Hand geführt, die Lichter weiſs gehöht. Beide Zeichnungen ſtehen auf blaugrundirtem Papier.

Mit *Francesco Zaganelli* betreten wir bereits das Cinquecento. Auf der Zeichnung, die von dieſem Meiſter ausgeſtellt war, findet man wenig mehr von dem Vorbild ſeines Lehrers Rondinelli. Im Typus und in der Stimmung der Figuren werden wir vielmehr an Lorenzo Costa erinnert. Die nur halb vollendete Zeichnung — ebenfalls auf blauem Papier — giebt den Entwurf zu einem Bilde, das sich im Florentiner Kunsthandel befindet. (Nebenbei gesagt, ist es nicht, wie man behauptet hat, das jetzt in Chantilly befindliche Gemälde.) Bis zu den Hüften ist die Madonna sichtbar, in den Armen trägt sie das lebhaft bewegte Kind. Sie sitzt auf erhöhtem Throne, eine Gloriole von Engelsköpfen umschwebt sie. Links und rechts zu Füfsen musizirt je ein Engel. Auf der Zeichnung ist nur der links stehende, dessen gefühlvolles Geigenspiel zur Madonna hinaufklingt, ausgeführt. Vom rechten, der die Mandoline spielt, ist mit Ausnahme des sorgfältig durchmodellirten Kopfes Alles nur in leichten blauen Umrissen angedeutet.

Eine Studie *Correggio's* zum hl. Paulus in S. Giovanni zu Parma deutet schon in ihrer braunen Lavirung die Tonigkeit des Meisters an; die musculöse Gestalt des nackten niedersitzenden Mannes gemahnt an Michelangelo's Ignudi an der Decke der Sistina. *Gaudenzio Ferrari's* Verkündigungsengel in seiner buntfarbigen Aquarelltechnik ist coloristisch reizvoll bei einwandsfreier Erhaltung.

In die Veroneser Schule führt *Bonsignori's* Bildnis eines bartlosen Mannes. Der noch jugendliche Mann wendet den stolz getragenen Kopf drei Viertel nach links; herrisch blitzen die Augen, und von sieghafter Energie reden die Züge. Nach venezianischer Mode trägt er das Haar weit über Stirn und Ohren gekämmt in der Art der berühmten Riccio-Bronze im Museo Correr zu Venedig; eine hohe Tuchmütze deckt den Kopf. In Kohle ausgeführt, mit weich fliefsendem Contur und klarer Modellirung, kommt das schöne Blatt einem Relief in der Wirkung nahe. Dieselbe Hand zeigt ein ähnlich grofs aufgefafster Portraitkopf unter den Zeichnungen der Christ Church in Oxford, der dort — und wahrlich zum Ruhme des verkannten Meisters — Leonardo's Namen trägt.

Bartolommeo Montagna steht auf der Grenze der Veroneser und der Venezianischen Schule. Seine Abstammung weist ihn den Landeskindern des Veroneser Gebietes zu, mit seiner Kunst ist er im Venezianischen heimisch. Ein heiliger Sebastian, ehemals in der Sammlung Grahl (Nr. 308) unter dem Namen des Andrea Mantegna, ist doch zu schwächlich, um als eigenhändige Studie des Meisters zum Sebastian auf dem Altarbilde für S. Bartolommeo, jetzt in der Galerie zu Vicenza, zu gelten. Wir haben in dem Blatte wohl nur das Studium eines Nachzeichners vor uns, dem es gefallen hat, den Heiligen in blauer Tinte, den Baumſtamm indeſſen, an dem jener ſein Martyrium erduldet, und die flüchtig dahinter angedeutete Landſchaft in brauner Tuſche zu reproduciren.

DIE VENEZIANER — VON GEORG GRONAU

Es iſt ſicher nicht dem Zufall allein zuzuſchreiben, daſs die Hälfte aller italieniſchen Bilder in der Renaiſſance-Ausſtellung venezianiſchen Urſprungs war. Durch ihre heiteren, zumeiſt gefälligen Farben empfehlen ſich venezianiſche Bilder dem Privatſammler; ſelbſt ein an ſich weniger bedeutendes Werk mag immer noch farbig groſsen Reiz beſitzen und hierdurch das Auge für ſonſtige Schwächen entſchädigen, während Fehler in der Zeichnung unangenehm in's Auge fallen, falls ſie nicht durch ein harmoniſches Colorit in gewiſſer Weiſe wieder gut gemacht werden.

Innerhalb einer kurzen Zeitſpanne, nicht viel mehr als einem Jahrhundert, iſt die Geſchichte dieſer Malerſchule beſchloſſen. In folgerechter Entwickelung reihen ſich die Generationen der Meiſter eng an einander. Auſserhalb dieſer Reihe bleiben nur wenige Künſtler; unter ihnen iſt im Quattrocento *Carlo Crivelli* der eigenartigſte. Ohne die beſondere Kunſtrichtung, wie ſie in Padua ſich ausgebildet hatte, wäre dieſer Künſtler überhaupt nicht zu verſtehen. Von Carlo Crivelli enthielt die Ausſtellung die Gruppe der Madonna mit dem Kind (Beſitzer Eugen Bracht). Die Gottesmutter ſteht vor oben abgerundetem Portal und hält das Kind, das auf einer Brüſtung ſitzt, mit den Armen umſchlungen. Portal und Baluſtrade ſind aus Marmor, jenem ſchönen gelblichen Marmor, der reich mit amethyſtfarbigen Flecken durchzogen iſt. Die Gruppe iſt nicht ohne Geſchick componirt; den Hauptreiz des Bildes macht die feine Zuſammenſtellung der Farben aus: Blaſsviolett, Olivgrün, Dunkelblau und Roth; dazu geſellen ſich der herrliche Goldbrocat und die reiche Zier goldener Borten und der Edelſteine. Dieſe Schönheiten werden beinahe aufgehoben durch ſelbſt für Crivelli ungewöhnlich häſsliche Einzelheiten: den mürriſchen Ausdruck der Köpfe und die überſchlanken Hände der Madonna mit den ſpinnenartigen Fingern. Zudem hat der Fleiſchton des ſonſt gut erhaltenen Bildes eine unangenehm olivbraune Färbung angenommen. Auch möchte man die Verzierung in den oberen Ecken des Bildes mit einem Apfel und einer Gurke — ſonſt findet man an dem oberen Bildrand bei Crivelli häufig einen Fruchtkranz — nicht als übermäſsig geſchmackvoll bezeichnen; doch ſcheint Crivelli ſpeciell für die Gurke als Zierpflanze eine beſondere Vorliebe beſeſſen zu haben. Und auch ſonſt führen von unſerem Bilde zu anerkannt echten Werken des Meiſters ſo viel verbindende Fäden, daſs man dem nicht gefälligen erſten Eindruck zum Trotz doch für die Echtheit des Bildes eintreten muſs. Als Compoſition zeigt es ſich dem Madonnenbilde in der Galerie zu Bergamo verwandt. Die Farbennuancen kehren faſt genau in derſelben

Weife bei dem entzückenden Madonnenbildchen des Lord Northbrook in London wieder. Auch die Bildchen der Galerie von Ancona und der Jones Collection des South Kenfington Mufeums bieten Analogien. Zufammen mit diefen Werken darf man das Berliner Bild in die Frühzeit des Meifters fetzen, trotz der gezierten Hände, die fonft das Merkzeichen fpäterer Zeit zu fein pflegen.

Der Entftehungszeit nach ftand ein als »Art des *Antonello da Meffina*« bezeichnetes männliches Portrait (Befitzer Graf Pourtalès) dem Madonnenbild am nächften: der Kopf eines Jünglings, zu drei Viertel im Profil, nach links gewendet, bis zu den Schultern fichtbar. Das granatrothe Gewand mit faft parallelen Falten hebt fich leuchtend von dem fchwarzen Grund. Die fchwarze Kappe und ein fchwarzer Gewandzipfel über der linken Schulter vollenden das Coftüm. Das kaftanienbraune Haar, das, die Stirn verdeckend, bis an die Augenbrauen reicht, fteht fteif vom Kopf ab (wie etwa bei der fchönen Bronzebüfte des Riccio im Museo Correr). Das eckige Profil, welches an der Mundpartie durch eine fpätere Hand alterirt erfcheint, wird von der Hakennafe überfchnitten. Die braunen Augen blicken feft nach links; das Weifse des Auges tritt ftark aus dem tiefen goldigen Ton des Fleifches heraus. Als Eigenthümlichkeit fei bemerkt, dafs die oberen Augenlider nach oben emporgezogen find. Wenn diefes Portrait farbig den Werken des Antonello nahe fteht, fo läfst die ganze Auffaffung des Portraits doch mehr an Alvife Vivarini denken. Einzelheiten, befonders die Bildung des Kinns und der durch Doppellinien markirte Übergang von der Nafe zum Mund, kehren ähnlich auf einem Jünglingsportrait des Jacopo de' Barbari in der Galerie zu Bergamo wieder. Doch können wir keinem diefer Meifter das Portrait mit Sicherheit zufchreiben, fondern halten es für die Arbeit eines unbekannten venezianifchen Künftlers, der von den bedeutendften Zeitgenoffen beeinflufst worden ift.

Von den beiden Brüdern *Bellini*, deren Schaffen den Höhepunkt venezianifcher Quattrocentokunft bezeichnet, war der ältere *Gentile* durch eine Zeichnung, fein Selbftportrait, vertreten (Befitzer A. von Beckerath, ausgeftellt als Melozzo da Forlì). Wir fehen einen alten Mann in der üblichen venezianifchen Tracht vor uns, deffen Mundpartie das Fehlen der Zähne verräth. Alle Hauptlinien find durch feine Nadelftiche durchbohrt, d. h. find durch Paufen übertragen worden. Der Zufall wollte es, dafs ich gerade mit dem frifchen Eindruck des grofsen »Proceffionsbildes« der venezianifchen Akademie die Ausftellung zuerft betrat und nun in der mir feit langer Zeit vertrauten Zeichnung die Studie zu dem Portrait des Gentile, das fich ziemlich weit auf der linken Seite jenes Bildes befindet, erkannte. Jeder Zweifel, dafs diefe Studie zu dem dort unter den Zufchauern befindlichen Portrait gedient hat, ift ausgefchloffen. Die Gründe, die mich veranlaffen, hier das eigene Bildnifs des Meifters zu erblicken, kann ich an diefer Stelle nicht ausführlich darlegen, weil ich genöthigt wäre, weiter auszuholen; nur fei hiermit auf die Medaille des Camelio und das Marmorrelief der Sammlung Dreyfufs in Paris verwiefen, die zwar beide den Kopf im Profil zeigen, aber doch die Identität der Züge zur Genüge erkennen laffen. Gentile Bellini war nahe an fiebzig Jahr alt, als das Proceffions-

[illegible]

bild vollendet wurde (1496); das Alter des auf der Zeichnung Dargeftellten ftimmt damit ausgezeichnet überein.

Ein Originalwerk des *Giovanni Bellini* fehlte leider; dafür kann ein Bild mit ihm in unmittelbare Verbindung gebracht werden. Zu Anfang des XVI. Jahrhunderts (1525) fah der Kunftkenner Marc Antonio Michiel (der Anonymus des Morelli) im Haufe des M. Taddeo Contarino ein Chriftusbild, das er alfo befchreibt: »El quadro del Cristo con la Croce in spalla insino alle spalle fu de mano de Zuan Bellino«. Diefes Bild ift uns zwar im Original nicht mehr erhalten; aber wir kennen von demfelben nicht weniger als vier Exemplare, alle aus der Werkftatt des berühmten Meifters, und diefer Umftand läfst darauf fchliefsen, dafs es fich um ein gefeiertes Werk handelt. Abgefehen von unbedeutenden Varianten ftimmen alle vier Bilder bis in die Einzelheiten des Faltenwurfs genau überein. Das ausgeftellte Exemplar (Graf Pourtalès) fcheint nach dem etwas herberen, alterthümlicheren Charakter, den es trägt, dem verfchollenen Original befonders nahe zu kommen. Der Ausdruck des Leidens ift hier ftark betont; er liegt vorzüglich in den Augen, deren Lider ftark geröthet find und die fich müde halb über den Augapfel fenken. Der Mund ift etwas geöffnet. Blutstropfen rinnen über die Stirn und die linke Backe herab. Das bräunlichblonde Haar fällt in wenigen, grofsen Locken bis zur Schulter. Zwei andere Exemplare, im Befitz des Grafen Lanckorónski in Wien (1893 bei Herrn Mario de Maria in Venedig) und in der Galerie zu Rovigo, zeigen diefelbe Auffaffung des Ausdrucks; das erftgenannte dürfte das Original Bellini's am treueften wiedergeben. Das berühmtefte Exemplar aber, bis vor Kurzem in dem Befitz des Grafen Loschi in Vicenza, jetzt in der Sammlung der Mrs. Gardner in Bofton, zeigt die Auffaffung eines Künftlers, der auch als Copift feine Eigenart fich bewahrt. bei Giorgione ift der Ausdruck hoheitsvoll-ergeben; die Augen blicken grofs aus dem Bild heraus; der vornehme Mund ift gefchloffen, und nur eine Thräne, welche die Backe herunterrinnt, verräth etwas von innerem Leiden. Schon Bode hat mit Recht das Berliner Exemplar in Verbindung gebracht mit dem Altarwerk des Bafaiti in der Berliner Galerie, deffen Malweife es fofort in die Erinnerung ruft. Vorzüglich die Figur des hl. Johannes bietet fchlagende Analogien; und wie fich in der Behandlung des mehr Nebenfächlichen am eheften die Hand eines Künftlers wiedererkennen läfst, fo genügt in unferem Fall die Behandlung des Haares, das hier und dort als Maffe gefaßt ift, in die mit fpitzem Pinfel einzelne lichtere Haarfträhnen hineingefetzt find, zum Beweis. Ob das Altarwerk der Berliner Galerie wirklich von Basaiti sei oder, wie neuerdings von Dr. Ludwig behauptet worden, von einem anderen Meister, der vorläufig dem Namen nach unbekannt ist, bleibt dabei für uns irrelevant: jedenfalls ist der »Kreuztragende Christus« von demselben Künstler gemalt.

GIOVANNI BELLINI (?): CHRISTUS (BES. GRAF P. POURTALÈS)

Der Schule Bellini's gehörten zwei Bilder an. Das männliche Portrait (Besitzer James Simon) zeigt uns das Brustbild eines kräftigen Venezianers voll en face, in enganliegender schwarzer Jacke, der Kopf von der schwarzen Kappe bedeckt. Im starken Gegensatz zu dem tiefdunkelbraunen Vollbart ist das nach venezianischer Art geschnittene Haar — die zazzera — hellblond. Das giebt dem Bild einen originellen Reiz, der für den etwas leeren Ausdruck des Gesichts entschädigt. Portraits von Künstlern minderen Ranges bieten, besonders wenn die Hände, deren Zeichnung oft den Urheber verräth, fehlen, der Bestimmung grosse Schwierigkeiten. Auch für unser Bild wage ich nur vermuthungsweise einen bestimmten Schüler des Giovanni Bellini in Vorschlag zu bringen: den Andrea, mit Beinamen *Cordegliaghi*, von dessen Hand ein sehr ähnliches (auf der Rückseite echt bezeichnetes) Bildniss eines Jünglings im Museo Poldi-Pezzoli in Mailand bewahrt wird, das freilich in der Färbung heller, kälter ist als unser Bild. Das zweite Bild stellt eine Venezianerin in Halbfigur dar, die durch einen silbernen Pocal als hl. Magdalena charakterisirt ist, und gehört dem *Vincenzo Catena* an (Besitzer James Simon). Die Dame ist en face dargestellt; das dunkelblaue Gewand lässt die Büste rechts frei. Offenbar hat der Künstler seine Heilige genau nach dem nicht besonders reizvollen Modell copirt; das verräth der lange steife Hals und das Doppelkinn. Der blasse, gelbliche Fleischton ist den frühen Werken des Catena (in Berlin bietet sich zum Vergleich die schöne Santa Conversazione der Galerie Raczynski dar) eigen.

Unter den berühmten venezianischen Meistern bietet einer, *Giovanni Battista Cima da Conegliano*, das seltene Schauspiel, dass ein Künstler in einer Laufbahn, die sich über dreissig Jahre erstreckt, keine bemerkenswerthe Entwickelung durchmacht, sondern von Anfang bis zum Ende sich auf der gleichen Höhe behauptet. Sind der Hauptsache nach seine grossen Altarwerke noch immer auf venezianischem Boden zu finden, so sind zahlreiche kleinere Werke — ein Zeichen der Werthschätzung, die man dem Künstler beimisst — in's Ausland gewandert. Bilder mittlerer Grösse von ihm sind häufiger zu finden, Werke kleinsten Umfanges selten. Unter Cima's Namen waren auf der Ausstellung zwei ganz kleine Bildchen; ihnen glaube ich ein drittes anreihen zu können, und in Verbindung mit diesem darf man zwei Werke, die in der unmittelbaren Umgebung des Meisters entstanden sind, aufführen. Die Madonna mit den Heiligen Franz und Clara (Besitzerin Frau Julie Hainauer), fälschlich mit dem Namen des Giovanni Bellini an der Brüstung vorn versehen, zeigt ein von dem Meister gern angewandtes Compositionsschema: während das Christkind sich mit lebhafter Bewegung, vom Schoosse der Mutter weg, nach links zu dem hl. Franz wendet und ihm das Kreuz darreicht, neigt sich die Madonna nach der anderen Seite, zu der Heiligen, die mit über der Brust gekreuzten Armen verehrungsvoll zu ihr aufblickt. Man findet eine ähnliche Composition auf dem herrlichen Altarbild in der Galerie zu Parma, auf dem Bild der Wiener Galerie und sonst. Die Formen, die rundlichen Köpfe, die Augen mit dem Lichtpünktchen in der Pupille, sind Alles sichere Kennzeichen des Meisters von Conegliano. Leider hat das Bild gelitten, während der »segnende Christus« (Besitzer Graf Pourtalès) — abgesehen von dem aufgefrischten Goldgrund — trefflich erhalten ist. Wie eine Miniatur hat Cima diese Gestalt sauber ausgemalt. Der Heiland sitzt auf einem reich ausgelegten Marmorthron, in burgunderfarbenem Gewand, den dunkelblauen Mantel leicht über die linke Schulter gelegt. Während er die mit dem Kreuz geschmückte Weltkugel hält, spendet er den Segen. Zu diesen beiden Werken gesellt sich das entzückende Bildchen des »hl. Hieronymus« (Besitzer Graf Pourtalès). Wie herkömmlich, kniet der Heilige am Boden und schlägt sich angesichts des Crucifixes mit einem Stein die Brust. Rechts bräunliche Felsen und Gebüsch; zusammen mit dem Stückchen blauen Himmel und dem hellblauen Gewand, das den bräunlichen Leib nur dürftig deckt, geben die natürlichen Farben des Gesteins und des Laubs ein entzückendes Bild. Marco Basaiti hat auf zahlreichen kleinen Bildern Hieronymus verherrlicht; aber auch von Cima giebt es mehrere Darstellungen desselben, und der Vergleich mit dem Bildchen der Londoner National-Galerie giebt für unser kleines Meisterwerk den Ausschlag. Basaiti bevorzugt einen gewissen gelblichen Gesammtton; die leuchtenden Farben, der tiefe Ton des Fleisches verrathen hier unzweifelhaft den Cima. Hingegen war die schöne Kohlezeichnung eines Mannes im pelzverbrämten Rock aus dem Besitz des Herrn von Beckerath ein echtes Werk des *Basaiti*. In der stolzen Haltung, im klaren Blick der Augen erinnert sie lebhaft an das signirte Bildniss in der Galerie zu Bergamo (Lochis). Bei der grossen Seltenheit venezianischer Meisterzeichnungen ist ein solches Blatt doppelt werthvoll.

Die »thronende Madonna« in der Landschaft (Besitzer Graf Pourtalès; als Basaiti ausgestellt) machte beim ersten Anblick den günstigsten Eindruck, aber bei näherem Zusehen wurde man gewahr, dass man ein stark beschädigtes Bild vor sich hatte, über das ein Urtheil nicht mehr möglich ist. Die Landschaft erinnerte an den Hintergrund des »Tempelgangs der Maria« von Cima in der Dresdener

VENEZIANER MEISTER UM 1500 BILDNISS. BES. JAMES SIMON

Galerie. Der Schule des Cima gehörte offenbar eine »Madonna mit Kind« an (Befitzer Graf Pourtalès). Maria fteht vor einem dunkelrothen Vorhang und verehrt mit gefalteten Händen das Kind, das auf einer Marmorbaluftrade liegt. In der Landfchaft, die fich zu beiden Seiten ausbreitet, zieht fich ein dunkelblauer Flufs durch reiche Wiefen hin; ein Caftell fpiegelt fich in dem Waffer; das blaue Gebirge fchliefst den Grund. Alles in diefem Bild erinnert an Cima, die Formen, die Landfchaft, ja felbft Kleinigkeiten, wie der Kopfputz der Madonna. Aber Alles erfcheint vergröbert, plumper, und entfpricht genau der Art des *Pasqualino*, wie wir diefelbe aus dem bezeichneten Bild des Museo Correr in Venedig kennen lernen. Und fo darf man, glaube ich, ohne Zaudern auch diefes Bild diefem wenig bekannten, feltenen Schüler des Cima zuweifen; doch foll nicht unerwähnt bleiben, dafs das Landfchaftsmotiv wiederum fehr an Bilder eines anderen Cima-Schülers, des Andrea Bufati, erinnert.

Noch dem Anfang des XVI. Jahrhunderts gehört ein räthfelhaftes weibliches Bildnifs an, das trotz einzelner Schwächen durch grofsen coloriftifchen Reiz feffelt (Befitzer James Simon). Die Dargeftellte ift etwas nach links gewendet; das reiche afchblonde Haar fteckt hinten in einer fchmucklofen weifsen Haube; das Gewand, welches die Schultern und den Anfatz der breiten Büfte unverhüllt läfst, ift aus prächtigem weifsen, reich mit Goldornamenten gemufterten Seidenbrocat. Der helle, weifsliche Fleifchton und das weifse Kleid heben fich ftark von dem fchwarzen Grund ab. Die Malweife diefes Bildniffes ift ungewöhnlich zart, und trotz der feinen Modellirung vermag das Auge nicht den leifeften Farbenauftrag, der von der Bildfläche herausträte, zu entdecken. Biffolo's Frauentypen find von zahlreichen Bildern diefes Künftlers genugfam bekannt, um negativ fagen zu dürfen, dafs er diefes Bildnifs nicht gemalt haben kann. Mir fcheint es vielmehr einem der älteren Künftler anzugehören, die um das Jahr 1500 fchon im reiferen Alter ftanden; die weichen, etwas verfchwommenen Conturen, die blaffe Färbung, auch gewiffe Einzelheiten der Formgebung (das eigenthümlich gebildete Kinn z. B.) laffen an den Proteus unter den Venezianern jenes Zeitraums, an *Jacopo de' Barbari*, denken, mit deffen heiligen Frauen in der Dresdener Galerie diefes Bild manche Verwandtfchaft hat. Doch will ich nicht leugnen, dafs Barbari's Frauengeftalten weniger voll gebildet find (allerdings haben wir es hier ja mit einem Portrait zu thun!), und will auch mit dem Namen, den ich genannt habe, nur die Kunſtrichtung andeuten, welcher das Bildniſs am eheſten angehören dürfte.

Die »Geburt der Maria«, ein charakteriſtiſches, in den hellen, etwas bunten Farben, die dieſer Meiſter liebt, gehaltenes Bildchen des *Girolamo da Santa Croce* (Beſitzer Eugen Schweitzer), beſchlieſst die Reihe der der Quattrocentokunſt — die noch bis in's erſte Viertel des neuen Jahrhunderts hineinreicht — angehörigen Bilder.

Die Werke der groſsen venezianiſchen Meiſter des XVI. Jahrhunderts, die die Heimathſtadt zur ebenbürtigen Rivalin von Florenz erhoben haben, ſind in der Gegenwart im Privatbeſitz überaus ſelten geworden. Noch immer bewahren die Kirchen Venedigs und der Terra ferma am alten Platz koſtbare Bilder, und was durch die gewaltigen Veränderungen mehrerer Jahrhunderte aus dem Kunſtbeſitz der Kirchen und Paläſte frei geworden iſt, hat zumeiſt ſeit langer Zeit in den öffentlichen Sammlungen Europas eine dauernde Stätte gefunden. Nur in engliſchen Privathäuſern findet man noch manches Bild dieſer glänzendſten Blüthezeit italieniſcher, man darf faſt ſagen europäiſcher Malerei. Ein Meiſter, productiv wie wenige, kommt etwas häufiger noch immer vor, *Jacopo Tintoretto*. Das prächtige Bildniſs eines Mannes (Beſitzer Graf Pourtalès) zeigte in der breiten, kühnen, aber jedes Striches ſicheren Mache den Meiſter; auch die groſsartige Auffaſſung der Perſönlichkeit, deren Blick ſich feſt auf den Beſchauer richtet, rief zahlreiche ähnliche Bildniſſe Tintoretto's in Erinnerung. Das tiefe Violett des Gewandes, mit breit hingeſetzten Lichtern aufgehellt, dieſelbe Farbe der Sammetaufſchläge und des Vorhanges rechts, dazu das dunkle Bordeauxroth der Innenſeite des Prachtgewandes ſind herrlich zuſammen geſtimmt. Die Landſchaft, die man durch ein Fenſter links überſchaut — mit Darſtellung eines Seegefechtes; die Tracht des Dargeſtellten deutet auf einen venezianiſchen Admiral —, iſt in einem feinen gobelinartigen Ton gehalten. Trotz gewiſſer ſchwächerer Einzelheiten (z. B. die Zeichnung der Hände) doch ein treffliches Werk! Fügen wir noch eine Zeichnung desſelben Meiſters, Skizze zu dem »bethlehemitiſchen Kindermord« in San Rocco, Sebaſtiano del Piombo's Entwurf zu dem Altargemälde der Chigi-Capelle in Santa Maria del Popolo zu Rom, und eine hervorragend ſchöne Zeichnung Paolo Veroneſe's — die »Gürtelſpende der Maria«, auf graubläulichem Papier, die Lichter mit dem Pinſel hineingeſetzt; ſchwarze Kreide —, alle drei Blätter aus der Sammlung A. von Beckerath's, hinzu, ſo haben wir aufgeführt, was an Originalwerken eines Trägers jener illuſtren Namen zu finden war.

Mehrere Bilder nöthigen uns zu kurzen kritiſchen Bemerkungen. Die »Vermählung der hl. Katharina« (Beſitzerin Frau Johanna Reimer) gehört, als Compoſition wenigſtens, mit groſser Wahrſcheinlichkeit *Tizian* ſelber an. Die Figuren ſind durchaus in den ihm gewohnten Formen geprägt; ſie kommen ähnlich auf anderen Bildern vor, wie z. B. der kleine Johannes, der von links her angelaufen kommt, in einem durchaus verwandten Bewegungsmotiv auf der »Kirſchenmadonna« der Wiener Galerie oder der »Madonna mit dem hl. Antonius« der Uffizien dargeſtellt erſcheint. Der Typus dieſer Maria, und vor Allem dieſes Chriſtkindes, kehren in den Werken der Jugendzeit des Meisters häufig wieder. Das grofsartige Profilbildnifs der Katharina, das Stückchen Landschaft rechts sind zu bedeutend, um nicht Tizian als Schöpfer vermuthen zu lassen. Das Vorkommen mehrerer Repliken, deren eine mir in der Sammlung des Grafen Harrach in Wien (hier die Farben etwas verändert, als »Pordenone« ausgestellt) gegenwärtig ist, eine weitere in der Galerie zu Hamptoncourt sich befinden soll, spricht dafür, dafs ein bekanntes Originalwerk Tizian's allen diesen Wiederholungen zu Grunde gelegen hat. Ist nun das in Berlin befindliche Exemplar dieses Tizian'sche Original? Wer die Werke des Meisters in den europäischen Sammlungen studirt hat und weifs, dafs der Künstler gewifs gelegentlich eine Einzelheit zeichnerisch nachlässig behandelt, stets auf die Wirkung im Grofsen bedacht, der wird, vorausgesetzt selbst, er wollte eine schwache Stunde des Künstlers in Anrechnung bringen, sich sagen müssen: das ist kein Werk des Tizian oder irgend eines grofsen Meisters überhaupt. Nicht Nachlässigkeit hat solche Formfehler veranlafst, sondern geringes Können. In der näheren Umgebung Tizian's finden wir in *Polidoro Lanzani* einen Künstler, der sich sein Leben lang von der Formenauffassung des Meisters nicht hat freimachen können, der, oft sehr liebenswürdig, als ein prächtiger Colorist in seinen Bildern erscheint, ohne jemals sich zu stärkerer Eigenart durchzuringen; und gewisse Eigenthümlichkeiten des Berliner Bildes, wie die rosa Lasuren, welche man an dem Körper des Kindes beobachtet, scheinen mir Polidoro als den Urheber dieser Copie nach Tizian zu verrathen. Das grofse Bild der Raczynski-Sammlung der National-Galerie, neuerdings mit Recht diesem Meister zugeschrieben, zeigt ganz aufserordentliche Verwandtschaft mit der »Vermählung der hl. Katharina«.

Eine Halbfigur Christi, prächtig in der Färbung, gehört in die nächste Umgebung des *Palma*; sie zeigt auffallende Verwandtschaft mit dem berühmten Portrait des Ariost der Londoner National Gallery, die sich bis auf Einzelheiten der Formgestaltung erstreckt. Eine grofse und trotz starker Nachdunkelung farbig noch sehr wirksame, decorative »Findung des Moses« (Besitzer C. F. Karthaus) mufs dem Tintoretto abgesprochen werden. Die Höhe, in welcher das Bild placirt war, gestattet nicht, sich über den wirklichen Künstler, der es gemalt haben könnte, auszusprechen.

Die Ausstellung konnte dem Freunde allgemeiner Betrachtungen über Kunst recht deutlich vor Augen führen, wie die Auffassung der Portraits sich allmählich verschob und wie die Aufgaben, die sich die Künstler auf diesem Gebiete stellten, mit der Zeit sich änderten. Im Quattrocento und noch in den ersten Jahrzehnten des Cinquecento strebte der Maler die höchste Treue in der Wiedergabe der Züge an. Im Laufe des Jahrhunderts mufs die sorgfältige Einzelbeobachtung zurücktreten hinter einer grofsartigen Auffassung der Persönlichkeit: das Staatsbildnifs wird zur höchsten künstlerischen Entwickelung gebracht. Allmählich schleicht sich eine mehr genreartige Auffassung ein, die gern etwas von der Umgebung des Dargestellten mit zur Charakteristik heranzieht und mit Vorliebe uns den Menschen bei seiner Tagesbeschäftigung schildert. Ein Beispiel dafür giebt das »Selbstbildnifs eines Malers« (Besitzer Carl Hollitscher), das man mit Vorbehalt wohl dem *Francesco Bassano*

MORETTO: THRONENDE MADONNA. BES. FRAU M. WESENDONCK

laſſen kann, deſſen Art die etwas harte Verwendung des Weiſs nicht ſchlecht entſpricht. Der Künſtler iſt dargeſtellt, als würde er beim Malen von einem Beſucher überraſcht. Er hat an der Staffelei geſtanden und an einem Portrait gemalt; nun wendet er ſich herum und blickt voll heraus. Ein ſolches Portrait wäre noch in der erſten Hälfte des XVI. Jahrhunderts in Venedig kaum gemalt worden.

Wir haben bis hierher nur von Künſtlern geſprochen, die aus Venedig oder der näheren Umgebung der Lagunenſtadt gebürtig waren, und deren Leben ſich hauptſächlich in derſelben abgeſpielt hat. Gewöhnlich bezieht man in die Geſchichte der venezianiſchen Malerei auch diejenigen Künſtler des weiteren Feſtlandes, deren Wirken trotz localer Sonderheit nach der Landeshauptſtadt hinweiſt; und ſo gewiſs ein Moroni in Bergamo, ein Moretto in Brescia ihre Eigenart ſich bewahrten, ſo waren die Anregungen, die ſie von Venedig her empfingen, doch zu bedeutſam, als daſs man ſie nicht dem gröſseren Ganzen angliedern durfte. *Moretto* iſt in Deutſchland bekannter, als viele andere Meiſter, weil einige beſonders ſchöne und charakteriſtiſche Werke von ihm in den öffentlichen Sammlungen bewahrt werden. Als bevorzugter Maler von Altarbildern iſt er im Privatbeſitz nicht häufig zu treffen, und ſo mochte man es als einen beſonderen Glücksumſtand anſehen, daſs er durch ein ausgezeichnetes Werk auf der Ausſtellung vertreten war (Beſitzerin Frau Mathilde Weſendonck). Vor dem offenen Bogen eines Kirchenraumes ſteht der Marmorthron, auf dem Maria mit dem Kind Platz genommen hat. Das Chriſtkind klettert auf ihrem Schooſs empor und reckt ſich die Ärmchen aus nach einer Citrone, die aus dem Fruchtkranz zu Häupten der Madonna hervorſchimmert. Auch hier erinnert uns das genrehafte Motiv, daſs wir den Höhepunkt der Renaiſſancekunſt hinter uns haben. In einem Altarbild hätte kein Maler der früheren Zeit dem Kind eine ſolche Stellung gegeben. Aber iſt dieſes Bild wirklich ein Altarbild, nicht nur ein häusliches Andachtsbild, in welchem ſich der Künſtler ſchon erlauben durfte, das Göttliche durch das allgemein Menſchliche zu erſetzen? Für ein Kirchenbild ſpricht der äuſsere Apparat, der Marmorthron, das Bogenportal der Kirche; vor Allem aber die Haltung der Maria, deren gütiger Blick die Gläubigen, die am Altar ihr Gebet verrichten, zu ſuchen ſcheint. Wir werden uns denken müſſen, daſs zu Füſsen des Thrones mehrere

Heilige geftanden haben. Technifche Befonderheiten, wie die Vorliebe für gelbe Fleifchtöne, die ziemlich unvermittelt neben Roth ftehen, weifen das Bild in die Spätzeit des Moretto.

Gegen Ende des XVI. Jahrhunderts waren die grofsen Meifter der venezianifchen Malerei alle dahingegangen. Das neue Jahrhundert fand neue Menfchen und neue künftlerifche Beftrebungen vor. Von dem Wefen der Renaiffancekunft wurde nur wenig noch in das folgende Jahrhundert hinübergerettet.

GAUDENZIO FERRARI. ENGEL DER VERKÜNDIGUNG
BES. E. SCHWEITZER

FRÄNKISCHER MEISTER MADONNA — BAYERISCHER MEISTER MARIA UND JOHANNES HOLZSCULPTUREN BES. Dr. WEICHENHEIM

BILDHAUERKUNST ○ ○ DIE MITTELALTERLICHEN BILDWERKE VON WILHELM VOEGE ○ ○

FRANKREICH ● ● Ein kleines getöntes Gefäſs in Knochen (dem Beuth-Schinkel-Muſeum gehörig) wird in ſeiner Anſpruchsloſigkeit nur wenigen Beſuchern der Ausſtellung aufgefallen ſein. Es war trotzdem vom Merkwürdigſten, was an älteren Sachen zu ſehen war. Wer es in die Hand nahm, entdeckte auf der (äuſseren) Bodenfläche, mehr eingeritzt und gepreſst als eigentlich plaſtiſch herausgearbeitet, eine Darſtellung des Lammes, und auch die Decorationsmotive der Wandung bezeugten ihm — in beredter Symbolik —, daſs eine *Hoſtienbüchſe* gemeint war. Es iſt ſelten, daſs ſolche Geräthe durch die Art ihres Schmuckes ſo deutlich über ihre urſprüngliche Beſtimmung Auskunft geben.

Um ſo räthſelvoller ſchien die Herkunft und die Zeit der Entſtehung. War es carolingiſch, wie die erſte Auflage des Katalogs angab? Oder hatte die zweite Recht, die es in altchriſtliche Zeit zurückdatierte? Hierfür ſprach jedenfalls der Augenſchein.

Durch Bogen und Giebel verbundene Säulchen zerlegen die Wandung des bauchigen Bechers in fünf oblonge Felder, die durch aufſteigende Weinranken belebt ſind; in den Bogenfeldern wachſen ſie aus einer Vaſe hervor, in den anderen entſpringen ſie am Fuſspunkt eines (auf Stab errichteten) Kreuzes. Das Alterniren von Bogen und Giebel, wie überhaupt die Gliederung der Fläche durch Säulenstellungen, das (symbolisch bedeutsame) Weinlaub, das antike Motiv der Vase, das Lamm und die Kreuze gehören zu den beliebtesten Requisitenstücken der altchristlichen Plastik, und es befremdet nur die bauchige Grundform des Gefäßes, die altchristlichen Pyxiden nicht eigen ist.

Aber damit ist ein Beweis für den altchristlichen Ursprung noch nicht erbracht. Man könnte mit gleichem Recht die Decorationen der Renaissance für die Antike in Anspruch nehmen, wenn es bei der Datirung eines Kunstobjects nur auf den Nachweis des gleichen oder eines ähnlichen Motivenschatzes und nicht noch auf andere Dinge ankäme. Ist vielleicht auch unsere Pyxis das Werk einer »Renaissance«? Die carolingisch-ottonische Epoche versuchte an die altchristliche Blüthezeit wieder anzuknüpfen; sie hat in der Kleinkunst, wie bei monumentalen Aufgaben, die Werke des IV.–VI. Jahrhunderts direct zum Muster genommen.

Auskunft zu geben vermögen erst die intimeren Eigenschaften des kleinen Werkes, das Individuelle seiner Technik, das Maß künstlerischer Freiheit in der Auffassung und Weiterbildung der Formen, der Geist, in dem das Ganze durchgeführt ist. Und in alle dem legt die Arbeit ein so offenes und unzweideutiges Zeugniß zu Gunsten des Mittelalters ab, daß ich ihr den Pulsschlag der mittelalterlichen Hand noch anzufühlen vermeine.

Die technische Fertigkeit unseres Schnitzers ist gering, aber er ist mit Eifer bei der Arbeit gewesen. Man beachte, wie an den Weinranken das spiralenhafte Sich-Winden der Fasern überall sorgfältig betont ist, wie in den flach modellirten Blättern das Geäder in feinen, plastisch herausgehobenen Linien hervortritt. Die Blätter zeigen curioser Weise an der Stelle, wo der Stiel beginnt, einen knopfartigen Ansatz. Bisweilen scheint den Meister die Geduld zu verlassen; zwei seiner Felder decorirt er ärmlicher und kahler als die dazwischenliegenden; es ist ein Intermittiren und Wieder-sich-Zusammennehmen. Doch während er sich gehen läßt, scheint er zugleich auf neue Motive bedacht gewesen zu sein. Denn statt der Blätter stellen Blumen sich ein; man sieht, wie sich schrittweise das gezackte Weinblatt in eine Sternblume verwandelt, der knopfartige Ansatz an den Blättern war schon der Übergang zur Blume. Der Meister stellt Reben dar, aber statt mit Trauben hat er sie mit paarweise oder zu dreien sich ansetzenden Beeren behängt, was an Lorbeer erinnert. In den Zwickeln der Arcaden hat er jedesmal ein gestieltes Weinblatt angebracht. Warum hat er sie nicht alle nach derselben Seite — nach rechts — orientirt, warum springt er bei dem letzten Blatt von der einfachen zum Ring sich zusammenschließenden Reihung ab und stellt dieses dem ersten vielmehr symmetrisch entgegen? — Die nur flüchtig angedeuteten Basen der Säulchen sind bald drei-, bald viertheilig ausgefallen, und bei den bauchig geformten Capitälen dominirt bald das Blattwerk, bald die Grundform.

Man sieht, hier ist wenig zu spüren von der im antiken Geleise einherfahrenden, schematischen Routine, wie sie die altchristliche Sculptur charakterisirt. Dem Meister ist seine bescheidene Arbeit doch eine persönliche Angelegenheit. Es fehlt ihm dabei an aller ficheren handwerklichen Formel. Er taftet, er möchte erfinden, er dilettirt und fpielt, und wie in weichem Wachs drücken fich allerhand momentane Einfälle und die kleinen Schwankungen feiner Stimmung getreulich in dem Werke der Hände ab. Das ift Mittelalter. — Es ift derfelbe Geift in diefem kleinen Geräth, der die monumentalen Schöpfungen der mittelalterlichen Frühzeit fo anziehend und fo reich macht.

Antike Ziermotive, infonderheit die Weinranke, fpielen in den rheinifchen Elfenbeinarbeiten der carolingifch-ottonifchen Zeit eine bedeutende Rolle, zumal in der Schule von St. Gallen, deren Traditionen wir bis in's XI. Jahrhundert verfolgen. Aber es begegnet hier nichts, was eine engere Verwandtfchaft mit der Decoration unferer Pyxis verriethe. Wohl dagegen zeigt ein franzöfifches Werk des X. Jahrhunderts die auffallendften Analogieen, der durch die Abbildung Molinier's in weiteren Kreifen bekannt gemachte Kamm des hl. Gauzelin, Bifchofs von Toul, der im Schatz der Kathedrale von Nancy bewahrt wird. Das ganze Syftem der Decoration wie die Details find auffallend verwandt bis zu der die Spitzgiebel und Bogen verzierenden Perlenfchnur und der antikifchen Vafe. Die Weinblätter find etwas beffer modellirt, auch finden fich Trauben; Vögel haufen darin; der Meifter des Kammes hat das altchriftliche Mufter noch etwas genauer feftgehalten.

FRANZÖSISCH, X. JAHRHUNDERT. HOSTIENBÜCHSE DES BEUTH-SCHINKEL-MUSEUMS

Keinesfalls ift der Kamm altchriftlich; um das Mittelfeld zieht fich eine fchmale Blätterbordüre, die zu den geläufigften Bordürenmotiven der ottonifchen Epoche gehört und befonders in den Handfchriften immer wieder vorkommt. Molinier betont denn auch mit Recht, dafs die Tradition wohl Glauben verdiene, wonach der Kamm für Gauzelin von Toul gearbeitet wäre; derfelbe fafs von 922 bis 962. Die Hoftienbüchfe könnte etwas jünger fein als der Kamm, doch ift der Unterfchied kein grofser, und man wäre verfucht zu vermuthen, dafs beide Theile zu *einer* Garnitur gehörten; die Kämme find bekanntlich ebenfalls zum liturgifchen Geräth zu rechnen. Wie dem auch fei, wahrfcheinlich ift auch die Pyxis dem X. Jahrhundert zuzuweifen und auf franzöfifchem Boden entftanden.

Einen befonderen Reiz verleiht dem Gefäfs die bräunlich-rothe Tönung. Das Innere und aufsen alle erhabenen Theile zeigen noch die Spuren der durch keine Retouche entftellten alten Bemalung; die verhältnifsmäfsig gute Erhaltung derfelben fpricht ebenfalls für eine relativ fpäte Entftehung des Werkes.

Kann man eine beftimmte altchriftliche Schule namhaft machen, als deren verfpäteten Schöfsling man diefes Atelier des X. Jahrhunderts zu bezeichnen hätte?

Allerdings find die hier vorkommenden Motive, wie ich fchon fagte, der altchriftlichen Kunft im Allgemeinen eigenthümlich. Aber die Art der Auswahl wie gewiffe Details fcheinen mir die Vermuthung zu geftatten, dafs die Anregung hier von Ravenna, fpeciell von den ravennatifchen Elfenbeinen, gekommen ift. Denn hier find auf engem Raum alle jene decorativen Elemente vereinigt, die unferem Atelier eigenthümlich find: die Vorliebe für die Weinranke, die Vögel, die Vafen, die Blätter in den Zwickeln, die bauchige Grundform der Capitäle, die mit einem Ornament verzierten Arcaden u. f. w. Ravennatifche Elfenbeine find nachweisbar im IX. und X. Jahrhundert im Befitz der fränkifchen Kirchen gewefen, wie das z. B. auch für das Berliner Diptychon, das fchönfte feiner Gattung, durch die auf der Rückfeite noch fichtbaren Infchriften in carolingifcher Halbunciale bewiefen wird. Überhaupt aber ift kaum ein Zweifel, dafs jene Werke in Elfenbein und Knochen auf altchriftliche Arbeiten derfelben Gattung, alfo Elfenbeine (und nicht etwa Sarkophagfculpturen oder Ähnliches) zurückzuführen find.

Franzöfifche Elfenbeine des X.—XII. Jahrhunderts find felten; jedes Stück ift hier von Intereffe. Weitere Nachforfchungen dürften zumal in deutfchen Sammlungen noch Manches zu Tage fördern. In München bewahrt die Staatsbibliothek auf dem Deckel eines Evangeliftars (Cim. 179) eine Reihe von kleinen Täfelchen mit Darftellungen der Jugendgefchichte Chrifti, ficher eine Arbeit aus der Gegend von Touloufe und zugleich ein merkwürdiges Beifpiel für die oft weitgehende Verwandtfchaft diefer Werke mit den Monumentalfculpturen. Auch das Berliner Mufeum befitzt franzöfifche Arbeiten aus romanifcher Zeit, fo eine grofse Tafel mit Chriftus von Engeln getragen, deren Stil nach La Charité sur Loire weift.

Es ift erfreulich, dafs fich der Sammeleifer der Berliner Kunftliebhaber neuerdings auch den gothifchen Elfenbeinen zugewendet hat; die Ausftellung bot eine intereffante Auswahl von Werken aus dem Befitz der Frau Hainauer, wie den Sammlungen Weisbach, James Simon und anderen. Unter den *Elfenbeinreliefs* war aufser einer aus der Sammlung Spitzer ftammenden Spiegelkapfel des XIV. Jahrhunderts mit Auszug zur Jagd (Frau Julie Hainauer) und einer im felben Befitz befindlichen Caffette ein feines gothifches Triptychon der Sammlung Weisbach befonders erwähnenswerth. Es gehört in die Zeit um 1300 und ift die Arbeit eines Ateliers, dem ich eine Reihe anderer Arbeiten, zum Theil Meifterwerke ihrer Gattung, zuweifen möchte. Es gehören dahin: das grofse Diptychon des Berliner Mufeums (Nr. 487. 488 des Katalogs); ein nah verwandtes, aus dem Schatz der Kathedrale von Soiffons ftammendes Exemplar, das fich jetzt im South Kensington Museum zu London befindet; ferner ein bei gleicher Anordnung beträchtlich kleineres Diptychon, ehemals in der Sammlung Spitzer, und eine ebenfalls aus Spitzer'fchem Befitze ftammende Hälfte eines Diptychons, die dem Londoner Exemplar befonders im Ornamentalen nahefteht; vielleicht auch das im South Kensington Museum bewahrte herrliche Triptychon mit Jüngftem Gericht, Kreuzigung u. f. w., ein Werk von gröfster Feinheit des Architektonifchen und befonderer Anmuth des Stiles. Ohne Frage läfst fich die Zahl der hierhergehörigen Werke vermehren.

Die grofsen Diptychen in Berlin und London zeigen genau die gleiche Folge von Paffionsfcenen. Das Weisbach'fche Triptychon giebt eine Auswahl aus dem Cyklus in anderer Gruppirung, die Kreuzigung ift in die Mitte gefchoben; mit dem Exemplar des Berliner Mufeums hat es die Einfachheit der architektonifchen Umrahmung gemein, die dennoch von feinem Gefchmack Zeugnifs giebt; man beachte die kleinen, nur aufgemalten Dreipäffe in den Zwickeln, die auf der Tumba in der Scene der Grablegung wiederkehren. Das Berliner Diptychon entfchädigt für die Schlichtheit des Aufbaues durch den gröfseren Reiz des Figürlichen; die jugendliche Geftalt der knieenden Magdalena in der Gartenfcene, die kühne Rückenanficht der nackten Eva in der Darftellung der Vorhölle find geiftvolle Erfindungen eines bedeutenden Meifters, wie fie die franzöfifche Gothik nur im XIII. Jahrhundert hervorgebracht hat. Sie weifen auf ein hervorragendes Werk der Monumentalkunft als ihr Vorbild. Der Altar in London und unfer Berliner Flügelaltärchen zeigen die nämlichen beiden Scenen, aber jene glücklichen Motive find hier durch eine weit vulgärere Auffaffung verdrängt worden, wie fo mancher geiftreiche Gedanke der gothifchen Frühzeit in der Folge fallen gelaffen und vergeffen wurde.

Der fchärfere Accent der Bewegung, der die Compofitionen des Weisbach'fchen Altärchens vor den zwei gröfseren Werken in London und Berlin auszeichnet, weift deutlich auf eine etwas fpätere Zeit der Entftehung; doch der Zeitabftand ift ein geringer, das kleine Triptychon ift ein charakteriftifches und anmuthiges Werk diefer wichtigen Gruppe. Wir haben leider keinerlei Anhaltspunkte, an welchem Orte dies Atelier gearbeitet hat. Der Stil deutet auf eine Parifer oder doch unter Parifer Einflufs ftehende Werkftatt. Ich darf vielleicht auf etwas aufmerkfam machen, das einen Fingerzeig gewähren könnte. Für die reicher ornamentirten Exemplare unferer Gruppe ift das Motiv eines in die Spitzgiebel eingefügten kleinen Radfenfters charakteriftifch; es ift geradezu das Leitmotiv der Decoration. Es ift ein miniaturhaftes, kunftvoll à jour gebildetes Radfenfter, nicht etwa ein Vierpafs oder eine mehrtheilige offene Rofette, was hier vorliegt. Diefes Motiv fcheint auf Bourges zu weifen, für die Façade der Kathedrale ift es bezeichnend.

Die fchon erwähnte *Caffette* mit merkwürdigen Darftellungen aus dem Alexanderroman, dem Triftan, Lanzelot u. f. w., aus dem Befitz der Frau Hainauer, war fchon 1880 auf der Düffeldorfer Ausftellung, damals der Sammlung Spitzer zugehörig. Es fehlt nicht an verwandten Stücken, die derfelben Werkftatt zugewiefen werden können; dafs die Familie eine zahlreiche war, dafür bürgt das Handwerkliche der Herftellung. Ein zweites vollftändig erhaltenes Exemplar ift im South Kensington Museum; die Befchläge find weniger reich, die Scenen zeigen geringe Varianten; ein genauerer Vergleich läfst das fchematifch Handwerkliche des Betriebes im Ganzen wie die fpielerifch freie Behandlung des Details erkennen. Den Deckel eines anderen Exemplares bewahrt das Mufeum zu Ravenna; ein zweiter befand sich in der Sammlung Sauvageot u. s. w. Es sind Arbeiten aus der ersten Hälfte des XIV. Jahrhunderts.

Man hat sich mit den gothischen Elfenbeinen bisher stilkritisch kaum beschäftigt, und doch bietet die spätere gothische Kleinkunst der Stilkritik im Ganzen ein geeigneteres Material wie die gleichzeitige grosse Sculptur, denn die Masse des Erhaltenen ist ausserordentlich. Man wird allerdings am leichtesten bei den Reliefsculpturen, den Altärchen, Kasten, Kapseln u. s. w. zur Aufstellung von Gruppen gelangen, weil hier schon das Ikonographische gewisse Anhaltspunkte bietet; schwieriger dürfte es bei den *Statuetten* und *Freigruppen* sein, unter denen sich übrigens zahlreiche Werke von Künstlerhand befinden, die den besten Monumentalsculpturen ebenbürtig sind. Es befanden sich auf der Ausstellung nicht weniger als fünf sitzende Madonnen mit dem Kinde. Den ersten Platz behauptete jedoch eine stehende Madonnenfigur der Sammlung Hainauer, eine schlanke und feine Gestalt, die in der Faltengebung an die Madonna des Pariser Nordtransepts erinnerte, jedenfalls noch ein Werk des XIII. Jahrhunderts und unter den ausgestellten die älteste. Die Pose ist noch frei von Geziertheit. Die Wirkung der Figur wurde durch den gar zu schweren, in Kupfer getriebenen Baldachin von wesentlich älterem Stilcharakter etwas beeinträchtigt.

Von den sitzenden Madonnen zeigten die beiden grösseren (die eine im Besitz der Frau Hainauer, die andere erst vor Kurzem von James Simon aus der Sammlung Heckscher erworben) im Kopftypus noch Anklänge an jene mädchenhafte Auffassung der Madonna, die die gothische Blüthezeit charakterisirt (zu vergleichen auch das noch schlichter gegebene Haar mit den korkzieherartig gewundenen Locken eines anderen Exemplars aus der Sammlung Hainauer). Hier wie bei der im Motiv besonders liebenswürdigen Madonna der Sammlung Weisbach zeigt sich dann bereits jenes matronal Damenhafte des Typus, das dem XIV. Jahrhundert eigenthümlich ist. Man griff damit auf die ältliche Auffassung des (byzantinisirenden) XII. Jahrhunderts zurück.

Die französische Plastik strebte seit der Mitte des XIII. Jahrhunderts nach dem Schein lebensvoller Bewegung. Was man hervorbrachte, war jedoch häufig nur der Eindruck gesteigerter Unruhe; man fiel vom Erhabenen in's Lächerliche, Gespreizte und Gezierte. Man blieb befangen in den Formeln eines gleichsam rhythmisch gebundenen Bewegungslebens, das durch die Abhängigkeit der Plastik von der Baukunst bedingt war, und jener Drang nach grösserer Lebendigkeit der Auffassung fand seinen Ausdruck in einer bewegten, überladenen und gehäuften Gewandbehandlung. Jene andere sitzende Madonna der Sammlung Hainauer, in der Scharfbrüchigkeit und Unruhe ihrer Faltengebung — das Kopftuch ist besonders effectvoll —, mit der gliederpuppenartigen Beweglichkeit des Kindes — merkwürdig auch die linke Hand der Madonna, deren Finger aus einander fahren —, mit der barocken Kräuselung der Haare bei Mutter und Kind vergegenwärtigt jenen Moment der Erschöpfung, wo man nach einer bedeutenden und langdauernden Blüthe bei einer gesuchten und prätentiösen Manier anlangte. Die Gruppe ist eine

Arbeit aus der Frühzeit des XIV. Jahrhunderts; es war die Zeit, wo man in Paris begann, flandrifche Meifter zu berufen.

ITALIEN • • Es waren ein paar werthvolle italienifche *Elfenbeine* aus gothifcher Zeit ausgeftellt, zwei Bekrönungen von Krummftäben, die früher der Sammlung Spitzer angehörten und in der Publication über die Sammlung abgebildet und befprochen find, ferner aus der Sammlung Weisbach ein Pfeil zum Glätten des Pergaments (um 1400), wie der Louvre mehrere bewahrt. Doch diefe Arbeiten ftanden an Bedeutung zurück gegen einige Werke in Marmor, die überhaupt zum Beften gehörten, was von italienifchen Sculpturen zu fehen war, zwei Sibyllenfiguren von der Hand *Giovanni Pifano's* (Herr von Beckerath) und eine James Simon gehörige Madonnenftatuette des Nino Pifano.

Die beiden Figuren der Sammlung von Beckerath find vor mehreren Jahren in Florenz erworben. Es find zufammengehörige Fragmente einer Kanzel. Das Berliner Mufeum bewahrt von des Meifters Hand ein Lefepult mit dem Schmerzensmann zwifchen Engeln, das ebenfalls einer folchen zugehört zu haben fcheint. Aber während diefe Arbeit mit ihrer maffigen, weichen, genial formlofen Gewandbehandlung in die nächfte Nähe der Pifaner Domkanzel gehört, find die Sibyllen älteren Datums und etwa gleichzeitig mit der Kanzel in S. Andrea zu Piftoja.

Giovanni hat in Piftoja bekanntlich ebenfalls Sibyllen dargeftellt. Doch für den fchöpferifchen Geift fcheint der Begriff der Wiederholung nicht vorhanden. Mag er eigene ältere Gedanken wieder aufnehmen oder auch fremden Werken Motive entlehnen — fie bleiben nicht, was fie waren; indem er fie nur berührt, hat fich fchon Alles verwandelt. Unter den Geftalten an der Kanzel von S. Andrea ift eine, die im Motiv mit der einen Berliner Figur auffallend zufammengeht; es ift jene berühmte Sibylle unterhalb des ftehenden Chriftus, von der man vermuthet, Michelangelo müffe fie gezeichnet haben.

Beide Figuren fitzen halb nach rechts in's Profil gewendet, aber Kopf und Oberkörper find nach links herumgeworfen, wo ein Genius (mit der göttlichen Botfchaft) herabkommt. Die rechte Hand der Frau ruht hier wie dort auf der Bruft, indefs die Linke mit einer Schriftrolle auf dem linken Knie liegt.

Doch nur der Umrifs deckt fich von ungefähr; er ift in der Berliner Figur mit neuem Leben erfüllt, eine andere Stimmung, ja ein ganz anderer Charakter ift dargeftellt.

Die Piftojefer Geftalt ift weit heftiger aufgefahren, eine leidenfchaftliche, aber ftarke und männliche Natur. Der Kopf ift fcharf in's Profil gewendet, der Blick feft auf die Erfcheinung geheftet. Wundervoll mitwirkend die freie Stirn und das über den Scheitel zurückgenommene Kopftuch. Die Arme find vom Körper abgefpreizt, aber die Hände agiren fort, die Rechte hält das vor der Bruft liegende Ende des Mantels, während der Goldfinger der Linken auf den Inhalt der Schriftrolle deutet. Sie fteht der Gottheit Rede und Antwort.

Die Figur bei von Beckerath ist ein Wesen völlig anderer Art. Hier hat der Künstler in der Prophetin das Weib geschildert. Weniger lebhaft bewegt als jene, ist sie doch tiefer impressionirt und völliger hingegeben. Sie lauscht furchtsam und voll Trauer, der verschleierte Blick ist nach innen gekehrt. Die Arme schmiegen sich bänglich an den Leib; die Hände, vom Affect mitbeherrscht, sind leise geschlossen. Es ist erstaunlich sein, wie unter dem Einfluss des niederdrückenden Affectes alle Action aussetzt; bedeutsam mitsprechend, dass die Stirn hier vom Kopftuch halbwegs bedeckt, die Faltengebung weicher und fliessender ist. Der Zug der Gewandung nach abwärts ist stärker betont. Auch die Schriftrolle, die dort quer über den Knieen lag, fällt hier, der Schwere nach, senkrecht herunter. Man glaube nur nicht, dass erst die grossen Meister der Hochrenaissance, dass erst Raffael diesen todten Dingen plötzlich Sprache gegeben habe.

Mit diesen Erläuterungen habe ich schon ausgesprochen, dass nur Giovanni selbst der Schöpfer dieser Figuren sein kann. So wiederholt sich nur der gottbegnadete Meister, der spielend alle Stimmungen und Temperamente beherrscht, für den das Entfernteste benachbart bei einander liegt.

Die zugehörige zweite Figur ist auf denselben Ton gestimmt. Vielleicht, dass in den historischen Reliefs der Kanzel die Passion eine besondere Rolle spielte. Das Schwermüthige der Stimmung ist meisterhaft gegeben. Es ist eine Melancholie von einer Weichheit der Auffassung, die man in dieser Zeit nicht zu suchen gewohnt ist. Der begleitende Genius vermittelt schonend — als ein Freund — die trostlose Botschaft.

Giovanni's Meisterschaft, die unerhörte Wahrheit des Seelischen, die sichere Wiedergabe der hastigen Gebärde, zeigt sich am virtuosesten in der Erzählung, in Reliefs wie denen des Kindermordes. Hier ist eine Fülle lebensvoller Motive in überschwänglicher Geberlaune ausgestreut, an denen noch nach Jahrhunderten grosse Meister, wie Michelangelo, sich inspirirt haben. Dass der letztere die Kindermord-Darstellung der ehemaligen Domkanzel in Pisa skizzirt hat, ist für mich über jeden Zweifel; sein Ezechiel geht direct auf dieses Relief zurück.) — Aber Giovanni's Kunst würde weniger bahnbrechend gewirkt haben, hätte er den Muth nicht gehabt, die Leidenschaftlichkeit seiner Seele auch in jene stillen Bezirke der Kunst zu tragen, wo die Madonna, die Apostel und Propheten mit den Heiligen in feierlicher Ruhe oder ernster Beschaulichkeit thronten. Er stellt die Propheten im Disput, die Sibyllen in Zwiesprache mit der Gottheit dar, die Reihe der Apostel löst er in malerische Gruppen auf (Jüngstes Gericht an der Domkanzel in Pisa), der Gruppe der Madonna mit dem Kinde verleiht er eine bisher nicht gesehene Energie des Ausdrucks. Hierin sind die Grössten auf seiner Spur geblieben, voller Begierde, das Formelhafte und Unlebendige der repräsentativen kirchlichen Stoffe durch die Kunst dramatischer Inscenirung zu überwinden; ich erinnere an Donatello's Thüren der Sacristei von S. Lorenzo; an Leonardo; an Michelangelo's Ezechiel und Jesaias, an seinen Jonas, sein Jüngstes Gericht u. s. w. Wie sehr die Tendenz zu dramatischer Auffassung dieser Stoffkreise für Toscana charakteristisch ist, lehrt ein Blick auf Umbrien, wo man für Darstellungen wie die der Sibyllen und Propheten an der symbolisirenden Weise des Mittelalters unbeirrt festhält; bekanntlich ist auch der Umbrer Raffael in seinen Sibyllen in der Pace derselben im Ganzen treu geblieben, obwohl Michelangelo's Beispiel lockend vor ihm stand.

Giovanni's Kunst wurzelt in der seines Vaters Niccolò. Was er aus dieser gemacht hat, ist so sehr das Ergebniss seiner persönlichsten Begabung, dass die flüchtigste Anregung genügen konnte, um Alles hervorzurufen. Nach Vorbildern seiner Kunst auf französischem Boden zu suchen, wäre deshalb vollkommen aussichtslos. Er hat französische Werke gesehen, er hat sich nicht unmittelbar an sie angelehnt. Bestes Beispiel sind seine Madonnen. Sie sind zwar wie im Allgemeinen die gothischen Statuen — und wie überhaupt Giovanni's Einzelfiguren — nicht frei in den Ellenbogen, bisweilen selbst von grösster tektonischer Strenge: die des Pisaner Baptisteriums schiesst wie ein Pfeiler empor. Aber innerhalb dieser Grenzen welche Kühnheit und Eigenart! Giovanni verleiht dem Halse jene wundervolle Beweglichkeit, die für die Florentiner Kunst charakteristisch blieb. Er legt bei seinen Madonnen den Accent der Bewegung auf die Hauptfigur und dreht den Kopf der Madonna scharf in's Profil, dem Kinde entgegen. Kein Franzose — bis zur Hochrenaissance hin — hat das Gleiche gewagt. Die französischen Meister lassen der Madonna mit Vorliebe die traditionelle Vorderansicht oder wenden sie doch nur halbwegs und schüchtern nach der Seite; um dennoch die Gruppe zusammenzuschliessen, schieben sie das Kind in's Profil, das Giovanni meist mehr von vorn giebt. Die französischen Werke haben leicht etwas Halbes, Geziertes; Giovanni geht mit grösstem Ernst auf das Wesentliche und gestaltet von hier aus. Das innige und zugleich tiefernste Verhältniss von Mutter und Kind hat Niemand eindringlicher dargestellt. Keine genrehafte Einkleidung verschleiert das rein Menschliche des Inhalts: das französische Motiv des Vogels oder der Blume hat Giovanni nicht aufgenommen. Und selbst in Äusserlichkeiten, wie dem Kopfputz der Madonna, schliesst er sich an die (durch byzantinische Madonnendarstellungen beeinflusste) Weise seines Vaters an; er stellt die Jungfrau mit hochgebundenem Haar und nicht mit offenen Locken dar, wie sie in Frankreich vom XII. bis in's XVI. Jahrhundert gebildet worden ist.

An der von James Simon hergeliehenen überaus feinen Madonnenstatuette des *Nino Pisano* fiel die »französische« Anordnung von Mutter und Kind in's Auge. Nino's bekannte Madonnen in Pisa, in S. Maria Novella u. s. w. zeigen das Kind mehr nach vorn herausgewendet, worin der Einfluss des alten Giovanni zu Tage tritt. Was im Übrigen an der Simon'schen Statuette französisch berührte, die fliessende Gewandbehandlung, ist bereits Erbgut vom Vater her, der hierin französischen Werken ausserordentlich nahe ist, ohne dass man auf Bestimmtes verweisen könnte. Überhaupt ist unter Nino's seither bekannten Madonnen keine, die ihn so völlig als Schüler und Nachahmer seines Vaters Andrea zeigte wie unsere Statuette. Man vergleiche für den Kopftypus (mit der feingebogenen

NINO PISANO. MADONNA. MARMOR. [illegible]

Nafe, den vollen Wangen, bei vortretenden Backenknochen, dem herausfpringenden Kinn, dem kleinen Mund; die Figur der Spes an Andrea's Bronzethür. Die eigenthümlich kühn gefchwungene Haarlocke über dem Ohr ift ein für Andrea's Weife charakteriftifches Element, das er von Giovanni übernommen hat; Nino giebt fonft ein kleinlicheres Geringel (Madonna in der Spina u. f. w.). Andrea hätte die Büfte der Madonna machtvoller gebildet. Im Übrigen ift die Geftalt von jener Breite, die Andrea's Frauengeftalten an der Bronzethür eigen ift. Für die Gewandbehandlung bieten befonders die Scenen der Namengebung des Johannes wie die Begegnung der Maria und Elifabeth, auch die hl. Reparata fchlagende Analogieen; Nino hat jedoch durch ftark vertiefte Partieen die Hauptfaltenzüge fchärfer herausgehoben, als es der Art des Vaters vielleicht entfprochen hätte. Ganz in Andrea's Geift ift endlich das reizvolle Bewegungsmotiv der auf der Bruft liegenden rechten Hand (Visitatio, hl. Reparata, Humilitas); es läfst fich zurückverfolgen bis auf den Stammvater der Schule Niccolò (Fra Guglielmo's vorderes Relief an der Arca di San Domenico, die Frau rechts der Madonna; die Frauengeftalt an der Sienefer Kanzel gleich rechts der Treppe), der es offenbar der Antike abgelaufcht hat.

Der Kopf des Kindes ift nicht erhalten. War ein zärtliches Sichanblicken gegeben oder ftand das genrehafte Motiv im Vordergrunde und war der Blick des Kleinen auf die mit einem Stern gefchmückte Mantelfpange der Mutter gerichtet, die er mit der rechten Hand betaftet? Nach Nino's übrigen Madonnen zu fchliefsen das Letztere. Er liebt die novelliftifche Pointe; er griff das franzöfifche Motiv des Zeifigs und der Blume auf, das Giovanni beifeite hatte liegen laffen. In der Verwerthung diefer Motive aber ift er weit geiftreicher und lebensvoller als feine franzöfifchen Vorbilder. Es ift merkwürdig, dafs — trotz einer entfchiedenen Verwandtfchaft feines Naturells mit der Art der franzöfifchen Meifter — von einer eigentlichen Nachahmung franzöfifcher Werke auch bei ihm keine Rede ift; er bleibt bis in Einzelheiten hinein den Traditionen der eigenen Schule getreu. Unfere Statuette zeigt (ftatt der Krone) jenes fchmale Stirnband, das Giovanni mit fo grofser Vorliebe anwendet, die Spina-Madonna hat den charakteriftifchen Pifanifchen Franfenbefatz. Übereinftimmungen in folchen Einzelheiten deuten immer auf tiefere Zusammenhänge. In der That ist keine Frage, dass während des langen Aufenthaltes in Pisa Giovanni's tiefe und einfach-menschliche Auffassung — wenn auch vielleicht nur vorübergehend — auf Nino läuternd gewirkt hat. Das Gezierte und Süssliche, das die Madonna in S. Maria Novella hat, ist in der Spina-Madonna zur Heiterkeit eines liebenswürdigen Genrebildes abgeklärt.

Sollen wir in der Simon'schen Statuette eine Arbeit aus Nino's Frühzeit sehen? Dem Stile nach kann sie, wie wir sahen, als ein Atelierwerk des Vaters bezeichnet werden. Ich habe dennoch Bedenken, sie als ein Jugendwerk zu betrachten. Sie steht einer in der Domopera von Orvieto bewahrten Statuette am nächsten, die erst kürzlich — und wohl mit Recht — von Marcel Reymond für Nino in Anspruch genommen ist. Hier finden wir wenigstens ganz denselben Kopftypus, auch das Motiv des Stirnbandes kehrt wieder. Die Figur ist im Übrigen etwas gedrungener in den Verhältnissen, die Faltengebung weniger fliessend. Der Umstand, dass die Figur in der Orvietaner Domopera bewahrt wird, legt die Vermuthung nahe, sie möchte entstanden sein, als Nino dem Bau des Domes vorstand. Dies war in der Zeit um 1350. Sein Vater Andrea hatte unmittelbar vor ihm die Bauleitung gehabt. Hat sich Nino um diese Zeit der Weise seines Vaters auf's Neue angenähert? Wir wissen es nicht. Eine sichere Chronologie seiner Madonnen kann mit dem vorhandenen Material nicht aufgestellt werden. Selbst über das Wesen seiner Kunst sind — wie Reymond's Attributionen zeigen — die Acten noch nicht geschlossen. Reymond ist sehr geneigt, ihm die Schöpfungsgeschichten der Orvietaner Domfaçade zuzuweisen; meiner Meinung nach haben diese mit Nino nichts zu thun. Nino ist — bei aller Anmuth — eine im Grunde hausbacken alltägliche Natur, seine Feinheit ist mehr nur eine Feinheit der Oberfläche; die Orvietaner Genesisreliefs dagegen sind die Schöpfung einer zarten, poesievollen Seele. Nino's Einfluss scheint mehr nach Venedig gravitirt zu haben; die Statue der Madonna zwischen den Apostelfürsten und Engeln, die das Grabdenkmal des Dogen Marco Corner in SS. Giovanni e Paolo schmückt, ist hierfür ein bemerkenswerthes Zeugniss.

DEUTSCHE BILDWERKE DES XV. UND XVI. JAHRHUNDERTS ◦ ◦ ◦ VON LUDWIG KAEMMERER ◦ ◦

WERKE mittelalterlicher Steinsculptur sind in Privatbesitz nicht häufig anzutreffen. Ihre Bestimmung als Aussenschmuck der Kirchen, ihr Mass und ihre Grossförmigkeit widersprechen meist der Aufbewahrung in den Räumen eines bürgerlichen Hauses; zudem sind sie schwer erhältlich, da integrirende Bestandtheile des Kirchenbaus selten veräussert werden. Die *Holzschnitzereien* der mittelalterlichen Altarschreine dagegen haben, wie so manches bewegliche Kirchengut, schon früh ihren ursprünglichen Platz verlassen und in Museen oder bei Sammlern eine Zufluchtsstätte gefunden. Sicherlich waren die

Bilderſtürmer des XVI. Jahrhunderts ebenſo oft von dem Verlangen beſeelt, werthvolle Gegenſtände dem Klerus zu entreiſsen, wie von dem Fanatismus, Heiligenbilder zu zerſtören. Fanden ſich doch nach der Überlieferung bereits bei dem Autodafé von Kunſtwerken, das Savonarola auf der Piazza della Signoria zu Florenz veranſtaltete, ſpeculative nordiſche Händler ein, die hohe Summen für die dem Feuer geweihten Schätze boten, und Fiſchart erzählt in ſeinem »Podagrammatiſchen Troſtbüchlein« (Straſsburg 1577), wie niederländiſche Bilderſtürmer einem ſteinernen Chriſtoffel ihren »Salvaguardia«-Zettel anhefteten, durch den er als »Geuſe und ihr lieber Bruder« bezeichnet, vor der Wuth der Maſſen geſchützt werden ſollte. So zahlreiche Denkmäler der ſpätmittelalterlichen nordiſchen Sculptur aber auch erhalten und geborgen ſind, ſo ſchwer iſt es, dieſen Vorrath kunſtgeſchichtlich zu ſichten und zu gruppiren. Wer an ſolche Arbeit ſich wagen will, wird ſeine Studien in den ſüddeutſchen Muſeen und Kirchen beginnen müſſen. Im Nationalmuſeum zu München, im Germaniſchen Muſeum zu Nürnberg, findet er, gleichwie in Hamſterbauten, reiche Vorräthe aufgeſtapelt, freilich auch ein wahlloſes Durcheinander von Werthvollem und Werthloſem. Nicht immer läſst ſich die locale Herkunft dieſer Stücke mit erwünſchter Genauigkeit beſtimmen. Jedenfalls aber hat der Süden Deutſchlands ein Anrecht darauf, die Hauptſammelſtätte mittelalterlicher Holzſculptur zu heiſsen. Haben hier doch auch vornehmlich Kunſtfreunde der romantiſchen Zeit in der erſten Hälfte unſeres Jahrhunderts mit Eifer den Muſeen vorgearbeitet, und noch in den ſiebziger Jahren konnte ein Sammler, wie Streit in Kiſſingen, ohne allzugroſsen Aufwand an Mitteln eine umfaſſende Collection von fränkiſchen Holzſchnitzwerken zuſammenbringen. Später erſt haben norddeutſche Liebhaber dieſem Zweige der Sammelleidenſchaft ihre Aufmerkſamkeit zugewandt, zumeiſt wohl angeregt durch die kleine, aber erleſene Auswahl von Stichproben deutſcher Bildnerkunſt, die das Berliner Muſeum birgt. Ein Geiſtlicher aus Düſſeldorf, A. Münzenberger, verſuchte, einen Theſaurus der mittelalterlichen Schnitzaltäre zuſammenzuſtellen, ein norddeutſcher Gelehrter, Wilhelm Bode, gab der Geſchichte der deutſchen Sculptur die erſte wiſſenſchaftliche Faſſung. Seither herrſcht reges Leben auf dieſem lange vernachläſſigten Gebiet der Forſchung und des Sammelgeiſtes. Die Ausſtellung der Kunſtgeſchichtlichen Geſellſchaft bot dafür die Belege.

Den Beſitzer deutſcher Holzſchnitzereien muſs zunächſt in den meiſten Fällen die Freude an der künſtleriſchen Qualität ſeiner Schätze über das Fehlen geſicherter Meiſternamen tröſten. Nothdürftig erſt iſt das Gerüſt einer deutſchen Bildſchnitzergeſchichte zuſammengezimmert. Es darf fraglich erſcheinen, ob ſich viel neue Künſtlerperſönlichkeiten aus dem vorhandenen Stoff herausarbeiten laſſen. Schon der Betrieb der Werkſtätten, aus denen die Schnitzaltäre und Heiligenfiguren hervorgingen, läſst ſolche Arbeit faſt ausſichtslos erſcheinen. Wer die Verträge lieſt, in denen die Herſtellung eines Altarſchreins ausbedungen wird, erhält den Eindruck, als fiele dem Meiſter, der den Contract unterzeichnet, lediglich die Rolle des Unternehmers und Werkleiters zu; wie weit er ſich zum eigenhändigen Mitthun verpflichtet fühlte, wiſſen wir nicht. Sicherlich gab es bereits im XV. Jahrhundert Werkſtätten, in denen die meistbegehrten Arbeiten, von der Hand verschiedener Gesellen gefertigt, vorräthig gehalten wurden. Sie erhielten ihren Lohn je nach dem Gelingen ihrer Leistung. In dem Schwank »Der Maler von Würzburg« wird das Interieur einer solchen Werkstätte, wo die »Goczen an der want« stehen, anschaulich geschildert. Als der Meister heimkehrt und schnell eine Figur auswählen will, für die er einen Käufer gefunden, stöfst er auf ein besonders lebensvolles Bildwerk — es ist, wie sich später herausstellt, der geile Pfaffe, den die Malersgattin, um ihn zu verbergen, gleich den anderen Figuren mit Farben bestrichen hatte — und meint, der Knecht, der so treffliche Arbeit gemacht, verdiene höheren Lohn.

So hat Michael Wolgemut sicherlich, ohne je selbst das Schnitzmesser zu führen, viele Capellen und Kirchen mit completen Altären versorgt. Auch ob Michael Pacher, der Tiroler Maler, die Schnitzereien des Altars in St. Wolfgang eigenhändig ausgeführt hat, ist neuerdings bezweifelt worden.

Unter solchen Umständen behält die Bezeichnung stilistischer Eigenthümlichkeiten mit urkundlich bekannten Künstlernamen stets etwas Missliches. Wie bei Bildern der Zeit, erlaubt indefs die Holzart wenigstens einen Schlufs auf die örtliche Herkunft des einzelnen Stücks. Soweit wir wissen, ist das Eichenholz zumeist nur in niederländischen und niederdeutschen Schnitzwerkstätten verwendet, während die Oberdeutschen andere Holzarten bevorzugen. Aus dieser Verschiedenheit des Materials schon ergeben sich einzelne Stilunterschiede. Die charaktervolle Festigkeit, welche die verhältnifsmäfsig selteneren Eichenschnitzereien auszeichnet, das Betonen grofser Linien und Flächen, steht in leicht kenntlichem Gegensatz zu dem krausen Knitter- und Faltenwerk, zu der Freude an zeichnerischer Belebung im Kleinen, wie sie uns in den oberdeutschen Lindenholzsculpturen entgegentritt. Dafs dabei natürlich auch Verschiedenheiten der allgemeinen künstlerischen Veranlagung mitsprechen, bedarf keiner besonderen Betonung.

Von Erzeugnissen *niederländischer* Werkstätten sah man in der Ausstellung nur wenige, aber künstlerisch hervorragende Proben. In der Figur der hl. Magdalena der Sammlung Lippmann prägt sich die Sonderart der altholländischen Schule — etwa um 1480 — ungemein klar und scharf aus. Den Typus der Kopfe kennzeichnen die geschlitzten Augen mit hervortretenden schweren Oberlidern, die hohe freie Stirn und die etwas schematische Haarbehandlung. Der Kopf mit seiner breiten Schleierhaube wirkt klotzig auf dem gebrechlichen, zierlich gestelten Körper, aber die Ausführlichkeit und Feinheit seiner Modellirung läfst das Mifsverhältnifs wenig empfinden. Sehr im Gegensatz zu der oft überzarten Bildung der Extremitäten oberdeutscher Figuren steht auch die derbe Behandlung der Hände, die zum Theil allerdings ergänzt sind. Von verwandten Arbeiten wüfste ich nur eine sitzende Madonna im Erzbischöflichen Museum zu Utrecht und einen erheblich weicher gehaltenen Altarschrein in der Bürgermeistercapelle der Marienkirche zu Lübeck (Goldschmidt Taf. 29) zu nennen. In der Sammlung des Freiherrn von Oppenheim zu Köln befindet sich, wie Herr Geheimrath Lippmann mir mittheilt, eine Milchschwester der hl. Magdalena. Die beiden lebensgrofsen Figuren der Maria und des hl. Crispin, die Geheimrath von Kaufmann im Berliner Kunſthandel erworben hat, dürften etwa zwanzig Jahre ſpäter entſtanden ſein; ſie tragen mehr und feinere Empfindung zur Schau, ohne darum an Groſszügigkeit einzubüſsen. Der Unterſchied läſst ſich annähernd dem zwiſchen den Malereien eines Geertgen van St. Jan's und denen Gerard David's vergleichen, obwohl die dem letzteren eigene, etwas leere Nettigkeit der Formengebung den Schnitzereien der Sammlung von Kaufmann fremd iſt. Die ſchmerzhafte Mutter Gottes ähnelt im Motiv der gleichen Figur von dem Triumphkreuz der Nicolaikirche zu Kalkar, deren frühe Datirung — um 1445 — wohl einem Miſsverſtändniſs der Urkunden entſprang.

Der *Kalkarer Bildſchnitzerſchule*, die durchaus im Banne der benachbarten niederländiſchen Kunſtübung ſtand, entſtammt, nach Tracht und Typus zu urtheilen, das Fragment einer Kreuzigungsgruppe: die am Kreuz niedergeſunkene Magdalena der Sammlung Leſſing, ein zwar nicht ſonderlich fein durchgeführtes, aber immerhin recht charakteriſtiſches Erzeugniſs der niederrheiniſchen Holzſculptur um 1520. Roh, doch in ihrer Vollſtändigkeit werthvoll, ſind die Wangen eines Chorgeſtühls aus der gleichen Zeit und Schule, die Geheimrath von Kaufmann beſitzt, der auch eine kleine Geiſselung Chriſti in den ſcharfcarikirten kleinlichen Formen der Kalkarer Paſſionsaltäre ausgeſtellt hatte. Den ganzen Charme, deſſen die weſtfäliſche Schule fähig iſt, offenbart eine kleine fragmentariſche Engelgruppe (Beſ. J. Leſſing), der ein etwas geringeres Altarrelief der Sammlung Salomon aus der gleichen Schulrichtung zur Seite geſtellt ſein mag.

All dieſe Schnitzereien ſind unbemalt, in der Mehrzahl wohl auch nicht auf Bemalung berechnet, während in Süddeutſchland dieſe die Regel bildet, obſchon ſie ſelten genug in ihrer urſprünglichen Faſſung erhalten blieb, vielmehr zumeiſt mit der ſpäteren Übertünchung der Lauge des Reſtaurators zum Opfer fiel. Die Ausſtellung war an Werken der oberdeutſchen, insbeſondere der fränkiſchen Schule erheblich reicher als an niederländiſchen oder niederrheiniſchen. Vereinzelt ſtand die Figur eines heiligen Papſtes aus dem Beſitz des Präſidenten Carl Becker. Der Katalog betrachtet ſie als zu einer Gruppe der Anbetung der Könige gehörig, von der andere Theile im Berliner Muſeum und in der Wiener Sammlung Figdor ſich befinden, und ſchreibt ſie dem Hauptmeiſter der *Tiroler Schule*, *Michael Pacher*, zu. Wenn ich ſchon oben bemerkte, daſs neueſtens Pacher's bildhaueriſche Thätigkeit mit Recht in Zweifel gezogen iſt, da auch die Urkunden ſtets nur von dem »Maler« aus Bruneck ſprechen, ſo darf doch nicht verkannt werden, daſs in dieſer Figur, die übrigens als heiliger König in einer Anbetung des Chriſtkindes ikonographiſch ſchwer unterzubringen ſein dürfte, zahlreiche Züge wiederkehren, die man aus Altären der Pacher-Werkſtatt kennt. Auf die Beſchaffenheit des Holzes habe ich die Figur der Ausſtellung leider nicht unterſucht; die zugehörige Madonna im Berliner Muſeum indeſs iſt aus dem Stamm einer Zirbelkiefer geſchnitzt und damit ihre tiroliſche Herkunft hinlänglich verbürgt. Aber ſchon der Typus und die an oberitalieniſche Vorbilder anklingende Formenſprache weiſen deutlich auf ſolchen Urſprung. Mit den Geſtalten des Altars in St. Wolfgang iſt wenig Verwandtſchaft zu entdecken, dagegen stehen die beiden Figuren des Leonhard und Stephan aus Pacher's Schule im Germanischen Museum dem Heiligen der Sammlung Becker recht nahe. Die alte Bemalung, die allenfalls einigen Anhalt bieten könnte, ist leider durch eine neuere Farbschicht verdeckt. So viel geht aber mit Sicherheit aus der ganzen Anlage und Bearbeitung der Figur hervor, dafs wir es mit einem hervorragenden Meisterwerk der Tiroler Bildhauerei — etwa um 1500 — zu thun haben. Ein Vergleich mit geringeren Arbeiten derselben Schule, der ich vermuthungsweise auch zwei Flachreliefs der Sammlung von Kaufmann einreihen möchte, giebt ihm die rechte Folie. Es mischt sich in dieser Schule die knorrige bäurische Eigenart der Älpler mit den vornehmen Alluren der oberitalienischen Kunst. Wenn der Bildhauer auch — namentlich in den Frauentypen — zäh an dem Schönheitsideal der Pusterthalerinnen festhält, dringt doch etwas von der Abklärung und dem Formenadel der südlichen Nachbarkünstler in seine Werke ein.

Hausbackener, aber in ihrer Urwüchsigkeit nicht minder anziehend, wirkt die *bayerische Bildschnitzkunst*. Zwei reizvolle Birnbaumfigürchen aus vorgeschrittener Zeit — etwa 1520 —, ganz im Stil der Regensburger Malerei eines Altdorfer gehalten, waren in der Vitrine von Dr. Reichenheim ausgestellt; die gehäuften, etwas manierirten Falten der Gewandung, die mehr an die Drehscheibe des Drechslers als an das Schnitzmesser des Bildhauers gemahnen, der übertriebene Ausdruck in Antlitz und Gebärde — es handelt sich um die Nebenfiguren eines Crucifixes, Johannes und Maria —, die malerische Keckheit des Wurfs geben diesen Werken der Kleinkunst eine ungewöhnliche Pikanterie, die durch die feinen Empiresockel nur noch gesteigert wird. Zwei knieende Engel der Sammlung von Kaufmann sind ebenfalls bayerischer Herkunft, aber weniger markant im Stil.

Am häufigsten begegnet man im Kunsthandel und daher auch in den Berliner Privatsammlungen den Werken der *unterfränkischen Schule*, deren Hauptmeister *Tilman Riemenschneider* mit seinem Namen unzählige unter sich verschiedene Bildschnitzerarbeiten decken mufs. Seit Carl Streit in der Publication seiner Kissinger Sammlung die Grenzen des Stilbegriffs Riemenschneider bis zur Kritiklosigkeit erweitert hat, wird nach seinem Vorgang zahlreiches Schulgut unter dieser Flagge geführt. Dem Versuch Wilhelm Bodes, die Persönlichkeit eines zweiten, Riemenschneider verwandten, älteren Bildschnitzers, des sogenannten *Meisters des Kreglinger Altars*, aus dem grofsen Denkmälervorrath der fränkischen Schule herauszulösen, ist neuerdings Carl Adelmann entgegengetreten, der eine eingehende Darstellung von Riemenschneiders Kunst vorbereitet. Die Ausstellung bietet zu einer solchen nur wenig belangreiches Material. Die feinste Arbeit der unterfränkischen Schulrichtung ist wohl ein hl. Stephan (Bes. F. Lippmann). Sie kommt den besten Leistungen Riemenschneiders an künstlerischer Wirkung gleich. Eine über das Durchschnittsmafs gesteigerte Empfindsamkeit tritt in Haltung und Gesichtsausdruck zu Tage; die Gebrechlichkeit des schmalschultrigen Körpers in knittrigem Diakonengewand, die das hagere Antlitz tief beschattende Lockenperücke, die herabgezogenen Augen- und Mundwinkel, die Bildung der Extremitäten geben ein überaus sorgfältig durchgeführtes Bild von der Sonderart Riemenfchneiders. Einen etwas derberen Typus vertritt die weibliche Heilige der Sammlung Gumprecht, während der Apoftel Matthias (Bef. A. von Savigny) mit feinem hartknochigen Kopf und der kleinlichen Modellirung der Extremitäten den Arbeiten des fogenannten Kreglinger Meifters näher verwandt erfcheint. Zwei andere Figuren der gleichen Sammlung, eine Maria am Kreuz und ein heiliger Bifchof, können nur als Schulgut der gleichen Richtung gelten. Wie in ihnen die in's Kleinliche fallende Ängftlichkeit des Gefellen, fo verkörpert fich in den beiden lebensgrofsen Geftalten der Heiligen Katharina und Magdalena (Sammlung von Kaufmann) das derbe Zugreifen eines anderen, der allerdings Riemenfchneider näher fteht als dem Kreglinger. Dem letzteren verwandt, obwohl nicht einmal ficher der unterfränkifchen Schule zuzuzählen, ift eine kleine Lindenholzftatuette der Madonna (Sammlung Reichenheim) wohl von derfelben Hand wie die in München erworbene Lindenholzgruppe des Berliner Mufeums.

ULMER SCHULE. ANBETUNG DER KÖNIGE. HOLZ. BES. G. SALOMON

Mittelfränkifch, und zwar — nach undeutlichen Anklängen an die Manier des Veit Stofs zu fchliefsen — nürnbergifch darf wohl das Flachrelief der Geburt Mariae (Sammlung Salomon) genannt werden. Von der Bildfchnitzerkunft *Schwabens* um 1500 giebt eine modern bemalte Madonna (Sammlung Leffing) und eine liebenswürdige kleine Statuette eines fegnenden Chriftusknaben (Sammlung von Kaufmann) keinen allzu hohen Begriff. Die Anbetung der Könige aus der Sammlung Salomon könnte vielleicht der Ulmer Schule angehören. Ein Speckfteinrelief des Augsburger *Monogrammiften V. K.*, der mit Hans Daucher in Schulverbindung zu denken ift, beweift das frühzeitige Eindringen italienifcher Renaiffancemotive in die fchwäbifche Kunft, die fich bald von der Überlieferung einheimifcher Technik abwandte.

Den im Katalog der Ausftellung als fchwäbifch bezeichneten knieenden König (Sammlung von Kaufmann) — in feiner gut erhaltenen alten Faffung ein Prunkftück erften Ranges — möchte ich eher für *oberrheinifchen* Urfprungs halten. Gröfse der Formenauffaffung, Behandlung des Haars und andere Eigenheiten weifen ihn in die Nähe des Colmarer Antoniusaltars, wenn auch Beziehungen zu Syrlin's Werken nicht zu leugnen find.

Ein gleich diefem durch ungewöhnlich hohe Qualitäten ausgezeichnetes Schnitzwerk, die hl. Magdalena der Sammlung Hainauer, gehört meines Erachtens

OBERRHEINISCHER MEISTER. KNIEENDER KÖNIG. HOLZ. BES. R. v. KAUFMANN

zu den ſchönſten Erzeugniſſen der *ſchleſiſchen*, an fränkiſche Vorbilder ſich anſchlieſsenden *Schnitzerſchule*, wenn es auch deren Durchſchnittsarbeiten (wie z. B. die vier Büſten der Sammlung Epſtein) begreiflicherweiſe thurmhoch überragt.

Schlieſslich ſei noch einer Krönung Mariae (Beſ. J. Leſſing) gedacht, die in ihrer breiten, zerflieſsenden Formengebung am eheſten *ſächſiſchen* Arbeiten der Zeit ähnlich ſieht.

Von Schnitzereien des XVII. Jahrhunderts verdient die Buchsbaumbüſte eines Narren (Beſ. Martin Liebermann), eine friſche, nicht ſchablonenhafte Drechslerarbeit, erwähnt zu werden.

Deutſche Bronzen fanden bisher in Sammlerkreiſen wenig Liebhaber, mit Unrecht, denn einzelne Stücke — namentlich aus bayeriſchen Werkſtätten, wie z. B. die prächtige Mutter Gottes aus Moosburg im Berliner Muſeum — ſtehen an Energie des Ausdrucks den Arbeiten der italieniſchen Frührenaiſſance kaum nach. Die deutſchen Bronzegüſſe des XV. Jahrhunderts freilich ſind nur ſelten künſtleriſch hoch zu bewerthen; ſo auch die — wahrſcheinlich kölniſche — Madonna der Sammlung von Kaufmann, die auf der Grenze zwiſchen Bronzeguſs und Dinanterie ſteht und mehr als Curioſität Beachtung verdient.

Werke der *Viſcher'ſchen* Werkſtatt in Nürnberg blieben oft genug als ſolche im Kunſthandel unerkannt; feinfühlige Sammler aber wuſsten ſie frühzeitig ſich zu ſichern. Der Reiz, der dieſen Erſtlingen deutſcher Renaiſſanceplaſtik innewohnt, beruht auf dem ſeltſamen Gemiſch von naivem Realismus und italieniſchem Formenadel. Von der welſchen Kunſt übernahm der ehrſame Nürnberger Rothgieſser den Putto als decorative Füllfigur. Seine gröſste Arbeit, das Sebaldusgrab, wimmelt von ſolchen figürlichen Drôleries. Für die gleiche Stelle war wohl auch der kleine ſitzende Knabe der Sammlung des Grafen F. von Pourtalès, vielleicht auch das mit einem Hündchen ſpielende Kind (Sammlung von Beckerath) beſtimmt, zu dem das Berliner Muſeum das Wachsmodell beſitzt. Einer etwas ſpäteren Zeit, die ſich bereits in glatterer Durchführung der Formen gefiel, gehört der Knabe mit dem Delphin aus der Sammlung Hollitſcher an.

Peter Viſcher dem Jüngeren († 1528), dem zweiten Sohn des Nürnberger Altmeiſters, wird die Eva aus dem Beſitze der Frau Julie Hainauer zugeſchrieben. Der claſſiſche Kopf mit ſeinem fein ciſelirten Haar, die breiten Formen des Körpers weichen von den bekannten und durch die Urhebermarke beglaubigten Arbeiten dieſes Künſtlers einigermaſsen ab und laſſen auf eine weiter vorgeſchrittene Epoche der deutſchen(?) Bildnerei ſchlieſsen, ohne daſs ich einen plauſibleren Namen vorzuſchlagen wüſste. Die originelle kleine Büſte eines herzoglich ſächſiſchen Hofſchauſpielers vom Ende des XVI. Jahrhunderts (bezeichnet: Nicolaus hiſtrio ducum Saxoniae. Beuth-Schinkel-Muſeum) gefällt ſich bereits in jener übertriebenen Betonung charakteriſtiſcher, aber nicht charaktervoller Einzelheiten, die das Barock der deutſchen Sculptur kennzeichnet.

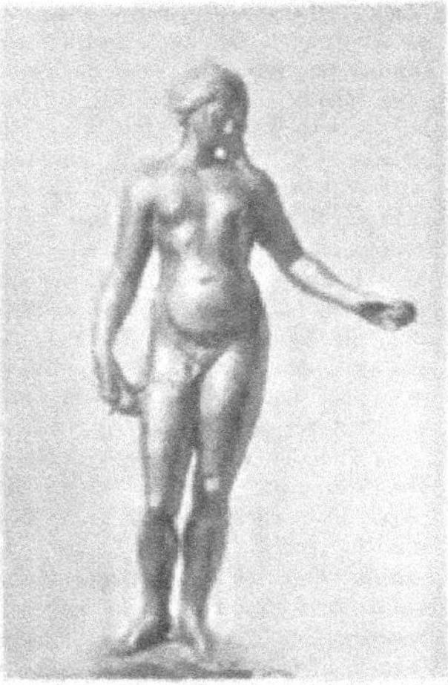

PETER VISCHER D. J. EVA. BRONZE
BES. FRAU J. HAINAUER

Die *deutſche Medailleurkunſt* war durch zahlreiche Speckſtein- und Buchsmodelle ſowie auch durch einige Güſſe vertreten. Bekanntlich iſt die Freude an der Bildniſsmedaille in Deutſchland weſentlich ſpäter verbreitet als in Italien. Vor Beginn des XVI. Jahrhunderts finden wir zwar vereinzelte Stücke der Art, die indeſs nur bedingt Medaillen im eigentlichen Sinne genannt werden können. Im Gegenſatz zu Italien, wo der Medailleur meiſt Bronzegieſser oder Maler war, geht die deutſche Medailleurkunſt aus der Holzſchnitzerei und dem Steinſchnitt hervor und wird meiſt von Goldſchmieden betrieben. Die in Buchsbaum oder Speckſtein geſchnittenen runden Bildniſsreliefs des XVI. Jahrhunderts ſind vielleicht gar nicht einmal alle als Modelle für den Medaillenguſs beſtimmt geweſen. Im XVII. Jahrhundert bürgerte dieſer ſich in Deutſchland weiter ein, und zwar boſſirten ſeit dieſer Zeit die Medailleure meiſt ihre Vorlagen in Wachs.

Die Arbeiten der deutſchen Medailleure ſind vielfach recht handwerkliche Erzeugniſſe, bei denen Nettigkeit der Ausführung künſtleriſchen Wurf erſetzen muſs. Gerade die ſaubere Einzelarbeit hat ihnen die Gunſt der Sammler eingetragen. Wir kennen eine ſtattliche Reihe von Namen auf dieſem Gebiet der Kleinplaſtik, und durch die gewiſſenhafte Sichtung des Materials, die Adolf Erman in ſeinem Werk über die deutſchen Medailleure des XVI. und XVII. Jahrhunderts vorgenommen hat, lieſs ſich die Herkunft vieler Stücke der Ausſtellung ohne Schwierigkeit beſtimmen. So war der um 1519 namentlich in Nürnberg als »beſter Conterfeter in Holz« beliebte *Hans Schwarz* mit ſechs Arbeiten (ebenſo wie alle übrigen deutſchen Medaillen der Ausſtellung, aus der Sammlung J. Simon) vertreten; eine Bronzemedaille, die den bekannten kurzweiligen Rath Kaiſer Maximilian's, Kunz von der Roſen, in hohem

Relief portraitirt, trägt das Monogramm ·HI·, das in ganz ähnlicher Form auf zwei kleinen Holzreliefs der Berliner Sammlung (600. 601) wiederkehrt und auf diesen Künstler bezogen wird. Aus stilistischen Gründen reiht man auch die höchst lebendigen Medaillen des Humanisten Conrad Peutinger, sowie die Melchior Pfinzing's und Stephan Weftner's, dem Werke Schwarz' ein. Das letztgenannte Bildnifs steht der mit dem Monogramm *G* bezeichneten Medaille des Alexander Swartz (Erman, Taf. I, 3) besonders nahe. Ob das Profil des Augsburger Malers Hans Burgkmair und die Katharina Ehinger mit Recht für Werke von Hans Schwarz gehalten werden, mag dahingestellt sein.

Ebenfalls in Nürnberg, das sich mit Augsburg in den Ruhm theilt, im XVI. Jahrhundert die meisten Medailleure beschäftigt zu haben, war um 1526 ein anonymer Künstler thätig, den man neuerdings mit *Ludwig Krug* identificiren will und an dessen Arbeiten am ehesten die Medaille des Königs Ludwig von Ungarn und seiner Gemahlin Maria von Österreich erinnert, die für Holzschnittportraits des Herrscherpaars die Vorlage geliefert hat. Es gehörte offenbar zeitweilig zum guten Ton für die angesehenen Bürger der Stadt, sich von einem bestimmten Medailleur portraitiren zu lassen. So existiren zahlreiche Arbeiten eines Nürnberger *Monogrammisten* MG (nach Domanig vielleicht Matthäus Gebel, ein Schüler Peter Floetner's) aus dem Jahre 1543, mit denen auch die allerdings nahezu zwanzig Jahre früher gegossene Medaille des kaiserlichen Generals Michael Otto von Achterdingen viel Ähnlichkeit hat. *Peter Floetner* selbst schreibt man das gemeinsame Reliefportrait der drei Augsburger Georg Hermann, Conrad Mair und Heinrich Ribisch — vielleicht Angehörige einer Bruderschaft — vom Jahre 1531 zu. Dem Monogrammisten D, dessen Identität mit Johann Teschler nach meiner Ansicht keineswegs sicher erwiesen ist, wird von Erman die silberne Portraitmedaille des kaiserlichen Raths Franz Egelshofer zugeschrieben. Eher dürfte sie von dem *Nürnberger Meister* HB herrühren.

Vor den Bronzegüssen haben die *Holz- und Steinmodelle* gröfsere Feinheit der Ciselirung voraus; sie sind den Zeichnungen zu vergleichen, die der Maler für den Formschneider entwarf. Wie solche Handzeichnungen, wurden auch die Patrizen der Gufsformen vielfach gefälscht, und es gehört eine grofse Übung des Blicks dazu, auf diesem Gebiet das Echte vom Falschen zu unterscheiden. Ein sicherlich echtes Holzmodell des Augsburger Medailleurs *Friedrich Hagenauer*, und zwar aus seiner Frühzeit, das Profilbildnifs einer unbekannten jungen Frau darstellend, hat James Simon in der Versteigerung Spitzer erworben; auch das Männerbildnifs derselben Sammlung kann, nach seiner engen Verwandtschaft mit Hagenauer's Medaille Peutinger's zu urtheilen, unbedenklich dem Werk des genannten Augsburgers einverleibt werden. Er pflegte seine Modelle ohne Umschrift zu fertigen und erst vor dem Gufs der Form die Buchstaben darauf zu leimen. Weniger zuversichtlich wird der Medaillenkenner zwei männliche Profilköpfe der gleichen Sammlung (eins derselben stammt ebenfalls von Spitzer) unter die bekannten Arbeiten des XVI. Jahrhunderts einreihen. Der mit einem Barett bedeckte Kopf des zuletzt genannten Portraits erinnert am eheſten an ein künſtleriſch allerdings weit höher ſtehendes Medaillenmodell der Sammlung Weisbach, das wohl nürnbergiſchen Urſprungs ſein dürfte.

Die *Speckſteinmodelle* der Ausſtellung ſtammen durchweg aus der Sammlung Simon; darunter ein beſonders fein ciſelirtes, individuelles Profil Franz I., das ich für eine *franzöſiſche* Arbeit halten möchte. Dem aus Böhmen ſtammenden, in der zweiten Hälfte des XVI. Jahrhunderts in Nürnberg anſäſſigen Medailleur *Valentin Maler* darf man ohne Bedenken das — nach ſeiner Ölfarbenbemalung zu ſchlieſsen — nicht für den Guſs beſtimmte Steinmedaillon des Freiherrn Helmhart von Jörger, des Hofkammerpräſidenten Kaiſer Rudolf's II., zuſchreiben, während das bärtige Profil eines Unbekannten erheblich früher anzuſetzen iſt, eine charaktervolle Arbeit aus der Richtung des *Monogrammiſten* L. Weſentlich flauer iſt das elfenbeinerne Portraitrelief Karl's V. in alter Brettſteinfaſſung. Das anonyme Medaillenmodell mit der ſchwer zu deutenden Umſchrift: Lucius IT . R . CUSTOS . ECCL . CUR . Etatis sue XVI paſst nach ſeiner Formengebung am eheſten in die Richtung des *Hans Schwarz*. Leider erſchwert die mangelhafte Erhaltung — es iſt ſtark abgerieben — eine nähere ſtiliſtiſche Unterſuchung. Die Medaille des Sebaſtian Schedel, der ſich 1523 ebenfalls von Schwarz portraitiren lieſs, zeigt eine weſentlich ſchärfere Durchführung der Einzelformen.

ITALIENISCHE PLASTIK DES XV. UND XVI. JAHRHUNDERTS • • GROSSERE BILDWERKE IN STEIN, THON UND STUCK • • VON HUGO VON TSCHUDI • • •

FAST ausſchlieſslich Werke der italieniſchen Renaiſſance waren in der Abtheilung des Ausſtellungskataloges vertreten, die die Werke aus Stein, Thon und Stuck umfaſste. Nördlich der Alpen wird für diejenigen plaſtiſchen Arbeiten, die nicht unmittelbar mit der Architektur in Verbindung ſtehen, das Holz bevorzugt, das in dem entforſteten Italien nur ſelten zur Verwendung kommt.

Das reichſte Material lieferte die mit ebenſo viel künſtleriſchem Empfinden wie kunſthiſtoriſchem Verſtändniſs geſchaffene Sammlung des Herrn von Beckerath. Ihr Beitrag übertraf den der übrigen Sammler zuſammen. An Stückzahl am nächſten ſtand ihm der Antheil des Herrn James Simon, an künſtleriſcher Bedeutung wurde allen der Rang abgelaufen durch die wenigen Meiſterwerke aus dem Beſitz der Frau Hainauer.

An anderer Stelle geſchah der drei Marmorwerke Erwähnung, die die Kunſt der Piſani zur Anſchauung brachten. Der früheren Zeit des *Florentiner Quattrocento* gehört ein unbemaltes Terracottarelief des *Meiſters der Pellegrini-Capelle* an (A. v. Beckerath). Er führt ſeinen Namen nach einer Capelle in S. Anaſtaſia zu Verona, die er mit groſsen Reliefs in gebranntem Thon geſchmückt hat. Glücklicher als in dieſen figurenreichen Paſſionsdarſtellungen iſt er dann, wenn er, wie hier, das Verhältniſs von Mutter und Kind mit etwas ſchwerfälligen Formen, aber einem friſchen Sinn für ſchlichte Natürlichkeit, ſchildert. Dieſem Meiſter ſehr nahe ſteht ein Terracottarelief mit der Verkündigung (A. v. Beckerath). Doch ſprechen die ausgeprägteren Renaiſſance-Elemente in Architektur und Ornament für eine vorgeſchrittenere Zeit. Auch übertreffen die Anmuth in der Bewegung der unter einem Gehäuſe ſitzenden Maria und der Geſchmack in dem wehenden Gewand des von links her ſtürmenden Engels das Können des Pellegrini-Meiſters. Das ſehr intereſſante, ziemlich gut erhaltene Relief zeigt Spuren der einſtigen Bemalung. Dieſen Florentiner Thonbildnern verwandt iſt *Luca*, das älteſte und bedeutendſte Mitglied der Künſtlerfamilie der *Robbia*. Ein gröſseres Schönheitsgefühl und eine beweglichere Phantaſie zeichnet ihn aus. Auf ihn geht eine ſehr hübſch in das Rund componirte Darſtellung der Maria mit dem Kinde, die von ſechs anbetenden Engeln umgeben iſt, zurück (A. v. Beckerath). Dem vergoldeten Terracottarelief, von dem mehrere Wiederholungen bekannt ſind, liegt vielleicht ein Bronzeoriginal Luca's zu Grunde. Nicht ganz auf der Höhe des Meiſters zeigt ſich das Hochrelief einer Madonna, die, das Kind auf dem Arm haltend, in einer Niſche ſteht (A. v. Beckerath). Die überſchlanken Proportionen erſcheinen etwas miſsglückt, der langzügige Faltenwurf iſt nüchtern, dagegen bietet einen liebenswürdig naturaliſtiſchen Zug das Kind, das verlegen an ſeinem Finger lutſcht. Die Terracotta hat die urſprüngliche Bemalung verloren, dafür aber die alte tabernakelartige Umrahmung in vergoldetem Holz bewahrt. Repliken des Werkes befinden ſich im South Kensington Museum und bei Bardini in Florenz. Was den eigentlichen Ruhm der Robbia-Werkſtatt ausmachte und ſie von allen anderen unterſchied, waren die glaſirten Thonbildwerke; auch nach dieſer Richtung war Luca durch einige gute Stücke der Sammlung Beckerath repräſentirt. Die im Profil am Boden ſitzende Madonna, die ſich in Scherz oder Ernst mütterlich zu dem auf ihrem Schooſs ſitzenden Kind neigt, iſt ein beliebtes Motiv der Bottega. Auf dem hier ausgeſtellt geweſenen Relief faſst das Chriſtkind das Halstuch Maria's mit beiden Händen und blickt zu ihr empor. Das Berliner Muſeum bewahrt eine Stuckwiederholung mit vollem polychromen Schmuck. Eine verwandte Darſtellung befindet ſich bei Fürſt Liechtenſtein; nur wendet ſich hier das Kind von der Mutter ab und greift nach einer dem Boden entſprieſsenden Lilie. Nicht minder häufig iſt die Compoſition, auf der Maria knieend das am Boden liegende Kind verehrt. Ein Relief der Ausſtellung zeigt das Knäblein auf einen grünen Raſenhügel gebettet, hinter dem ſich zwei ſtehende Engel mit über der Bruſt gekreuzten Armen neigten. Zu Häupten Maria's ragen die Halbfiguren von vier anbetenden Engeln aus Wolken auf. Die lebendige Empfindung in Ausdruck und Bewegung, die trefflich modellirten Köpfe und Hände, das zarte Milchweiſs der Glaſur laſſen keinen Zweifel an dem Antheil, den der Meiſter ſelber an dieſem Werke gehabt. Ähnliche Vorzüge weiſt die unter der Bruſt abgeſchnittene Büſte des Johannesknaben (A. v. Beckerath) auf, die indeſs vom Katalog dem Luca nicht bedingungslos zugeschrieben wurde und nach der für ihn ungewohnten Haarbehandlung und den weichlicheren Formen vielleicht schon dem Ende des Jahrhunderts angehört.

Von Luca's Neffen *Andrea* rührten vier von Herrn James Simon geliehene Stücke her, unter denen das aus der Sammlung Heckscher stammende Relief hervorragte. Maria, bis zur Hüfte sichtbar, hält vor sich das stehende nackte Kind, aus dessen rechter Hand sich ein Spruchband abrollt. Oben auf Wolken in halber Figur vier anbetende Engel und die schwebende Taube. Die conventionelle Anmuth der Composition, das geringere Formgefühl wie die rohere Technik zeigen, dass sich Luca's Kunst schon in der zweiten Generation auf niedersteigender Linie bewegt. Von hübscher decorativer Wirkung waren zwei Tondi mit sitzenden Kirchenvätern, von schweren Fruchtkränzen umrahmt.

LUCA DELLA ROBBIA. ANBETUNG DES KINDES
GLASIRTER THON. BES. A. V. BECKERATH

Der Hauptmeister des florentinischen Quattrocento, *Donatello*, fehlte in dieser Abtheilung. Dagegen war ihm die vergoldete Holzfigur eines geflügelten Putto zugeschrieben (A. v. Beckerath). Lebendig, aber von etwas schwerfälligen Formen, gehörte er nach seiner Stellung und der Haltung der Arme wohl als Guirlandenträger zur Bekrönung eines Monumentes oder monumentalen Möbels. Eine kleine, öfter vorkommende Gruppe in unbemaltem Thon ist das Werk eines von W. Bode zuerst umschriebenen und als Schüler Donatello's bezeichneten Künstlers (August Zeiss). Mehrere seiner Arbeiten bewahrt das Berliner Museum. Darunter eine Madonnenstatuette, die hier mit geringen Veränderungen und durch Hinzufügung zweier Putten zu einer Caritas umgestaltet war. Grimassirende, ungebärdige, fleischige Kinder, und in den weiblichen Figuren eine an die Hochrenaissance gemahnende Monumentalität des Gebarens sind ihm eigenthümlich.

Desiderio da Settignano war durch eine alte, aber nicht besonders fein bemalte Stuckwiederholung des schönen Turiner Marmorreliefs vertreten (August Zeiss). Ein ihm zugeschriebenes Wappen: Adler über Thurm (A. v. Beckerath) erscheint durch die stilvolle und doch überaus lebendige Behandlung des Thieres des Meisters wohl würdig. Die nachträglich constatirte Herkunft des Stückes aus Lucca lässt indess eher auf einen dort einheimischen Künstler, vielleicht auf Civitale selbst, schliessen. Nur anklingend an Desiderio's Art waren zwei Reliefs in dem grauen

NACHFOLGER DES DONATELLO. CARITAS. THON. BES. A. ZEISS

Florentiner Sandſtein, der pietra serena, ein weibliches Profilbildniſs (James Simon) und das lebendigere, in gutem Reliefſtil gehaltene Profilbildniſs eines Altoviti (A. v. Beckerath). Zwiſchen dieſem und Verrocchio ſcheint mir die alt bemalte Stuckbüſte eines jugendlichen Johannes (A. v. Beckerath) zu ſtehen, die durch die ſeine Neigung des ſchönen Hauptes, trotz der etwas gezierten Haltung der geöffneten Lippen, eines individuellen Reizes nicht entbehrt. Eine Johannesbüſte desſelben Meiſters befindet ſich in der Sammlung Hainauer.

Unter allen italieniſchen Renaiſſancekünſtlern am glücklichſten vertreten war *Antonio Roſſellino*. Die Marmorbüſte des Johannesknaben (Frau Julie Hainauer) war nicht nur das Hauptſtück dieſer Abtheilung, ſondern eins der ſchönſten Stücke der ganzen Ausſtellung. Sie ſtammt aus dem Palazzo Aleſſandri in Florenz, und wohl mag der Künſtler in dem lieblichen, faſt ſchalkhaft blickenden Antlitz mit der kühnen Florentiner Stirnlocke die Züge eines Kindes der Familie feſtgehalten haben. Doch läſst der auf dem Hinterhaupt ſitzende Scheibennimbus aus vergoldeter Bronze keinen Zweifel, daſs die Büſte einen jugendlichen Heiligen geben ſollte. Ob freilich der Täufer, der Localheilige der Arnoſtadt, gemeint ſei und nicht vielmehr der Chriſtusknabe, bleibt bei dem Fehlen der charakteriſirenden Fellbekleidung fraglich. Gleichzeitig mit dieſer Büſte wurde ein Marmorrelief Roſſellino's in Casa Aleſſandri erworben (Frau Julie Hainauer). Maria ſitzt, bis zu den Knieen ſichtbar, auf einem Thronſeſſel, über deſſen volutengeſchmückte Seitenlehne ihr Mantel ſich breitet. Auf dem Schooſs hält ſie das Kind. Vier Cherubim umſchweben ihr Haupt. Der warme Ton des Marmors, die noch erhaltene Bemalung der Augen und die Vergoldung an den Gewändern und Nimben, der farbige alte Tabernakelrahmen laſſen das ſchöne Werk von den Fährlichkeiten des Kunſthandels völlig unberührt erſcheinen. Eine ähnliche, nur lebendiger und doch geſchloſſener wirkende Compoſition zeigt ein feines Flachrelief in Stucco duro (Frau Julie Hainauer). Es zeichnet ſich aus durch die wundervolle Polychromirung, die namentlich in den zart colorirten Fleiſchtheilen dem Email guter alter Tafelmalerei gleichkommt. Häufige und meiſt ſorgfältig bemalte Wiederholungen erzählen von der Beliebtheit der Darſtellung, deren Marmororiginal ſich im South Kensington Museum befindet. Gleichfalls auf ein, jetzt Fürſt Liechtenſtein gehörendes Marmorwerk Roſſellino's geht ein anderes Stuckrelief der Madonna mit dem Kinde (A. v. Beckerath) zurück, dessen Bemalung zwar nicht so tadellos erhalten, aber doch von schöner decorativer Wirkung ist. Dem Meister zugeschrieben war eine kleine, trefflich durchgebildete Halbfigur des jugendlichen Johannes in unbemaltem Thon (A. v. Beckerath). Das geringe Ausmafs, die metallisch scharfe Behandlung der Gesichtstheile — man sieht die Zähne unter den halbgeöffneten schmalen Lippen — scheint mir auf ein Goldschmiedmodell zu deuten.

Dem trefflichen, bei aller Manierirtheit anmuthigen *Mino da Fiesole* gehörten zwei kleine charakteristische Marmorarbeiten, die Statuette eines nackten segnenden Christusknaben (James Simon) und der Kopf eines solchen (A. v. Beckerath). Die oberflächliche Durchführung läfst auf die Aufstellung an erhöhtem Orte, etwa auf der Spitze eines Tabernakels, in der Art desjenigen von S. Ambrogio zu Florenz, schliefsen.

Verrocchieske Züge trägt eine hübsche, in den Formen etwas allgemein gehaltene Thonbüste eines jungen Mannes (R. v. Kaufmann). Der Schule Verrocchio's zugetheilt war ein Madonnenrelief aus bemaltem Stuck mit in den Goldgrund eingepunzten Nimben (A. v. Beckerath). Doch scheint es in dem, hier freilich etwas lahm ausgedrückten Motiv, der scherzend das Kind am Halse kitzelnden Mutter, eher von Robbia wie in der Gewandbehandlung und der ganzen Anordnung von Donatello beeinflufst.

Ein erst in jüngster Zeit fest umschriebener Bildner, Domenico di Giovanni di Bartolommeo, genannt *Rossello*, liefs sich nach der Übereinstimmung mit einem authentischen Werke, einem Altar in Fossombrone, als der Verfertiger eines Madonnenreliefs in Kalkstein nachweisen (A. v. Beckerath). Der mäfsig begabte, aus dem Pistojesischen stammende Künstler, der von 1439 bis um 1497 lebte, scheint am meisten von Desiderio beeinflufst; er arbeitete in Pesaro, in Urbino für das herzogliche Schlofs und besonders in Fossombrone.

Als durchaus bezeichnende Arbeit des *Benedetto da Majano* konnte eine hübsche alt bemalte Thonstatuette der Maria mit dem auf ihrem Schoofse sitzenden Kinde vorgestellt werden (James Simon). In der Anordnung den grofsen Madonnen in Prato, dem Berliner Museum und der Misericordia zu Florenz verwandt, unterscheidet sie sich von diesen streng repräsentativen Werken durch das genrehafte Motiv des mit dem Kopftuch der Mutter spielenden und dabei vergnüglich strampelnden Kindes. Dieses selbst ist auffallend klein gerathen. Die etwas allgemeine Schönheit der Züge der Maria deutet auf die spätere Zeit des Meisters.

Werden noch eine hübsche Thonstatuette des hl. Sebastian (Valentin Weisbach), die der Marmorfigur des A. Rossellino in Empoli verwandt ist, ein ziemlich flüchtig gearbeitetes weibliches Profilbildnifs in Marmor (James Simon) und ein Wappen in pietra serena mit stilvoll behandeltem steigenden Löwen (W. Bode) genannt, so ist Alles erwähnt, was die Ausstellung an florentinischer Quattrocentoplastik bot.

BENEDETTO DA MAJANO. MARIA MIT DEM KINDE. THON BES. J. SIMON

In der Cappella Bentivoglio in S. Giacomo maggiore zu *Bologna* befindet fich ein Reliefportrait des Giov. II. Bentivoglio, das nach der Ähnlichkeit mit Münzen des Fr. Francia diefem zugefchrieben wird. Eine verwandte Auffaffung und Behandlung zeigt das Profilbildnifs eines bartlofen Mannes in Marmor, in dem der Befitzer gleichfalls die Züge eines Bentivoglio zu erkennen glaubt (A. v. Beckerath). Mit dem Bolognefer hat diefes Relief gemeinfam die metallifch fcharfe Wiedergabe der lang herabhängenden Haare und die weiche, ausdrucksvolle Modellirung des Gefichtes. Dem bedeutendften der bolognefifchen Bildhauer, *Nicolò dell' Arca*, war mit Recht die bemalte Stuck-Statuette des in feine Lectüre verfunkenen, langfam hinfchreitenden hl. Bernhardin zugefchrieben (Kaifer Friedrich-Mufeums-Verein). Sie ift ein Meifterwerk durch die aufserordentlich plaftifche Empfindung in der originellen und doch ganz fchlichten Compofition, wie in der breiten Durchführung. Einem Künftler in der Art des *Vincenzo Onofri* gehört die bemalte Terracottabüfte eines jugendlichen bolognefifchen Edelmannes (Frau Julie Hainauer). In Haltung und Ausdruck befangen, ift fie merkwürdig durch den reich gefchmückten Phantafieharnifch, der den engbrüftigen Leib umfchliefst, und das den gebräuchlichen Sockel erfetzende Kiffen, auf dem der in Ellenbogenhöhe abgefchnittene Körper auffitzt. Hier reiht fich eine fehr tüchtige Terracottabüfte an, die noch lebendiger wirkte, wenn ihre Vorderfeite nicht durch einen eifenfarbigen Anftrich entftellt wäre (A. v. Beckerath). Giebt fie, wie auf Grund einer Medaille angenommen wird, den Herzog Herkules I. wieder, fo dürfte auch der Katalog mit der Localifirung des Meifters auf *Ferrara* im Rechte fein.

Für *Matteo Civitale* war ein aus Lucca ftammendes Marmorrelief mit dem Bildnifs einer vornehmen Dame in Anfpruch genommen (A. v. Beckerath). Die lebendige Linie des feinen und energifchen Profils, das weich modellirte Fleifch, die gefchmackvolle Haarbehandlung find des trefflichen Lucchefer Bildhauers wohl würdig.

Die Quattrocentobildnerei *Venedigs* brachte zwei von Herrn von Beckerath ausgeftellte Marmorwerke zur Anfchauung. Beide Arbeiten waren dem gleichen, nach dem von ihm gefertigten Altarvorfatze in S. Trovafo benannten Meifter, in dem man neuerdings *Antonio Rizzo* erkennen wollte, zugefchrieben. Die Tabernakelkrönung mit den auf Wolken schwebenden Cherubim zeigt die dem Meister charakteristische flache, scharf unterschnittene Reliefbehandlung. Nicht ebenso überzeugend ist die Zugehörigkeit an ihn bei der Statue eines betenden Engels, der in der freien, anmuthigen Haltung und den naturalistischen Gewandfalten seine strenge, etwas schematische Anordnung vermissen läßt. Das Gegenstück zu diesem Engel, das mit ihm zusammen bis zu dem verhängnißvollen Brand in der Cappella del Rosario aufgestellt war, befindet sich gegenwärtig noch auf einem Altar im rechten Querschiff von SS. Giovanni und Paolo. Die Hand desselben Meisters zeigt ein anbetender Engel an einem Altar in der Sammlung der Brera.

ALESSANDRO VITTORIA, THONBÜSTE DES PALMA GIOVANE
BES. W. v. DIRKSEN

In der Zierlichkeit der übertrieben langen, frei herausgearbeiteten Figürchen erinnern zwei Marmorreliefs an die Art des *Mailänders Bambaja*. Der sie angefertigt, ist unter den Künstlern zu suchen, die an der plastischen Ausschmückung der Kartause von Pavia beschäftigt waren. Reliefs an der Basis des Portals scheinen auf denselben Urheber zurückzugehen. Die ausgestellt gewesenen Darstellungen, eine Anbetung der Hirten (A. v. Beckerath) und die Verkündigung (James Simon) bildeten mit zwei weiteren, der Heimsuchung bei A. von Beckerath und einer sehr beschädigten Anbetung der Könige (im Kunsthandel), die Predella eines Altares.

Noch ein zweiter von den Künstlern der Certosa war in der Ausstellung vertreten: der hauptsächlich in Genua thätige, aus Porlezza am Luganer See stammende Bildner Antonio della Porta, genannt *Tamagnino*. Ihm gehörte ein Marmormedaillon (Frau Julie Hainauer) mit dem charaktervollen Profilbildniß des genuesischen Bankiers Acellino di Meliaduce Salvago, der einer Adelsfamilie entstammte und eine lange Reihe wichtiger Ämter in der Republik bekleidet hat. Sind die neben dem Kopf stehenden Buchstaben P. P. als Pater patriae zu deuten, so wäre das ein schlagender Beweis für das hohe Ansehen, in dem er bei seinen Mitbürgern stand. Der untere Theil des Reliefs, vom Hals abwärts, ist neu, nur die umlaufende Inschrift ACELLINVS CER(NITVR) wagte der Restaurator nicht zu ergänzen. Als Werk des Matteo Civitale wurde das Medaillon in Genua von dem Bildhauer Santo Varni erworben. Den wirklichen Autor festzustellen, gelang in Berlin sehr leicht, da sich merkwürdigerweise im Besitz der Kaiserin Friedrich eine von der gleichen Hand stammende, dieselbe Persönlichkeit darstellende Marmorbüste befand. Diese aber ist bezeichnet Opus Ant. Tamagnini.

Den herrfchenden Amateurneigungen wie den Verhältniffen des Kunftmarktes entfprechend, trat auf der Ausftellung neben der Quattrocentoplaftik diejenige der *Hochrenaiffance* ftark zurück. Von *Jacopo Sanfovino* waren zwei der nicht felten vorkommenden grofsen bemalten Madonnenreliefs in carta pesta da, in denen fich Donatello's Reliefftil mit michelangeleskem Formenpathos verbindet (A. v. Beckerath). Ihm zugefchrieben war ferner die ernfte, grofs gehaltene Büfte eines venezianifchen Edelmannes (A. v. Beckerath). Seine Art zeigte die weifs bemalte und vergoldete Thonftatuette einer fitzenden Madonna, die das mit einem Hemdchen bekleidete Kind auf dem Schoofse hält (James Simon). Von der lebendigen Bildnifskunft *Aleffandro Vittoria*'s boten gute Beifpiele eine Marmorbüfte des Secretärs der venezianifchen Republik, Vincenzo Aleffandri (A. v. Beckerath) und die Terracottabüfte des Malers Palma Giovane (W. v. Dirkfen).

ITALIENISCHE BILDWERKE DES XV. UND XVI. JAHRHUNDERTS STATUETTEN, BÜSTEN, GERÄTHSCHAFTEN IN BRONZE VON WILHELM BODE

DER Zahl nach die umfangreichfte Abtheilung, zugleich die bedeutendfte, war die Abtheilung der Bronzen: einige hervorragende grofse Büften und Statuen, zahlreiche kleine Bronzetäfelchen (placchette), Medaillen, Bronzegeräthe und Statuetten. Während die Plaketten bis auf eine unbedeutende Zahl von nur zwei Sammlern, die Medaillen in einer Zahl von etwa 120 Stück faft nur von einem Sammler dargeliehen waren, vertheilten fich die etwa 200 Bronzeftatuetten und Bronzegefäfse auf 26 Liebhaber. Diefe auffallende Erfcheinung erklärt fich daraus, dafs Medaillen und Plaketten wie Münzen in Schränken aufbewahrt und daher fyftematifch gefammelt werden, wozu jetzt bei der Seltenheit derfelben auf dem Kunftmarkt und bei den hohen Preifen kaum noch Gelegenheit vorhanden ift, während die kleinen Bronzefiguren und Büften wie die Bronzegeräthe der Renaiffance den vortheilhafteften Schmuck der Kamine, Schreibtifche, Schränke, Borde unferer Wohnzimmer ausmachen und vereinzelt und ohne jede Rückficht auf Zeit oder Zufammengehörigkeit gefammelt werden können. Auch find diefelben zu jeder Zeit, felbft im Alterthum fchon, in ähnlicher Weife zum decorativen Schmuck des Zimmers verwendet worden und daher ftets befonders gefucht gewefen.

Mit diefer Liebhaberei für die Bronzekleinkunft fteht die wiffenfchaftliche Kenntnifs derfelben keineswegs auf gleicher Höhe; ja man kann ohne Übertreibung behaupten, dafs fie einer terra incognita gleicht, in der erft einige Oafen in neuefter Zeit bekannt geworden find, während felbft die Wege zu ihnen noch zum Theil unficher oder unbekannt find. Dafs die Erforfchung diefes weiten und intereffanten Gebietes der Kunft noch fo fehr im Rückftande ift, liegt nicht am wenigften in dem Umftande, dafs die Wiffenfchaft diefe kleinen Dinge von oben herab behandelt und daher abfichtlich vernachläffigt hat. Die grofse Zahl mittelmäfsiger und fchlechter Nachbildungen in Bronze ift wohl mit daran Schuld, dafs man die zahlreichen trefflichen Arbeiten dazwifchen oft nicht entdeckt hat. In der That bietet aber die Beftimmung derfelben befondere Schwierigkeiten. Diefe liegen in der Bronzetechnik, in dem Fehlen an augenfälligen Vergleichspunkten mit Arbeiten in anderem Material wie im Mangel an bezeichneten oder fonft beglaubigten Arbeiten, aufser für einige wenige Meifter, namentlich aus fpäterer Zeit.

Auf Grund der grofsen Zahl von zum Theil vortrefflichen italienifchen Bronzefiguren der Ausftellung nach Schulen und Meiftern eine Gruppirung zu verfuchen und zu begründen, würde weit über den Raum hinausgehen, der mir an diefer Stelle geftattet ift. Vor Allem find aber die Vorarbeiten dafür noch nicht weit genug gediehen, fo dafs ich mich hier auf eine kurze Überficht der Entwickelung, auf die Aufzählung der für den Bronzegufs in Betracht kommenden Orte Italiens, auf ihre Eigenart und auf die hervorragendften Werkftätten derfelben wie auf die kurze Charakteriftik einiger uns bekannter Meifter befchränken mufs.

Durch Byzantiner war der Bronzegufs im Mittelalter wieder belebt worden: in Unteritalien und Sicilien wie in Pifa und Venedig find uns neben Glocken eine nicht unbeträchtliche Zahl von bronzenen Kirchenthüren erhalten, die im XI. Jahrhundert von byzantinifchen Künftlern ausgeführt wurden. Die Gehülfen, die fie an Ort und Stelle heranziehen mufsten, machten allmählich diefe Kunft auch unter den Italienern heimifch; von ihrer Hand find fchon faft alle Thüren des XII. Jahrhunderts. Das erfte wirkliche Kunftwerk, auch im Gufs wie in der Cifelirung gleich vortrefflich, find die berühmten Bronzethüren an der Südfeite des Baptifteriums zu Florenz, die *Andrea Pifano* in den Jahren 1330 bis 1336 ausführte. Aber wie Andrea zum Gufs einen Glockengiefser heranzog, fo mufste er die Cifelirung und Vergoldung Goldfchmieden überlaffen. Diefe Betheiligung von Technikern an der Ausführung der Bronzen bleibt nicht nur im weiteren Verlauf des an Bronzebildwerken armen Trecento die regelmäfsige, fondern auch in den erften Jahrzehnten des Quattrocento, in denen der Bronzegufs einen aufserordentlichen Auffchwung nimmt. Zunächft in Toscana, vor Allem in Florenz, das in der Entwickelung der Plaftik faft um ein halbes Jahrhundert dem übrigen Italien voraus ift und deffen Bronzeplaftiker auch aufserhalb ihrer Heimat den Anforderungen an Bronzebildwerke gerecht werden und durch diefe ihre Thätigkeit auch an anderen Orten Italiens allmählich den Bronzegufs heimifch machen.

Von den beiden gröfsten Bildhauerwerkftätten, die Florenz bis über die Mitte des Quattrocento beherrfchten, ift die des Lorenzo Ghiberti uns ausfchliefslich als Bronzewerkftatt bekannt; neben ihm hat Donatello durch feine etwa fechzigjährige ausgedehnte Thätigkeit wiederholt und an verfchiedenen Orten fich als Bronzebildner bethätigt und zahlreiche Gefellen dafür um fich verfammelt. Von *Ghiberti* kommen aber Statuetten nur als Theile feiner Bronzethüren vor; vereinzelte Figürchen, die offenbar von Schülern und Nachfolgern herrühren, wie die irrthümlich Ghiberti zugeſchriebenen Maria und Johannes im Muſeum zu Oxford (Stiftung Drury Fortnum), ſind gleichfalls, nach dem Vorbilde der damals noch ſehr verbreiteten Silberaltäre, mit Altaraufbauten oder Tabernakeln verbunden geweſen, wie dies ſchon bei ſolchen Arbeiten am Ausgange des Trecento in Italien vorkommt (Bronzeſtatuette eines Chriſtus von einer Thomasgruppe im Berliner Muſeum). Bei *Donatello* entwickelt ſich dagegen, ſobald er in nähere Beziehung zur Antike tritt, die Luſt zur Schöpfung naturaliſtiſcher Geſtalten, in antiken oder religiöſen Motiven und daraus auch das Bedürfniſs der Darſtellung ſelbſtändiger kleiner Reliefs und Figuren in Bronze. Von den Engelsfiguren auf dem Tabernakel im Dom zu Siena wiederholt er die reizvollſte, den ausgelaſſenen nackten Putto, der aus der Guardaroba der Mediceer in das Museo Nazionale zu Florenz gekommen iſt; nur wenige Jahre ſpäter wird der wenig kleinere bogenſpannende Amor der Berliner Muſeen entſtanden ſein, und eine eigenhändige Arbeit ſcheint auch der mehrfach vorkommende ganz kleine kauernde Amor, der wohl zu den Füſsen einer Venus zu denken iſt. Ähnliche Amorſtatuetten von Schülern beſitzen die Sammlungen der Eremitage zu St. Petersburg, das Museo Nazionale in Neapel und die Carrand'ſche Sammlung im Bargello zu Florenz, namentlich die letztere ſehr vollendet in der Ciſelirung, Patinirung und theilweiſen Vergoldung. Beſtimmte Künſtler ſind in dieſen Arbeiten, aus Mangel an genügendem Vergleichsmaterial, aber noch nicht erkannt worden.

Unter Donatello's Gehülfen war einer, der gerade als Bronzetechniker ganz hervorragend geſchickt war und daher als ſolcher auch Ghiberti und ſpäter Luca della Robbia an ihren Hauptarbeiten behülflich war, der berühmte Architekt *Michelozzo Michelozzi*. Aber ihm fehlte die Friſche und Naivetät der Anſchauung, die Fülle der Phantaſie und der Humor, um ihn ſeine Fertigkeit als Gieſser zu ſelbſtändigen Erfindungen nach dieſer Richtung ausnutzen zu laſſen. Luca della Robbia und ſein Neffe Andrea, die beſonders dazu befähigt geweſen wären, wie unter ihren Zeitgenoſſen namentlich Deſiderio, waren in der Bronzetechnik vollſtändig unerfahren. Von den Gieſsern von Profeſſion im Quattrocento: bis in die ſechziger Jahre neben den Glockengieſsern die Stückgieſser, war wohl ſelten einer künſtleriſch ſo befähigt, daſs er ſelbſtändige Bronzebildwerke hätte liefern können. Eine glänzende Ausnahme macht jener *Pasquino di Matteo* aus Montepulciano, von dem die köſtlichen ſpielenden Putten und Thiere in dem Bronzegitter der Cappella della Cintola im Dom zu Prato um 1460 gearbeitet ſind. Aber leider laſſen ſich unter dem ſpärlichen Vorrath von ſelbſtändigen Bronzefigürchen dieſer Zeit keine nachweiſen, die mit jenen Arbeiten im Prato ſtiliſtiſch übereinſtimmten.

Auſserhalb Toscana ſind die Bronzebildwerke dieſer Zeit, in Rom und Neapel, gleichfalls von der Hand Florentiner Künſtler. Sie tragen einen monumentalen Charakter, mit Ausnahme der Einrahmungen von Filarete's Thür an St. Peter. Von *Filarete* rührt daher auch die erſte bekannte Bronzecopie einer antiken Freifigur her, die Reiterſtatuette des Marc Aurel im Dresdener Albertinum. In Siena war unter dem Einfluſs von Ghiberti und Donatello ſchon um 1420 eine ſehr beachtenswerthe

Bronzebildnerei entstanden, die von verschiedenen Künstlern bis in die ersten Jahrzehnte des Cinquecento geübt wurde und sich namentlich durch die Meisterschaft in der Ausführung ausgezeichnet; aber zur Ausbildung einer Kleinplastik fehlte es nicht nur an dem kaufenden Publicum in Siena, auch die Künstler waren dafür zu schwerfällig und phantasielos.

Der Anstoss zu einem raschen Emporblühen der Kleinkunst in der Bronzeplastik ging von der umfangreichen Thätigkeit aus, die Donatello in seiner späteren Zeit in Florenz und in Padua grade als Bronzebildner ausübte: in Florenz durch den Guss der Thüren in der Sacristei von San Lorenzo, der Kolossalstatue der Judith mit ihrer reichen Basis und später namentlich durch die umfangreiche Arbeit an den beiden Kanzeln für San Lorenzo, in Padua durch den reichen Bronzeschmuck des Hochaltars des Santo und das kolossale Reiterstandbild des Gattamelata. In beiden Orten bildeten sich aus der grossen Giesshütte des alten Meisters zahlreiche kleinere Werkstätten seiner Schüler, Gehülfen und Nachfolger. Statt der grossen Aufgaben für Kirchen und Monumente, die dem Meister noch zu Theil wurden, traten mit dem allmählichen Wechsel im Schmuck der Kirchen und mit der Zunahme des Interesses der Fürsten, der Gebildeten und Wohlhabenden für die Antike, besonders für antike Plastik, an diese jüngeren Meister Bestellungen von kleinen Copien nach berühmten Antiken, von freien Nachbildungen nach solchen oder auch von eigenen Schöpfungen, namentlich aus dem Gebiete der antiken Mythologie und Geschichte, mehr und mehr in den Vordergrund.

In Florenz sind es drei bekannte Giesshütten, die sich zu unmittelbarem Anschluss an Donatello nach dessen Tode herausbilden. *Bertoldo*, der Schüler Donatello's, vollendete Anfangs, wohl in der Werkstatt seines Meisters, die Bronzekanzeln, die er als sein Gehülfe mit begonnen hatte. Seitdem er selbständig auftrat, können wir ihn ausschliesslich als Kleinmeister der Bronzekunst verfolgen. Es ist uns gelungen, aus der Menge der unbekannten Bronzearbeiten Bertoldo's Werke: seine Plaketten, seine Medaillen, seine Statuetten und grösseren Reliefs in ziemlich ansehnlicher Zahl mit Bestimmtheit festzustellen. Seine eckigen, mageren Gestalten, die quadratische Form der Köpfe mit den weit auseinander stehenden kleinen mandelförmigen Augen und den kurzen krausen Haaren und Bärten, die kleinen parallelen Falten der Gewänder geben ihn in scharfer Eigenart als einen Kleinmeister, sehr verschieden von der grossen Kunst seines Meisters wie seines Schülers. Im Berliner Museum ist er in seinen Medaillen und in verschiedenen charakteristischen Statuetten vertreten; auf der Ausstellung bezeichnete die Figur eines Hercules (im Besitz von A. v. Beckerath) wenigstens seine Richtung. Obgleich Bertoldo seine ganze Lebensarbeit darauf verwandte, war er im Guss seiner Statuetten noch herzlich ungeschickt; sie sind sämmtlich Vollgüsse und kamen meist so unvollkommen aus dem Guss, dass sie einer sehr mühsamen und gründlichen Ciselirung bedurften. Dies zeigt am deutlichsten die unfertige Figur des Orpheus im Bargello.

Als Giesser waren in der zweiten Hälfte des Quattrocento die Gebrüder *Antonio* und *Piero Pollajuolo*, namentlich der erstere und *Verrocchio* am gefeiertsten.

Wie ihr Vorgänger Donatello hatten sie einen Ruf über ganz Italien und haben, wie dieser, aufserhalb ihrer Heimat ihre Hauptwerke ausgeführt: A. Pollajuolo die Grabmonumente der Päpste Sixtus IV. und Innocenz VIII. in St. Peter, Verrocchio das herrliche Reitermonument des Colleoni in Venedig. Neben ihren monumentalen Bronzen pflegten sie auch die Kleinkunst. Antonio Pollajuolo wird von Alters her die kleine Bronzegruppe des Hercules, der den Antäus würgt, zugeschrieben, die aus dem Mediceerbesitz in den Bargello gekommen ist. Ein Bleimodell eines Paris (oder Hercules?) im Berliner Museum ergiebt sich durch den Vergleich mit dieser Gruppe ebenfalls überzeugend als eine Arbeit des A. Pollajuolo, und für eine andere hervorragende Herculesfigur, mit den Äpfeln der Hesperiden in der Hand, die gleichfalls jetzt erst aufgetaucht ist, wird Antonio, ebenso wie für eine Reihe von feinen Nachbildungen der Myronischen Figur des Midas als Verfertiger angenommen. Alle diese Statuetten sind voll gegossen und stark, aber flott ciselirt; Antonio's herbe Anatomie, seine reckenhafte, sehnige Gestaltengebung, seine bewegte, gespreizte Art kommen hier besonders scharf zur Geltung.

Der naive, genrehafte Zug in der Kunst des Andrea del Verrocchio, seine Ausbildung als Goldschmied, die er mit den beiden Pollajuolo gemein hatte, seine sorgfältige Durchbildung und seine Vorliebe, für seine Arbeiten, selbst für die Reliefs, die einzelnen Figuren als Modelle klein in Thon besonders vorzuarbeiten, sowie verschiedene mehr oder weniger kleine Bronzereliefs, wie die Kreuzabnahme, die Eifersucht (nur als Stucco bekannt) und das Parisurtheil, sollten darauf schliefsen lassen, dafs der Künstler auch Bronzestatuetten und Gruppen mit besonderer Vorliebe gearbeitet hätte. Es ist uns aber bisher keine solche bekannt geworden; unter den zahlreichen anonymen Figürchen dieser Zeit, namentlich im Bargello, ist keine, die den leicht kenntlichen Typus seiner Gestalten, den liebenswürdigen Ausdruck seiner Köpfe trüge. Auffallend ist, dafs dagegen von dem gewaltigen Künstler, der in Verrocchio's Werkstatt grofs wurde und noch Jahre lang als Gehülfe mit seinem Meister zusammenarbeitete, so dafs wir eine hervorragende Theilnahme an verschiedenen von Verrocchio's bedeutendsten Werken annehmen müssen, dafs von *Leonardo* verschiedene kleine Bronzearbeiten sich nachweisen lassen. Für die Figur des zusammengekauerten Kriegers unter seinem ersten Sforzareiter existirt im Besitze des Principe Trivulzi ein kleines Modell, für dessen Mafse und Gufs sogar Leonardo's Angaben in seinen Manuscripten durch Paul Müller nachgewiesen sind. Dann entsprechen mehrere kleine Bronzepferde, namentlich auch in unserer Berliner Sammlung, den Skizzen Leonardo's zu demselben grofsartigen Reiterdenkmal, dessen Ausführungen leider beide bald nach ihrer Entstehung zu Grunde gingen. Die Ausführung dieser kleinen Arbeiten, unter denen ein paar der vollendetsten Pferdedarstellungen vom Ende des Quattrocento sich befinden, ist jedoch wohl, ebenso wie bei mehreren kleinen freien Nachbildungen des Sforzadenkmals, nur Schülern und Werkstattgenossen Leonardo's zuzuschreiben. Einer derselben, *Gianfrancesco Rustici*, der unter Leonardo's Beistand die grofse Gruppe der Predigt des Täufers am Baptisterium von Florenz im Anfang des XVI. Jahrhunderts verfertigte, wird uns durch

Vasari als Giefser kleiner Bronzefiguren bezeugt, aber wir können keine dieser Arbeiten von ihm nachweisen. Andererseits fehlt uns für zahlreiche, namentlich im Bargello aufbewahrte Bronzefiguren von Florentiner Charakter, die meist ziemlich treue Nachbildungen der Antiken sind und den ersten beiden Jahrzehnten des Cinquecento angehören, der Anhalt zu ihrer Benennung. Nur für ein paar Gruppen des Laokoon in mittlerer Gröfse sind Namen überliefert; aber wir können die einzelnen Arbeiten danach doch nur vermuthungsweise bestimmten Künstlern geben, weil sie uns in solchen kleinen Arbeiten zu wenig bekannt sind.

Etwa gleichzeitig mit dieser Blüthe der Florentiner Bronzekunst am Ausgange der Frührenaissance und am Anfange der Hochrenaissance fällt die Blüthe derselben an der zweiten Stätte von Donatello's umfangreicher Thätigkeit als Bronzebildner, in Padua. Eine Anzahl von Donatello's Schülern und Gesellen machten sich in Padua ansässig und hatten, jeder für sich, gröfsere oder kleinere Giefshütten, zu der sie junge Gehülfen heranzogen. Um die Wende des Jahrhunderts, etwa in den letzten dreifsig Jahren des XV. und in den ersten beiden Jahrzehnten des XVI. Jahrhunderts, können wir aus der grofsen Zahl von Arbeiten der Paduaner Bronzekleinkunst: Bronzegefäfse mannigfacher Art, Plaketten, Gruppen, Figürchen, die noch auf uns gekommen sind, mehr als zwanzig Künstler von ausgesprochener tüchtiger Individualität herauserkennen; und daneben bleibt eine noch viel gröfsere Menge von geringwerthigerer oder doch wenig individueller Arbeit. Die Zahl dieser Künstler, die wir bei Namen nennen und deren Werke wir bestimmt charakterisiren können, ist hier noch geringer als gleichzeitig in Florenz, obgleich ihrer viel mehr waren, wie die vielfach gröfsere Zahl der von ihnen erhaltenen Bronzen beweist.

Dafs sich in Padua aus dem Anstofs, welchen Donatello gegeben hatte, eine so blühende Thätigkeit der Bronzekleinkunst entwickelte, die sich bald auch auf Venedig ausbreitete und nach Mantua, Ferrara und Bologna ihre Meister abgeben und dort selbst Schüler bilden konnte, wurde ermöglicht durch die Vorliebe der Paduaner Gelehrten und der reichen Venezianer Patrizier für die Antike, in Originalen wie in Nachbildungen; in kaum geringerem Grade wurde sie aber auch gefördert durch das Bestreben nach einer künstlerischen, zugleich malerischen und dauerhaften Ausstattung des Wohnzimmers, namentlich des Schreibtisches, durch Büsten, Statuetten, Vasen, Kasten, Tinten- und Sandfässer, Kaminständer, Leuchter, Lampen und ähnliche Kunst- und Gebrauchsgegenstände der Zeit. Finden wir doch damals in Padua und Venedig schon eigentliche Sammler, mit denen die benachbarten Fürstengeschlechter in Mantua und Ferrara, die ihren Markt gleichfalls vorwiegend in Padua und Venedig hatten, wetteiferten.

Unter diesen zahlreichen Meistern ist einer von Alters her bekannt und stets geschätzt geblieben, *Andrea Riccio*, der durch seinen berühmten grofsen Leuchter im Santo, durch seine Grabmäler mit Bronzereliefs und mancherlei andere bezeichnete kleine Bronzegegenstände neben Mantegna stets der Stolz der Paduaner gewesen ist, aber dieser Ruf hat seine Paduaner Collegen hinter ihm verschwinden lassen, sein Name wurde ein Collectivbegriff, unter dem man den gröfsten Theil aller Bronzen, die um die Wende des Jahrhunderts in Padua oder Venedig entstanden, zusammengefasst hat. Dies gilt für die Statuetten auch heute fast noch im gleichen Mafse; im Kunsthandel, weil der Name bezahlt wird, in der Forschung, weil die beglaubigten Bronzefiguren von Riccio selten und die zahlreichen Figuren seines Candelabers und seiner grofsen und kleinen Reliefs kaum zum Vergleich herangezogen sind. Ein italienischer Kunstforscher, der Paduaner Baldoria, hatte über den Künstler gründliche Studien gemacht und bereitete eine grofse Publication seiner Werke vor, als ihn, den Achtundzwanzigjährigen, dessen kleine Figur mit den abgemagerten, von nächtlicher Arbeit gebleichten Wangen und den hellen Augen noch wie lebendig seinen Freunden vor Augen steht, dessen heiteres Lachen noch in ihren Ohren tönt, mitten in seinen Studien in den Katakomben von Rom — auf *seinem* Schlachtfelde — der Tod in der furchtbaren Gestalt der Perniciosa plötzlich dahinraffte.

Ein Paduaner Künstler, den wir jetzt mit voller Bestimmtheit auch in seinen kleineren Bronzen von Riccio unterscheiden können, ist sein älterer Landsmann und wohl auch Lehrer *Bartolommeo Bellano*, der Schüler und Mitarbeiter Donatello's. Mehr als Bellano's Monumentalwerke bieten die überfüllten Bronzereliefs mit ihren zum Theil ganz frei gearbeiteten Figürchen sicheren Anhalt zur Bestimmung seiner Statuetten, die durch die Verwandtschaft mit Donatello's spätesten Arbeiten wohl mit diesen verwechselt worden sind, aber ungelenker und unbelebter sind und durch ihre kurzen derben Formen und die wie geknittertes Papier behandelten Gewandfalten unschwer zu erkennen sind. Seine Statuetten, wie den David im Besitz von M. Foule zu Paris, den sitzenden Hieronymus bei Gustave Dreyfufs, die Hekate im Berliner Museum u. a. m., wird kaum noch Jemand als Werke Bellano's bezweifeln. Die Ausstellung hatte von seiner Hand nichts aufzuweisen.

Ein jüngerer verwandter Paduaner ist der anonyme Künstler des sich kasteienden Hieronymus in der Berliner Sammlung, der seine Eigenart darin so scharf ausspricht, dafs ein Bronzerelief mit der gleichen Darstellung im Museum Czartoryski auf den ersten Blick als ein Werk desselben Bildhauers sich zu erkennen giebt.

Ein paar andere Paduaner Bronzebildner, die noch direct unter dem Einflusse Donatello's grofs wurden, lernen wir in der Ausstellung in dem grofsen Madonnenrelief (Graf Pourtalès), in einer gröfseren Plakette der Madonna zwischen Candelabern (Frau Hainauer), sowie in dem Relief mit dem hl. Hieronymus (A. v. Beckerath) kennen. Namen wie Giovanni di Pisa, der für jenes Pourtalès'sche Madonnenrelief vorgeschlagen ist, geben die Richtung an, aber lassen sich nicht mit Sicherheit nachweisen.

Dem *Riccio* selbst, der in dem grofsen figurenreichen Relief der Anbetung der Könige (Graf Pourtalès), in den verschiedenen Grablegungen und anderen bezeichneten Plaketten vortrefflich vertreten war, konnte unter den zahlreichen ihm zugeschriebenen und ihm nahestehenden Statuetten und figürlich decorirten Gefäfsen wohl kein Stück als eigenhändig zugewiesen werden. Als wirkliche Meisterarbeit war der herrliche Thürklopfer, ein Drache mit einem Thierkopf zwifchen den Beinen (Graf Pourtalès), des Riccio durchaus würdig; aber Formen und Behandlung der Thiere ftimmt nicht recht mit den phantaftifchen Thiergeftalten am Leuchter und an anderen beglaubigten Arbeiten des Künftlers überein. Auch eine der hervorragendften Bronzen der Ausftellung, fchon in der Spitzer-Sammlung eines der feinften Stücke, der Neptun auf einem Seeungeheuer einherfahrend (Frau Hainauer), fcheint mir keineswegs zweifellos als ein Werk des Riccio gelten zu dürfen, wenn es ihm auch nahe fteht und nicht nachfteht. Abweichend ift der Typus, fowohl im Kopfe des Neptun wie im Meerdrachen. Ganz auffallend für Riccio wäre die Anatomie namentlich im Rücken, deffen derb manierirte Behandlung fich befonders ftark in einem nur wenig cifelirten Bruchftücke der ganzen Compofition, im Neptun aus dem Befitze des Herrn Zeifs, kundgiebt. Hier erfcheinen die breiten Schulterknochen faft wie ein paar flache Schneckenhäufer.

Für Riccio's beglaubigte Statuetten, wie fie neben den Figuren am grofsen Candelaber das hiefige Mufeum u. a. in dem von Anonimo (Michiel) erwähnten Urnenträger und in der kleinen Flora befitzt, ift charakteriftifch die Schlankheit der Glieder, zierliche Extremitäten, feines, langgefältetes antikes Coftüm, eine gewiffe Schüchternheit in der Bewegung und dramatifchen Belebung. Riccio verdankt feinen Ruhm dem Candelaber im Santo, feine Beliebtheit verdankt er aber vor Allem der Gefchicklichkeit, der Phantafie und dem Gefchmack, womit er die zahlreichen kleinen und gröfseren Geräthe und Gefäfse für kirchliche Zwecke und namentlich für den Privatgebrauch erfand und decorirte. Diefer Decor befteht vorwiegend in kleinen Reliefs und Statuetten aus der antiken Mythe: mit Vorliebe Geftalten von halb naturaliftifchem, halb humoriftifchem Charakter, wie Bacchus mit feinem Kreis, halb thierifchen, halb göttlichen Geftalten, Neptun und feine phantaftifche Begleitung, abenteuerlichen Thierbildungen u. dergl. Riccio bildete z. B. einen hockenden Satyr, der ein Fafs neben fich hält, als Tintenfafs; auf dem Deckel einer breiten Vafe, die als Tintenfafs diente, brachte er kleine Gruppen an: Pan von Venus und Amor beftraft, das Urtheil des Marfyas oder eine Satyrfamilie, von denen einer ein kleines Gefäfs zur Aufnahme des Lichtes emporhielt, oder einen Atlas als Träger der Erde, die als Lampe eingerichtet war. Sirenen wurden als Chenets, Statuetten mit Körben oder Gefäfsen auf dem Kopfe zu Leuchtern hergerichtet. Selbft die Nachbildungen von Reiterftatuen, namentlich des Marc Aurel, von Kentauren u. f. w. wurden durch Anbringung eines Horns zur Aufnahme des Lichtes und durch eine Mufchel vorn auf der Bafis für Aufnahme der Tinte zu folchen Gebrauchsgegenftänden eingerichtet; freilich feltener von Riccio felbft als von feinen zahlreichen Nachfolgern, denen wir ebenfalls die freien, vereinfachten Nachbildungen, die Bruchftücke daraus, wie fie noch zu Taufenden in Mufeen und bei zahlreichen Sammlern, in mehr oder weniger flüchtiger Arbeit, vorkommen, zuzufchreiben haben.

Zu diefen Arbeiten aus der Werkftatt und von Nachfolgern Riccio's gehören auch die meiften der als Werke Riccio's oder »in der Art des Riccio« dargeliehenen

Bronzen der Ausstellung: der Kentaur mit dem Horn (zur Aufnahme eines Lichtes), verschiedene Pferde, deren Reiter fehlen, Satyrn in der verschiedensten Form und Function, meist aus dem Besitz von Herrn A. v. Beckerath, Frau Hainauer, J. Simon u. A., Seeweiber als Thürgriff oder Thürklopfer u. A. m. Auch einige einfache Leuchter, Tintenfässer und Glocken der Ausstellung reichten noch in die Zeit und Richtung des Riccio hinein.

Riccio's Erfolg hatte auch die gleichzeitigen Meister der Marmorplastik Venedigs zur Bronzetechnik angeregt: nicht nur im Grofsen, wie Leopardi's Gufs des Colleoni, das Monument des Dogen Zeno von verschiedenen Künstlern, Pietro Lombardi's Glockenhänse und andere Arbeiten beweisen; auch in der Bronze-Kleinkunst finden wir Leopardi, die Lombardi und andere Zeitgenossen thätig. Einige grofse Stücke der Ausstellung, Meisterwerke nicht nur an dieser Stelle, sondern in jedem Museum, gehören in diese Zeit der venezianischen Plastik, und doch können wir noch keine auf ihren Meister bestimmen. So die grofse, herbe Hainauer'sche Büste einer alten Frau, deren Gegenstück (ihr Sohn) im Louvre und von der eine Wiederholung (mit ihrem Gatten) in der Eremitage zu St. Petersburg sich befinden. Die gleichfalls lebensgrofse Büste eines Knaben, mit Augen aus Perlmutter, ist eine Arbeit von höchster Vollendung des leichten Guffes, der Ciselirung und Patinirung; nach dem geschorenen Kopf mit schmalem langem Zopf, dem Halsband mit seiner römischen, theilweise fehlerhaften Inschrift gilt sie als eine wohl auf Fälschung gearbeitete freie Nachahmung der römischen Antike, deren besten Arbeiten sie an Frische und Individualität nicht nachstehen würde. Mir ist jedoch keine Renaissancecopie von so antikem Charakter bekannt; ich möchte daher noch immer bezweifeln, ob die Fehler der Inschrift allein die antike Herkunft ausschliefsen können. Eine freie Copie einer der beliebtesten Antiken zur Zeit der Renaissance ist der lebensgrofse Dornauszieher; freiere Nachbildungen sind die grofsen Büsten von Kaiser Severus und einem unbekannten Römer, wie alle diese hervorragenden Arbeiten im Besitz des Grafen Fritz Pourtalès und etwa zwischen den Jahren 1510—1530 entstanden.

LUDOVICO LOMBARDI, VORNEHMER RÖMER. BRONZE. BES. GRAF F. v. POURTALÈS

Von der letztgenannten grofsen Büfte kommen ein paar Wiederholungen vor; nach der Verwandtfchaft mit einer ähnlichen bezeichneten Büfte im Befitz des Fürften Liechtenftein find fie von der Hand eines der jüngften Glieder der berühmten venezianifchen Künftlerfamilie der Lombardi, von dem wenig bekannten *Ludovico Lombardi*. Solche der Antike fich unmittelbar oder mittelbar anfchliefsende Bronzearbeiten waren in Norditalien: in Venedig, Padua und Mantua befonders beliebt, während wir heute die felbftändigen Schöpfungen derfelben Meifter vorziehen, zu denen ihre reiche Phantafie fie in fo hohem Mafse befähigte. Von folchen Stücken hatte die Ausftellung nur eins oder zwei aufzuweifen (Rundrelief mit Meeresgöttern, aus der Werkftatt des Leopardi, im Befitz des Herrn Simon). Sie find überhaupt felten und pflegen fich auf Reliefs zum Einfatz in Tabernakel (Thüren), deren unfer Mufeum neuerdings verfchiedene von den jüngeren Lombardis erworben hat, oder in Pilafter, Baluftraden und andere Architekturtheile zu befchränken. Die Anfertigung von Geräthen überliefsen die Venezianer damals noch den Giefshütten ihrer Paduaner Collegen.

Noch zu Lebzeiten Riccio's war der Florentiner Künftler nach Venedig übergefiedelt, der faft ein halbes Jahrhundert hindurch dort eine fehr reiche und mannigfaltige Thätigkeit als Architekt und Bildhauer entfaltete und hier befonders für die Plaftik der beftimmende Künftler für ein volles Jahrhundert wurde. Es ift dies der Florentiner *Jacopo Sanfovino*, der jung fchon in Rom und Florenz den Einflufs Michelangelo's ftark auf fich wirken liefs. Als er nach dem Sacco di Roma 1527 nach Venedig kam, waren als Bronzebildner Riccio und Tullio Lombardi noch am Leben und in voller Thätigkeit, während in der Malerei die Hochrenaiffance fchon feit Jahrzehnten in ihrer höchften Blüthe ftand. Im Verein mit Tizian, mit dem der weltgewandte Florentiner fich rafch befreundete, hat er die Kunft Venedigs in wenigen Jahren umgeftaltet. In der Plaftik hielt der Barock Michelangelo's mit ihm feinen Einzug und erhielt fich ohne wefentliche Veränderung bis in das XVII. Jahrhundert.

Die beiden fchönften Statuen, welche die Ausftellung aufzuweifen hatte, Bronzefiguren faft in zwei Drittel Lebensgröfse, denen auch öffentliche Sammlungen kaum Ähnliches aus diefer Zeit an die Seite zu ftellen haben, wurden vom Grafen William Pourtalès, Vater des jetzigen Befitzers, vor mehr als 40 Jahren unter dem Namen Sanfovino's aus einem der venezianifchen Paläfte erworben und haben auf verfchiedenen Ausftellungen regelmäfsig diefen Namen getragen. Mit Sicherheit laffen fie fich aus dem reichen bildnerifchen Oeuvre des Künftlers nicht als Arbeiten desfelben beweifen; von dem ihm eigenthümlichen Einflufs Michelangelo's ift hier kaum eine Spur vorhanden. Die grofse, etwas pathetifche Haltung, die breite und einfache Behandlung des Nackten, bei liebevoller Beobachtung des Details, Verhältniffe und Typen zeigen vielmehr das Vorbild der Antike, freilich in durchaus freier Weife. Vor feiner Überfiedelung nach Venedig, namentlich in Rom, hat Jacopo ganz ähnlich gearbeitet; follten diefe Bronzen fchon dort entftanden und nach Venedig mitgenommen fein? Einen anderen Namen, wie den des Jacopo, wüfste ich nicht dafür vorzufchlagen.

Die Richtung, die Sanfovino's fpätere Art in der Bronzeplaftik Venedigs verbreitet hatte, zeigte in der Ausftellung eine reiche Zahl gröfserer und kleinerer Statuetten und Gebrauchsgegenftände für Kirche und Haus. Am ftärkften bekundet fich der Gegenfatz wohl in den grofsen Kaminböcken im Befitz des Kaifers, deren volle fleifchige Geftalten des Hercules und der Omphale an die Fülle der nackten Figuren vlämifcher Maler des XVII. Jahrhunderts erinnern, die auch in den Drachengeftalten der Sockel befonders auffällig find. Wer der Künftler fei, vermag ich nicht zu fagen.

Auf der Bafis diefer beiden Geftalten fitzen fpielende Putten, die für die venezianifche Plaftik des fpäteren XVI. Jahrhunderts fehr bezeichnend find. Ihre fchlanken Leiber, mit kleinen Köpfen und Extremitäten, die in den Fingern und Zehen, in der Modellirung der Augen meift nur fkizzirend behandelt find, find fo recht das Gegentheil der Putten Donatello's und feiner Nachfolger: unkindlich und manierirt. In den fpielenden und fingenden Kindern (Frau Rofenberg u. A.), die befonders beliebt gewefen fein müffen und die, bald fo, bald fo componirt, als Gruppen bis zu zwölf vorkommen, glaubt man (nach einzelnen bezeichneten Bronzen in Venedig und Florenz, oben im Thurm des Palazzo Vecchio) einen wenig bekannten venezianifchen Bronzekünftler vom Ende des XVI. Jahrhunderts zu entdecken: *Roccatagliata*. Diefen muficirenden Kindern entfprechen aber unter den Bronzen der Ausftellung die Putten an den oben genannten Kaminftändern und an einem Thürklopfer im Befitz des Herrn J. Simon fo vollftändig, dafs wir auch diefe Arbeiten danach dem Roccatagliata zufchreiben müfsten. Die Verfchiedenheit im Übrigen läfst dies aber wenigftens für die Feuerhunde keinesfalls zu. Wir haben hier vielmehr fchon ein charakteriftifches Zeichen des Barock: den Mangel an Naturwahrheit und Naivetät, der fich gerade bei der Darftellung der Kinder zuerft und in befonders ungünftiger Weife zeigt, bis in Flandern, unter Rubens' Einflufs, eine neue Blüthe der Kinderplaftik in Grofs und Klein entftand. Daher find jene Kindergeftalten vielmehr als typifch für die Zeit vom XVI. zum XVII. Jahrhundert anzufehen und finden fich, mit geringer Veränderung, bei einer Reihe von venezianifchen Künftlern diefer Epoche faft in der gleichen Art.

Von den zahlreichen Schülern und Nachfolgern Sanfovino's waren ein paar elegante Statuetten (J. Simon) und einige kleine Skizzen (C. Hollitfcher) von *A. Vittoria* und ein bezeichneter wirkungsvoller Thürklopfer des feltenen *Giov. Ant. Tamagni* (Frau Hainauer) vertreten. Auch unter den übrigen zahlreichen Klopfern, Glocken, Leuchtern, Tintenfäffern auf der Ausftellung (im Befitz von W. v. Dirkfen, A. v. Beckerath, H. Wallich, Frau Hainauer u. A.) wird der mit den Formen eines Paolo Veronefe und Tintoretto vertraute Blick leicht verwandte und von diefen abhängige Venezianer Bronzekünftler der gleichen Zeit erkennen; nur ift die Beftimmung derfelben meift ebenfo fchwer wie die der kleinen Bronzebildwerke um fünfzig oder hundert Jahre früher.

BOCCATAGLIATA: MUSICIRENDE PUTTEN. BRONZE. BES. FRAU M. ROSENFELD

Neben Padua und Venedig, welches in der zweiten Hälfte des XVI. Jahrhunderts Padua ganz zurückdrängt, behält Florenz seine alte Bedeutung als Mittelpunkt der Bronzeplastik; ja gegen Ende des XVI. bis in die zweite Hälfte des XVII. Jahrhunderts überflügelte Florenz Venedig wieder durch eine sehr grosse und vielseitige, selbst für das Ausland arbeitende Künstlerschaft. Aber während in Venedig ein Florentiner die zweite Blüthe der Bronzekunst heraufführt, bildet sich dieser Aufschwung hier vorwiegend durch die Heranziehung und den Einfluss von Ausländern, die damals in Florenz auch in anderen Kunstfächern (z. B. in der Goldschmiedekunst) stark beschäftigt waren. Was ein weltberühmter Künstler wie *B. Cellini* damals an Bronzewerken geschaffen hat, ist nach Zahl und Einfluss nicht entfernt mit dem zu vergleichen, was der Vlame Jean de Boulogne (der fast nur unter seinem italienischen Namen Giovanni da Bologna bekannt ist) seit seiner Übersiedelung nach Florenz hervorbrachte.

Nicht nur Michelangelo, dessen Genius eine derartige Kleinkunst widersprach, auch seine Schüler und Nachfolger haben wenig Bronzestatuetten oder Bronzegefässe hinterlassen. Ihr Streben ging auf das Grosse und Gewaltige; wenn sie, wie besonders Cellini, im Kleinen zu arbeiten hatten, so bedienten sie sich der Edelmetalle, vor Allem des Goldes. Die verhältnissmässig geringe Zahl von kleinen Bronzen, die im Anfang des Barock von geborenen Florentinern vorhanden sind, sind daher meist kleine Modelle zu grossen Bronzen, flüchtig, aber doch ohne Frische und skizzenhafte Lebendigkeit. Durch *Giovanni da Bologna* kam die Statuette als solche, die nicht Skizze oder Studie, nicht freie skizzenhafte Umbildung dieser oder jener Antike war, sondern im Kleinen so durchgebildet wie die grossen Bronzen, so sorgfältig ciselirt und patinirt wurde, wie es nur möglich war, zu einer selbständigen Stellung innerhalb der Bronzeplastik, zum Hauptschmuck des Wohnzimmers der Mediceerfürsten und der reichen Florentiner, wie der den Medici verwandten und befreundeten Familien, in deren Kunstkammern sie bald zu den gesuchtesten Stücken gehörten. Diese nackten Venusgestalten, diese badenden, allegorischen und mythologischen Figuren, die Reiterstatuetten, die Pferde des Mediceer-Marstalls, die Gruppen des Raubes der Sabinerinnen, von Nessus und Deianira u. s. w., die meist in mehreren vorzüglichen Exemplaren in der Ausstellung vertreten waren (Eigenthümer: Frau J. Hainauer, die Herren Franz und Robert v. Mendelsohn, James Simon, Valentin Weisbach, A. v. Beckerath u. A.), sind aber auch so wenig wie die kleinen Skizzen und Studien der älteren Zeit von der grossen Kunst ganz unabhängig; auch sie wurden der Mehrzahl nach zunächst zum Schmuck der Paläste und Gärten der Mediceer im Grossen oder selbst Kolossalen, in Marmor oder häufiger in Bronze vom Künstler ausgeführt und dann erst in Folge ihrer Beliebtheit verkleinert oft zu Hunderten wiederholt, meist natürlich in der Werkstatt von Schülern. Unter ihnen wird *Tacca* besonders genannt für die zahlreichen Bronzepferde (mehrere im Besitz von Herrn Robert v. Mendelsohn). Die hervorragende Eigenthümlichkeit aller dieser Arbeiten, die sie zu allen Zeiten besonders beliebt machten, ist die Gefälligkeit der Erscheinung, die Geschmeidigkeit und Eleganz des Körpers, die Schönheit und Mannigfaltigkeit der Bewegung, deren Durchführung freilich auf Kosten naturalistischer Wahrheit geschah und wobei an die Stelle lebendiger Erfindung und Bewegung eine äusserliche reiche Belebung und glatte Eleganz trat.

Während die Statuetten von Giovanni's Schüler und Gehülfen Tacca (Mehreres auch in der Ausstellung) ganz dessen Charakter wiederzugeben trachten, hat ein gleichzeitig in Florenz von den Mediceern beschäftigter Landsmann, *Francavilla* (Lucas Francheville), mehr von der heimischen nüchternen Eckigkeit und reichen Gewandung bewahrt. Ein dritter Landsmann, *Elia Candido* (de Witte), von dem ein sehr charakteristisches Werk in dem Mercur mit dem Haupte des Argus (Frau J. Hainauer) vertreten war, ist erst kürzlich aus der Fülle mittelgrosser Bronzefiguren dieser Zeit im Bargello herausgefunden; durch stark betonte Musculatur und scharfe Gegensätze in der Bewegung ist er leicht von Giovanni zu unterscheiden, mit dem er früher verwechselt wurde. Sein Sohn *Pietro Candido* (bekannter als Pieter de Witte) wird im Norden wieder reinerer Niederländer; in ähnlicher Weise nimmt Adriaen de Vries, der den Stil des Giovanni da Bologna über die Alpen trägt, allmählich wieder mehr von nordischer Art an.

Dem *Adriaen de Vries* werden eine Anzahl von kleinen und ganz kleinen nackten weiblichen Figuren, fast regelmässig im Bad oder bei der Toilette, zugeschrieben, von denen zwei vorzügliche grössere Arbeiten (G. Reichenheim) sowie ein paar kleine Statuetten (J. Simon, Martin Liebermann u. A.) die Ausstellung schmückten. Die Bronzesammlung unserer Museen ist besonders reich an Arbeiten dieser Art, die bei stärkerer Anlehnung an die Antike eine grössere Einfachheit und Natürlichkeit vor den ähnlichen grösseren Bronzen Giovanni's voraushaben. Augenscheinlich sind mehrere Künstler aus der zweiten Hälfte des Cinquecento die Urheber dieser Gruppe der feinsten kleinen Bronzearbeiten dieser Zeit. Möglich dass Jugendarbeiten des Adriaen de Vries darunter sind, möglich auch dass eine oder die andere selbst auf Cellini zurückgeht, den man früher allgemein dafür in Anfpruch nahm, foweit fie nicht gar als Arbeiten der Antike galten. Beide Künftler laffen fich aber nicht mit Sicherheit aus ihren beglaubigten Bronzen darin nachweifen. Sie bezeichnen daher nur die Richtung, in der wir die Verfertiger diefer Statuetten zu fuchen haben.

Diefe über die zeitliche Grenze der Hochrenaiffance fchon beträchtlich hinausgehenden Künftler wurden zur Ausftellung noch hinzugezogen, weil fie, in weit höherem Grade als die übrige Kunft der Zeit, durch ihr Schönheitsgefühl und ihren Anfchlufs an claffifche Vorbilder den Charakter der Renaiffance noch in fich tragen.

DIE ITALIENISCHEN PLAKETTEN • • VON FRITZ KNAPP • • •

EINE Gruppe für fich in der Abtheilung der Kunftwerke in Bronze bildeten die Plaketten, kleine Bronzereliefs mit figürlichen Darftellungen, welche als Zierftücke zu den verfchiedenften Gegenftänden eine eigenthümliche Sonderftellung zwifchen den grofsen Bronzereliefs, den Medaillen, Niellen, Kupferftichen und der decorativen Goldfchmiedearbeit einnehmen. Wie alle diefe Kunftgegenftände beanfpruchen auch fie zur Würdigung der Feinheiten in der Durcharbeitung der kleinen Figuren, der Behandlung der Bronze u. A. eine liebevolle Betrachtung und einen ausgebildeten Sammlergefchmack. Hat man doch meift, wie bei den Kupferftichen »die Zuftände«, hier die verfchiedenen Nachgüffe nicht nur vom Original, wenn diefes noch vorhanden, fondern auch unter einander zu fcheiden.

Die Sammlerneigungen in Berlin auf diefe Delicateffen zu lenken, bedurfte es des Einfluffes der gelehrten Kreife, der Mufeen. Diefe mufsten führend vorangehen, was denn in glänzender Weife gefchah. Die erft gegründete Abtheilung für Bronzeplaftik wuchs in kurzer Zeit zu einer der hervorragendften derartigen Sammlungen an, und bald folgten Liebhaber diefen Bahnen. Es ift fo eine recht beträchtliche Anzahl fchöner Stücke, wie die Ausftellung zeigte, in den letzten zehn bis fünfzehn Jahren nach Berlin gelangt. Mit wenigen Ausnahmen gehörten fie den Sammlungen von Frau Julie Hainauer und James Simon. Jede derfelben füllte mit den intereffanteften, forgfältig ausgewählten Stücken je einen Glaskaften.

Soweit diefe zierlichen Reliefs ihre alte Faffung bewahrt haben, find fie bald als Kufstafeln gefafst, bald zeigen fie als Schmuckftücke von Gebrauchsgegenftänden eine decorative Beftimmung. Genannt feien für die erftere Art nur die »Maria mit dem Kinde« (A. v. Beckerath) und »Chriftus als Schmerzensmann« (James Simon). Manche Geräthe waren mit Plaketten verziert, fo einige Mörfer; ein reizender Sockel (A. v. Beckerath); ein Tintenfafs (J. Simon); eine Lampe; »Amor liegend« auf dem Theil einer Schnalle (beide Sammlung Hainauer).

Leider jedoch ift der bei Weitem gröfste Theil der Plaketten losgelöft von dem Gegenftande, dem fie einft zum Schmucke dienten, und fo ift uns in den meiften Fällen die Möglichkeit, Rückfchlüffe auf die decorative Beftimmung und

Wirkung zu ziehen, benommen. Und doch mufste der Künstler damit rechnen, mufste es für die Behandlung in Hoch- oder Flachrelief, für die Patinirung, Tönung der Bronze ausschlaggebend sein, welche Umrahmung sie umgeben, zu welchem Zwecke sie dienen sollte. Es zeigen denn auch die beiden schönsten Stücke der Sammlung Hainauer, wie weit die Künstler in der Berechnung gingen. Beide Plaketten stammen aus der nächsten Umgebung *Donatello*'s und beweisen glänzend, welche treffliche technische Hülfsmittel dieser erste Bronzegiefser des Quattrocento seinen Schülern in die Hände gab.

Die eine in sehr flachem Relief ausgeführte grofse Plakette (Molinier, Les Plaquettes, Nr. 64) zeigt die »Madonna in Halbfigur«, das vor ihr auf der Brüstung stehende Kind haltend. Das Motiv ist ebenso donatellesk wie die Anbringung einer antiken Vase hier rechts vorn und die Bildung eines Hintergrundes aus antikem Gemäuer; es ist ein schon brüchiger, auf eigenthümlich dorischen cannelirten Säulen ruhender Bogen gegeben. Freilich wirkt die Art, wie Mutter und Kind beide die Rechte declamatorisch, wie um sich zu präsentiren, ausstrecken — ein Motiv, das übrigens Donatello bei seinen Putten rechts oben an der Verkündigung in S. Croce zu Florenz giebt —, in der Wiederholung schwächlich. Fehlt der Formensprache auch die Kraft und Energie, die aus den Werken des Meisters sprechen — etwas von der Schwermuth seiner Madonnen ist auch hier in der leichten Kopfneigung zum Ausdruck gebracht —, so besitzt der Künstler auf der anderen Seite einen ausgebildeten Sinn für das Malerische. Jede scharfe Umrifszeichnung ist gemieden bei mattem Flachrelief, und die Weichheit des Fleisches, die Zartheit der Modellirung sind aufserordentlich. Fein sind die Stoffe unterschieden. Das leinene Kopftuch der Maria wie der Schleier zeigen viele und eckige Falten, während der wollene Stoff des Mantels weich, breit gegeben ist. Das Ganze ist sehr zart getönt, und leichte Halbschatten beleben die Fläche. Einst wohl vergoldet, können wir uns das Relief als Einlage in einen Hausaltar oder Tabernakel denken, eingefafst von schön ornamentirtem Marmor- oder Bronzerahmen.

Daneben beinahe roh wirkend, mehr skizzenhaft in vollerem Relief, ist eine »Madonna im Rund« (Mol. 68) derselben Sammlung. Bei tiefer Patina war es vielleicht mit dem andern Exemplar im Louvre eine Einlage in die Thüren eines Schrankes aus dunklem Holz. Auf Fernwirkung berechnet, sind die Augen nur als Höhlen eingedrückt, Falten und Haare nur mit flüchtigen Strichen angedeutet. Reizende, auf verschiedenen Instrumenten musicirende oder Guirlanden haltende Engel umschwärmen die auf dem Boden sitzende Mutter mit dem Kinde. Die Lebhaftigkeit der Figürchen, das Rund, das tiefe Sitzen der Madonna, endlich das Wappen der Pazzi im Kranz unten weisen auf einen Florentiner Schüler Donatello's. Das Berliner Museum besitzt in Nr. 702 eine ähnliche, auch mit solch zierlichen Musikanten belebte, jedoch sorgfältiger ausgeführte heilige Familie aus Donatello's Schule.

Nicht Florenz, sondern Padua sollte zur eigentlichen Schule der Bronzeplastik Donatello's werden. Seine Jahrzehnte lang von ihm geleitete dortige Giefswerkstätte wurde zum Ausgangspunkt der ganzen oberitalienischen Bronzeschule, die bald die gröfste Italiens wurde. Freilich tritt hier als wichtigster Factor bald die Antike hinzu. Das zeigen in hervorragendem Mafse die Werke *Riccio's*, des bedeutendsten Meisters dieser Richtung. Von ihm ist aus der Sammlung Graf F. von Pourtalès eine ganz ausgezeichnete grofse Plakette, die »Anbetung der Könige« darstellend (Mol. 29), ausgestellt. In der mafsvollen Behandlung und einfachen, schlichten Formensprache scheint es ein Frühwerk des später leicht manierirten Meisters. Der Künstler, der viel von Donatello gelernt und übernommen, giebt in seinem phleg-

RICCIO: ANBETUNG DER KÖNIGE. BRONZE. BES. GRAF POURTALÈS

matischeren, oberitalienischen Temperament eine ruhigere Darstellung. Er stellt die Figuren schlicht, aber beinahe langweilig neben einander entgegen der geistreichen freimalerischen Gruppirung, der Lebhaftigkeit und Plastik der Gestalten des grofsen Florentiners. Riccio zeigt sich darin ferner in der sitzenden Madonna im Profil beeinflufst von der Antike, der er manche Beigaben und Gestalten entnimmt. Einflüsse Donatello's und Mantegna's mischen sich auf der mächtig bewegten und aufsergewöhnlich lebhaft aufgefafsten »Grablegung Christi« mit dem schräg stehenden Sarkophag (Mol. 221), in kräftigem Relief bei breiter Formengebung ausgeführt. Drei Exemplare davon waren ausgestellt. Figurenreicher, unbestimmter in den Formen gehalten und mit vielen antiken Beimischungen versehen ist die

»Beweinung Christi« (Mol. 220), die in zwei Exemplaren vorhanden war. Ebenfalls von ihm ist ein »Hieronymus«, im Besitz von Frau Julie Hainauer (Mol. 76). Während Molinier die Plakette der Schule Donatello's zuschreibt, wurde sie neuerdings entsprechend einer Bezeichnung auf der Rückseite einiger Exemplare mit Recht dem Riccio gegeben. Die Art, wie der Körper des nackten, knieenden Heiligen nach oben sich mehr und mehr vom Grunde löst, frei über die Reliefsfläche heraustritt, wie Kirche und Landschaft hinten flach, dünn eingezeichnet sind, findet sich auf manchen Plaketten Riccio's. Bei der sorgfältigen Durchführung muss der sehr dürftige Löwe bei Riccio, dem vorzüglichen Thierbildner, befremden. Gleichmässiger in der Behandlung des Reliefs ist ein schönes Exemplar vom »Opferfest«, im Besitz von G. Reichenheim (Mol. 233).

Von einem anderen bedeutenden Plakettenbildner, der sich im Stolz auf seinen entwickelten Stil *Moderno* nannte, war eine grosse Zahl schöner Stücke ausgestellt. Die Sammlung Julie Hainauer hatte beigesteuert drei grossfigurige ovale Plaketten, den »Sturz des Phaethon« (Mol. 191), »Hercules und die lernaeische Hydra« (Mol. 196) und »Orpheus unter den Thieren« (Mol. 210). Aus der Sammlung J. Simon seien genannt der schlanke »David« (Mol. 158), der »Sebastian« (Mol. 181) und der kraftvolle »Hercules und Antaeus« (Mol. 203). Alle diese Stücke zeichnen sich aus durch die klare Darstellung, die schönen, oft graziös bewegten nackten Figuren, denen man einen Einfluss der Antike nicht ableugnen kann. J. Simon besitzt noch eine Anzahl kleiner, aber sehr fein ciselirter Stücke, wie die »Maria mit dem Kinde« (Mol. 164) und »Augustus und die Sibylle« (Mol. 185), ferner eine Reihe von Herculesthaten.

Von den übrigen Künstlern ist der *Caradosso* genannte Meister mit den »badenden Männern« in beiden Sammlungen mit dem runden Exemplar vertreten, von denen das bei J. Simon (Mol. 153) das bessere ist. Aus dieser Sammlung waren zwei *Ulocrino* zugeschriebene Stücke, ein »Sebastian« (Mol. 246) und »Alexander und Aristoteles« (Mol. 256). Dem *Lautitio di Perugia* wird das Siegel des Cardinals Giuliano de' Medici, späteren Papstes Clemens VII., gegeben (Sammlung Hainauer, Mol. 675).

Die seltenen Florentiner waren vertreten durch die als Kusstafel gefasste »Maria mit Kind« des *Michelozzo*, im Besitz von Martin Liebermann. Vielleicht ist auch die stehende »Madonna« (M. Kempner und J. Simon, Mol. 532) von der Hand eines Florentiners. Sie muss ausserordentlich verbreitet gewesen sein, da sie in Bronze wie Stucco (Berliner Museum 589 B), auf Kirchengewändern u. s. w. wiederkehrt.

Aus dem XVI. Jahrhundert waren von J. Simon noch eine ganze Anzahl Plaketten ausgestellt. Im Übrigen hatte man die Stücke der späteren manierirten Meister zurückgehalten. In der Art des *Benvenuto Cellini* sind »sechs Reliefplatten mit mythologischen Darstellungen«, in Goldblech getrieben, im Besitz von Gustav Salomon, eine gute Goldschmiede-Arbeit.

DIE ITALIENISCHEN SCHAUMÜNZEN · VON JULIUS MENADIER

DIE Schaumünzen bilden nicht den kleinſten Ruhmestitel der italieniſchen Kunſt der Renaiſſance. Sie ſtellen einen Gipfelpunkt dar in der Kunſt, Portraitdarſtellungen plaſtiſch zu geſtalten, wie er vorher nur in der Blüthezeit der helleniſtiſchen Kunſt und hinterdrein nicht wieder erreicht worden iſt. Nachdem die Kunſt der Medaillen über ein Jahrtauſend hindurch faſt völlig brachgelegen, gelang es einem gottbegnadeten Künſtler, ohne daſs er eigentlich Vorläufer aufzuweiſen hätte, welche ihm die Wege gebahnt, mit dem erſten Verſuch vollendete Kunſtwerke zu ſchaffen, welche für alle Zeiten muſtergültig und vorbildlich ſein werden oder zu ſein berufen ſind. Zwar hat Francesco Carrara auf die Einnahme der Stadt Padua am 19. Juni 1390 zwei Medaillen prägen laſſen, welche nach dem Vorbilde der römiſchen Groſsbronzen, inſonderheit des Vitellius, in vollendeter Weiſe hergeſtellt, die eine das Bild des Vaters, die andere ſein eigenes Bild tragen und für das Jahr 1401 bereits im Beſitz des Herzogs Johann von Berry in einem Bleiabſchlag bezeugt, höchſt wahrſcheinlich von dem Venezianer Stempelſchneider und Münzmeiſter Marco Seſto herrühren; aber kein gleichartiges Stück iſt ihnen gefolgt, ſoweit unſere Überlieferung reicht, ſondern nur drei Stücke von gleicher Gröſse mit den Köpfen römiſcher Kaiſer und eine Anzahl kleinerer Bronzemarken ſind uns erhalten. Auch hat Guiffrey die Entdeckung gemacht, daſs bereits in den Schatzverzeichniſſen des Herzogs Johann von Berry aus den Jahren 1414 und 1416 eine Reihe von groſsen gegoſſenen Medaillen beſchrieben iſt, Medaillen mit den Bildniſſen des Auguſtus, Tiberius, Philippus, Conſtantin und Heraclius, von denen wir Exemplare der beiden Letzteren noch beſitzen, Medaillen, welche nach dem anſprechenden Urtheile J. von Schloſſer's in Anlehnung an die mittelalterlichen Siegel von niederländiſchen Künſtlern herrühren; aber auch dieſe ſind vereinzelt geblieben und haben keine Nachfolge gefunden. Die flandriſchen Künſtler ſtanden in einem regen Verkehr mit Oberitalien, und das Reiterbildniſs Conſtantin's des Groſsen jener einen Medaille iſt in einem der Sockelmedaillons der Certosa von Pavia wiederholt; es iſt alſo nicht abzuweiſen, daſs die flandriſchen Guſsmedaillen wie die Prägungen der Seſto's dem Vittore Piſano bekannt geworden, der gegen das Jahr 1380 geboren und im März des Jahres 1451 geſtorben iſt; trotzdem bleibt ſein Verdienſt um die Schaumünze der Renaiſſance das nämliche. Erſt dadurch, daſs er, der Maler, ſich dem Guſsverfahren zur Herſtellung von Portraitmedaillen zuwandte und ſich zur Verfertigung des Modells eines nachgebenden Stoffes bediente, des Thones oder des Wachſes, der dem formenden Künſtler keinen Widerſtand entgegenſetzt, ſondern, dem geringſten Drucke nachgebend, ſeinem ganzen Wollen und Können Form und Wirklichkeit zu werden geſtattete, erſt durch ſein Wirken iſt die Renaiſſancemedaille in's Leben gerufen. Dem durchſchlagenden Erfolge des groſsen Künſtlers nacheifernd, hat dann die zahlreiche Schaar von gleichfalls anſehnlichen Künſtlern, tüchtigen Kunsthandwerkern und begabten Liebhabern die unvergleichliche Reihe von Schaumünzen geschaffen. Freilich haben drei Vierteljahrhunderte später auch die deutschen Künstler Portraitmedaillen herzustellen begonnen, die gleichfalls als musterhafte Kunstwerke stets werden Anerkennung finden, Medaillen, die zwar auch gegossen sind, deren Modelle aber nicht aus weichem Stoffe geformt, sondern aus Holz oder Stein geschnitten wurden. Die liebevolle Ausarbeitung der Einzelheiten, welche sie zumeist auszeichnet, und das herzinnige Gemüth, welches sich in ihnen bekundet, ihr deutscher Charakter macht sie vielfach liebenswerther als die italienischen Meisterstücke; aber an die Handwerkstechnik der Goldschmiede und Bildschnitzer gebunden, bleiben sie doch an allgemeiner Vorbildlichkeit mit wenigen Ausnahmen hinter den Werken der frei formenden italienischen Bildner zurück. Das hat von Neuem die jüngste Vergangenheit wieder gelehrt, in welcher nach verschiedenen vereinzelt und unbeachtet gebliebenen Versuchen die Technik der italienischen Renaissancemedaillen im Grofsen wieder aufgenommen ist und zugleich in Paris und auch in Wien zu den schönsten Erfolgen geführt hat.

Dieser unvergänglichen Gröfse haben es die italienischen Schaumünzen zu verdanken, dafs, nachdem Schadow auf Anregung des Weimarer Kreises die schöne Gufsmedaille auf Goethe geschaffen, hinterdrein sich eine ansehnliche Zahl Berliner Künstler: Voigt, Atinger, Brandt, Janda, Lürfsen, Eberlein, Siemering und Begas, sich in gleicher Weise versucht haben. Aber erfolgreicher ist der auf die Sammlung und Erforschung der alten Originale verwandte Eifer in Berlin gewesen, der auch bereits länger als ein Jahrhundert anhält. Dem alten Möhsen verdanken wir die Grundlage unserer Kenntnisse, und Rudolphi hat schon im vergangenen Jahrhundert eine nennenswerthe Sammlung zusammengebracht. Den reichsten Schatz, der überhaupt irgendwo vereinigt ist, die Sammlung der Elifs Bacciocchi, der Schwester Napoleon's, Grofsherzogin von Toscana, hat sodann B. Friedländer für Berlin gewonnen. Beide sind, wie auch die vereinzelten Medaillen Dannenberg's, mit den Königlichen Sammlungen vereinigt. Seitdem haben sich neue Sammlungen im Besitze von Kunstfreunden, der Herren Geheimer Regierungsrath Bode, Graf Dönhoff-Friedrichstein und der Frau J. Hainauer, gebildet. Vor Allen aber hat Herr J. Simon eine achtunggebietende Reihe seltener Stücke und schöner Exemplare vereinigt.

Die ältesten Stücke unter den hier vereinigten Schätzen sind die Schaustücke auf Constantin den Grofsen und den griechischen Kaiser Heraclius, die beiden Endglieder jener flämischen Medaillenreihe, für welche von Schlosser wohl die richtige einheitliche Erklärung gewonnen hat mit der Annahme, dafs in ihr die hauptsächlichsten Wendepunkte in der Entwickelung der christlichen Kirche, in den beiden allein erhaltenen insbesondere die staatliche Anerkennung des Christenthums durch Constantin und die Rettung des Kreuzes durch Heraclius verherrlicht seien. Die erstere bringt nämlich aufser dem Bilde des Kaisers zu Pferde in der Weise der mittelalterlichen Reitersiegel auf der Kehrseite eine Darstellung der christlichen Kirche und des Heidenthums, versinnbildlicht die eine durch eine schwer bekleidete und mit einem Kopftuch versehene, die andere durch eine halbnackte Frauengestalt, einander gegenüber an dem Brunnen des Lebens sitzend, aus dem unter Blumen das Kreuz hervorragt, von jener mit den ausgestreckten Armen begrüsst, von dieser aber unter Abwendung des Hauptes zurückgewiesen; die letztere aber zeigt, auf der Mondsichel ruhend, das Brustbild des mit der dreifachen Krone geschmückten Kaisers, der, den Blick betend zu den Strahlen der Sonne aufwärts gerichtet, mit beiden Händen in den langen Bart greift, und auf der Kehrseite wiederum den Kaiser, wie er mit dem Kreuze in der Hand in einem Zeltwagen sitzt, der von drei Pferden nach rechts gezogen wird. Auf die religiöse Deutung weisen auch die verschiedenen griechischen und lateinischen Umschriften der Heracliusmedaille, wie namentlich das: MIHI ABSIT GLORIARI NISI IN CRVCE DOMINI NOSTRI IHV XPI von der Kehrseite der Constantinsmedaille.

Besonders reich sind sodann die Schöpfungen des *Vittore Pisano* vertreten, des ältesten und zugleich des höchststehenden unter den Künstlern der italienischen Gussmedaillen, und zwar mit einem Drittel des ganzen Werkes, mit elf Stück gegenüber einer Gesammtzahl von 31 bekannten Medaillen. Den Reigen eröffnet die Schaumünze auf den griechischen Kaiser Johannes VII. Palaeologus, im Jahre 1439 während des Concils von Ferrara entstanden. Sie zeigt auf der Hauptseite, von einer griechischen Umschrift umgeben, das Brustbild des Kaisers von der rechten Seite, das Haupt mit einer hohen spitzen Mütze bedeckt, und auf der Kehrseite den Kaiser zu Pferde, vor einem auf hohem Postamente errichteten Kreuze betend, begleitet von einem gleichfalls berittenen Pagen, der dem Beschauer den Rücken zuwendet. Die Darstellung eines Pferdes in der Verkürzung von hinten wiederholt sich noch kunstvoller gelöst auf der Medaille mit dem jugendschönen Kopfe des Domenico Malatesta Novello, Herrn von Cesena, deren Kehrseite das Bild des »DVX EQVITVM PRAESTANS« zeigt, wie er in öder Felslandschaft einen Crucifixus knieend umarmt und inbrünstig betet, und ihm zur Seite sein Reitpferd an einem Baum angebunden. Die Schaumünze auf den älteren Bruder Sigismund Pandulf Malatesta, Herrn von Rimini, die zufolge der Aufschrift im Jahre 1445 hergestellt ist, bringt den päpstlichen Feldherrn in schwerer Reiterrüstung, den Marschallstab in der erhobenen Rechten, zur Darstellung. In gleicher Weise erscheinen Philipp Maria Visconti (gest. 1447), Ludwig III. Gonzaga und Johann Franz Gonzaga nicht nur im Brustbilde auf der Hauptseite, sondern auch in voller Gestalt, schwer gerüstet, zu Pferde auf der Kehrseite der Schaumünzen. Dass der Künstler mit gleichem Geschick jugendliche Frauen im Bilde wiederzugeben vermocht hat wie die gewaltthätigen Kriegsmänner, beweist die Medaille auf die Cecilia Gonzaga vom Jahre 1447, die Tochter des Herzogs Johann Franz, deren Kehrseite eine halbbekleidete Jungfrau schmückt, bei Mondenschein auf einem Felsen sitzend und ein Einhorn zähmend, das Bild der Keuschheit. Von den bisher angeführten weicht die Medaille auf den Herzog Franz Sforza insofern ab, als sie in der kehrseitigen Darstellung nicht das Bild des Gefeierten wiederholt, sondern sich mit einigen Symbolen begnügt, Pferdekopf, Bücher und Degen. Darüber hinaus gehen die Stücke mit dem Bilde des Lionello von Este, unter denen das auf seine Vermählung im Jahre 1443 mit dem durch Amor im Singen unterwiesenen Löwen besonders anziehend wirkt. Das herrlichste aber unter allen seinen Werken bietet die zu den spätesten zählende Medaille auf den König Alfons von Neapel vom Jahre 1449 in der LIBERALITAS AVGVSTA der Kehrseite, dem Adler, der stolz auf einem Baumstamm über dem getödteten Reh sitzt, es den vier ringsum lauernden Geiern überlassend, einer Darstellung, in welcher der Geist der griechisch-unteritalischen Kunst sich mächtig erweist wie in keiner zweiten.

Nächst dem Pisano ist sein Landsmann und jüngerer Zeitgenosse *Matteo de Pasti* vielleicht der trefflichste unter allen italienischen Medailleuren; mit einigen seiner Schaumünzen auf den Sigismund Pandulf Malatesta, an dessen Hofe er lebte, sowie auf dessen Geliebte und spätere Gemahlin, Isotta von Rimini, reicht er nahe an den älteren Meister hinan. Unter den hier vereinigten befindet sich die Medaille von 1446 mit dem Kopfe des Fürsten und dem CASTELLVM SISMVNDVM ARIMINENSE in besonders prächtiger Erhaltung, sowie eine mit dem Kopfe der Isotta und dem rechtshin schreitenden Elephanten.

Der Ferrarese *Antonio Marescoto*, der zeitlich an die beiden ersten Künstler anschliesst und ihnen auch in seinen Arbeiten verwandt erscheint, ist mit den ausserordentlich seltenen Schaumünzen auf den Galeazzo Marescotti, den Herrn von Bologna, und den Ordensbruder Paulus Venetus vertreten, der auf einem niedrigen Schemel vor einem Todtenschädel dargestellt ist.

Von dem *Christophorus*, des Jeremias Sohn, aus Mantua liegen beide Medaillen vor, die seinen Namen nennen, sowohl das wahrscheinlich erst nach dem im Jahre 1468 erfolgten Tode des Königs Alfons von Neapel gearbeitete Schaustück, auf welchem dieser auf einem Throne sitzend erscheint, mit dem Schwert in der rechten und dem Pomum in der linken Hand, als Sieger mit einer Strahlenkrone gekrönt von der geflügelten Bellona und dem trophäenbeschwerten Mars, als auch das für die Renaissance besonders charakteristische Werk mit dem Brustbilde des Kaisers Augustus, auf dessen Kehrseite der den Caduceus tragende Kaiser die Rechte einer ihm gegenüberstehenden Frau mit einem Füllhorn reicht und in Nachahmung der alten römischen Bronzemünzen das ehrwürdige S(enatus) C(onsultum) im Abschnitte angeordnet ist.

Der fruchtbarste aller italienischen Medaillenkünstler des XV. Jahrhunderts ist der aus Mantua gebürtige *Sperandio*, der wechselweise in Bologna und Ferrara an den Höfen der Bentivoglio und Este und vorübergehend auch in Venedig in den Jahren von 1460 bis 1495 thätig gewesen ist. Durch Goethe und die ihn umgebenden Kunstfreunde einst als der hervorragendste Künstler, selbst vor dem Pisano gefeiert, hat er hinterdrein ein um so strengeres und doch wohl allzu ablehnendes Urtheil gefunden. In der That erreicht er die Erfindungsgabe und Gestaltungskraft, welche namentlich in den Kehrseiten der Schaumünzen des Pisano zur Geltung kommt, bei Weitem nicht, bietet er vielmehr statt der unmittelbar verständlichen Darstellungen des älteren Meisters nur ausgeklügelte Allegorien; aber die Gesichtszüge der von ihm zu portraitirenden Personen hat er doch trefflich aufzufassen und zu gestalten gewufst. Das lehren auch die hier vereinigten Schaumünzen auf den Sigismund von Este, den Virgilius Malvitius zu Bologna und den Johannes Lanfredini. Dem Sperandio schreibt W. Bode auch die hervorragend schöne, nur in dem hier vorliegenden Exemplare bekannte einseitige Medaille auf den Girolamo Savonarola aus vergoldeter Bronze zu, auf welcher der glaubenseifrige Mönch im Hüftbild von vorn über einem Cherub dargestellt ist, mit der linken ein Evangelienbuch und eine Lilie und mit der etwas erhobenen rechten Hand ein Crucifix haltend, dem das kuttenbedeckte Haupt andächtig zugewandt ist. Vielleicht rührt von ihm auch die Medaille auf den Galeottus Martius, den berühmten Dichter, Mathematiker und Redner, wie ihn die Umschrift bezeichnet, her. Sicher aber ist sein Werk die einseitige vieleckige Plakette mit den einander zugewandten Brustbildern des Herzogs Hercules I. von Ferrara und seiner Gemahlin Eleonore von Aragonien, der Prinzessin von Neapel, deren rundes, von der Plakette selbst abhängiges Gegenstück, ausgezeichnet durch einen oberhalb des Fürstenpaares schwebenden Cherub, an Stelle der vertieften Unterschrift: HER. DVX die übliche Künstlerbezeichnung: OPVS SPERANDEI trägt.

SPERANDIO. HERCULES I. VON FERRARA UND SEINE GEMAHLIN ELEONORE. BRONZE. BES.: J. SIMON

Von norditalienischen Künstlern, von denen bezeichnete Medaillen vorliegen, sind besonders noch zwei hervorragende Männer zu nennen: der berühmte Venezianer Maler *Gentile Bellini* und der Mantuaner *Bertoldo di Giovanni*, bekannt durch seine Vermittlerstellung zwischen Donatello und Michelangelo, welche beide auf den bildnisfrohen Sultan Mahomet II., der erste im Jahre 1479, der zweite einige Jahre später, Schaumünzen hergestellt haben.

Den bisher behandelten sind nun noch zahlreiche Medaillen anzureihen, deren Meister sich nicht nennen und für die es zumeist schwierig und bedenklich, bisweilen aber völlig müssig ist, Künstlernamen aufzustellen. Hervorzuheben sind unter diesen die Schaumünzen auf den Marco Barbadigo, den Dogen von Venedig (1485 bis 1486) und auf den Bolognesen Domenico Garganelli, deren Kehrseite ein Putto schmückt, mit der rechten Hand den mit reicher Zier versehenen Helm emporhaltend und mit der linken sich auf den Schild stützend, und um ihnen auch eine Medaille mit einem weiblichen Bildnis zur Seite zu stellen, gilt es besonders die auf die Paula Gonzaga zu nennen, deren Kehrseite zwei Frauen am Webstuhl zeigt.

Eine besondere Gruppe für sich bilden die *Florentiner* Medaillen, welche überaus selten mit einer Künstlerbezeichnung versehen, durchweg ein kräftiges Relief aufweisen und besonders lebensvoll wirken. Da sind nun in erster Linie der dargestellten Persönlichkeiten wegen die Schaumünzen auf die Mitglieder des Mediceerhauses zu nennen, auf den Lorenzo Magnifico und Julian den Zweiten. Schöner aber noch und überhaupt zu den schönsten aller italienischen Renaissancemedaillen zählend ist die auf den Filippo Strozzi, welche wegen der durchgehenden Übereinstimmung der Behandlung des Kopfes mit den Büsten des Benedetto da Maiano unzweifelhaft diesem Künstler zuzuschreiben ist. Die Hauptseite dieser Medaille ist vor etwa zehn Jahren auf einem starken Eisenstück im Kunsthandel aufgetaucht, das erst kürzlich noch von berufener Seite für das von dem Künstler selbst gefertigte Medaillenmodell erklärt worden ist. Aber eine Vergleichung dieses Eisens mit der Bronzemedaille zeigt auf den ersten Blick, daß jenes zahlreicher Feinheiten und besonders liebevoll und charakteristisch gepflegter Züge entbehrt, welche diese in solch hohem Maße auszeichnen und nicht etwa nur die Zuthat einer nach dem Guße vorgenommenen Ciselirung sind. In der Wiedergabe des Haares, der Wangenmuskeln und der Stirn- wie Nackenfalten sieht man unverkennbar die Bearbeitung eines weichen Materiales durch das Modellirholz. Wenn irgend Jemand, so muß es dem Benedetto, der die für die Ausführung in Marmor bestimmte Büste seines Gönners zunächst in Thon modellirt hat, fernliegen, für die durch Guß zu vervielfältigenden Schaumünzen ein Modell in Eisen zu schneiden, das aus technischer Nothwendigkeit aller Weichheit und Feinheit baar sein mußte; und wenn irgend eine, so ist die Medaille des Benedetto in Wachs oder Thon geformt und vielleicht zunächst, um für die spätere Herstellung der Bronzegüße ein festeres und widerstandsfähigeres Modell zu gewinnen, in Blei gegoßen und vom Künstler selbst überarbeitet, wie dergleichen besonders künstlerisch bearbeitete Bleigüße schon in den Schatzverzeichnißen des Herzogs von Berry aufgeführt werden und auch uns noch erhalten sind. Das Eisen ist, auch wenn es alt ist, jedenfalls nach der Medaille gearbeitet. — Von den Florentiner Medaillen auf weibliche Personen möge die auf die Caßandra Fidelis genannt werden.

SPERANDIO: SAVONAROLA. BRONZE. BES. W. BODE

Die italienischen Schaumünzen des XVI. Jahrhunderts treten hinter denen der voraufliegenden Zeit zurück, während dieses auf deutschem Boden erst die Anfänge bringt und schnell die Blüthe heraufführt. Gleichwohl sind auch in Italien noch vortreffliche Medaillenkünstler thätig gewesen und sind in allen Jahrzehnten noch erfreuliche Werke entstanden. Auch in den Berliner Sammlungen sind sie mit schönen Stücken vertreten. Als solche ist zunächst die Medaille auf die Elisabeth Gonzaga, die Gemahlin des Guidobald von Montefeltro, hervorzuheben, welche mit der kehrseitigen Umschrift: »hoc fugienti fortunae dicatis« auf den Schicksalswechsel der Fürstin nach dem Tode ihres Gatten im Jahre 1508 anspielt und bald darauf von dem *Giovanni Christophoro Romano* gearbeitet sein wird. Weiter sind die Schaumünzen auf die Ippolita Gonzaga, Fürstin von Caraffa, namhaft zu machen, deren eine mit der von drei Hunden begleiteten Jagdgöttin auf der Kehrseite von dem *Leone Leoni* herrührt. Nicht minder zu schätzen wegen seiner Frauenbildnisse ist *Pastorino*, von dem hier eine einseitige Medaille auf die Lucrezia d'Este vorliegt. Als eine der gefälligsten Arbeiten ist außerdem noch die Medaille auf die Laura Tortorina zu nennen. Die Schaustücke mit Frauenköpfen sind hier entschieden bevorzugt, doch sind auch einzelne hervorragende Männer mit solchen vertreten, der Kaiser Karl V. mit einer Medaille des *Giovanni Bernardi*, Papst Leo X., Papst Sixtus V. Die Medaille des *Johannes Faletro* auf den Presbyter Marcus ist durch die Darstellung der Kehrseite ausgezeichnet, welche vor einer Palme einen Stier zum Stoße gegen einen ihn ankläffenden Hund ausholend zeigt und damit an antike Motive mahnt. Als die zierlichste aber von allen ist die bislang unbekannte rechteckige Plakette aus dem Jahre 1585 zu bezeichnen, welche das Brustbild des Ludovicus Regius von Cremona im Alter von 35 Jahren und außer dem Wappen auch den Stab des Aesculap zur Bezeichnung des Standes trägt.

Eine besondere Bedeutung ist schließlich denjenigen Medailleuren beizumessen, welche die italienische Kunst über die Grenzen ihres Vaterlandes hinaustrugen und namentlich in Frankreich thätig waren. Der älteste unter diesen war wohl *Franciscus Laurana*, d. h. aus Laurana in Dalmatien stammend, welcher vorwiegend am Hofe des kunstfreundlichen René von Lothringen, des Titularkönigs von Sicilien, thätig war und hier nach anderen im Jahre 1464 auch die Schaumünze auf den Erstgeborenen des Königs, Johann, den Herzog von Calabrien, herstellte, deren Kehrseite den Erzengel Michael auf der Kuppel eines ionischen Rundtempels zeigt. Für wenige Jahre später, das Jahr 1468, ist uns die Thätigkeit des *Niccolò di Forzore Spinelli* im Dienste des Herzogs Karl des Kühnen von Burgund bezeugt; ihn wird das Antwerpener Bild Memling's darstellen und mit der Großbronze des Nero in seiner Hand seine Kunst als Medailleur versinnbildlichen. Eine uns erhaltene Schaumünze zeigt auf der einen Seite den energischen Kopf Karl's mit Lorbeer bekränzt und auf der anderen den Widder, den Träger des goldenen Vließes, zwischen zwei Feuereisen, den alten burgundischen Abzeichen und Zieraten der Ordenskette. Ein Menschenalter später haben dann Franzosen selbst in Abwendung von den älteren, in der Art der Siegel hergestellten Schaumünzen das italienische Vorbild nachgeahmt. Soweit nachzuweisen als die erste hat die Stadt Lyon im Jahre 1499 von dem *Nicolaus* und *Johann von St. Priest* eine Medaille modelliren und durch den Johann Lepere gießen lassen zur Begrüßung des Königs Ludwig XII. und seiner Gemahlin Anna von Bretagne. Die Brustbilder Beider sind auf die verschiedenen

Seiten vertheilt; der Löwe unter ihnen iſt das Wappenthier der Stadt. Im Anſchluſs an altrömiſche Vorgänger preiſt die Umſchrift den König, unter dem cesare altero gaudet omnis nacio. Schlieſslich ſei noch eine Erwähnung geſtattet der Medaille der Luiſe von Valois, Gräſin von Angoulême, der Mutter des Königs Franz I., aus dem Jahre 1504, ſowie der des Königs Franz I. ſelbſt.

Damit iſt die Überſicht zu Ende geführt. So knapp ſie iſt, wird ſie genügen, darzuthun, wie in den hieſigen Sammlungen die italieniſchen Schaumünzen des XV. und XVI. Jahrhunderts charakteriſtiſch vertreten ſind, und ſich in ihnen auſser vielen durch ihren Kunſtwerth und ihre ſchöne Erhaltung gleich ausgezeichneten Stücken auch manch ein Kleinod befindet, das auſserdem durch ſeine Seltenheit hervorragt.

WESTFÄLISCHER MEISTER ENGELGRUPPE HOLZ MÜNSTER / LESSING

MÖBEL UND SCULPTUREN AUS DER SAMMLUNG A. v. BECKERATH

FLORENTINER HAUSMÖBEL DER RENAISSANCE ✿ ✿ ✿ VON WILHELM BODE

DIE Hauseinrichtung unſerer Vorfahren iſt uns durch Nachbildungen und Reconſtructionen aller Art völlig geläufig; die »Renaiſſance-Zimmer« in den Kunſtgewerbe-Muſeen, die Wohnzimmer mit Renaiſſance-Möbeln in vielen hundert Häuſern deutſcher Künſtler und Sammler, die zahlreichen Publicationen über deutſche Möbel, voran G. Hirth's »Deutſches Zimmer«, haben in den weiteſten Kreiſen Sinn und zum Theil auch Verſtändniſs für die Einrichtung des altdeutſchen Hauſes verbreitet. Das kürzlich eröffnete Schweizer Landesmuſeum in Zürich, die Schöpfung von H. Angſt, bietet in ſeinen zahlreichen alten Schweizer Zimmern mit ihrer alten Einrichtung die treueſte, in jeder Beziehung muſterhafte Illuſtration auch für das deutſche Wohnzimmer vom Mittelalter bis zum Ende des XVIII. Jahrhunderts. In Frankreich hat ſich das Mobiliar der franzöſiſchen Renaiſſance faſt noch mehr in den Wohnräumen eingebürgert als bei uns; es iſt mit noch gröſserer Pietät geſammelt und conſervirt worden, und die zahlreichen Publicationen ſind nicht nur durch Pracht, ſondern vielfach auch durch Treue der Nachbildungen und wiſſenſchaftlichen Werth vortheilhaft ausgezeichnet.

Für Italien müſsten wir, ſo wird man von vorn herein annehmen, reiches Material in den Sammlungen und eine Fülle von ausgezeichneten Publicationen über das Mobiliar aus der Renaissancezeit besitzen, zumal von deutschen Autoren; hat doch die Kunst Italiens uns Deutsche zuerst und am stärksten gefesselt und übt noch immer in gleicher Weise ihre Anziehungskraft auf uns aus. Doch ist grade das Gegentheil der Fall. Dank der Gleichgültigkeit, die man in Italien maßgebenden Orts gegen Alles, was nicht hohe Kunst ist, bis heute an den Tag legt, dank dem Unverständniß der früheren Besitzer und der Unkenntniß und Rücksichtslosigkeit der großen Mehrzahl des kaufenden Publicums, der Privaten wie der Museumsvorstände, die die Möbel für ihre Zwecke adaptirten und restaurirten, ist das Material, aus dem wir uns eine richtige Vorstellung über die Einrichtung des italienischen Zimmers zur Zeit der Renaissance machen können, verhältnißmäßig sehr gering. Selten nur finden wir ein italienisches Möbel dieser Zeit, das nicht durch Waschen, Wachsen, Poliren, wenn nicht durch größere Restaurationen und willkürliche Zusammenstellungen in mehr oder weniger empfindlicher Weise beeinträchtigt worden wäre. Haben doch nur Wenige eine Ahnung davon, daß die italienischen Möbel, auch wenn sie nicht bemalt waren, regelmäßig eine Tönung erhielten, ohne die sie so reizlos sind wie etwa ein Bild ohne Lasuren. Nur die Riesenspeicher, die sich das South Kensington-Museum benennen, haben in ihrem chaotischen Bestand an unschätzbaren Kunstwerken aller Art auch zahlreiche italienische Möbel verschiedenster Gattung aufgehäuft, die durch ihre Vortrefflichkeit und vorzügliche Erhaltung einmal das beste Material auch für die Behandlung dieser Materie bieten werden, wenn sie erst durch eine günstige Aufstellung an's Tageslicht gebracht sein werden.

Besonders erschwerend ist für das Studium der italienischen Möbeltischlerei auch der Umstand, daß wir über die Herkunft der wirklich guten Möbel, die uns erhalten sind, sehr häufig, wenn nicht bei der Mehrzahl, schlecht oder gar nicht unterrichtet sind. Von altem Hausmobiliar ist an Ort und Stelle ganz außerordentlich wenig erhalten, und bei den in den Museen aufbewahrten Stücken ist der Ort der Herkunft meist deshalb unzuverläßig, weil die italienischen Händler, von denen sie in der Regel erworben wurden, schon seit Jahrzehnten in ganz Italien ihre Waare zusammenkaufen.

Die Berliner Renaissance-Ausstellung hatte eine nicht unbeträchtliche Zahl grade von italienischen Möbeln aufzuweisen, vorwiegend solche von Florentiner Herkunft, die es berechtigt erscheinen läßt, hier wenigstens kurz die Eigenart des florentinischen Hausmobiliars dieser Zeit zu kennzeichnen und die Entwickelung der einzelnen Möbel kurz zu schildern.

Die behagliche Einrichtung des deutschen Zimmers der Renaissance in seinem bescheidenen Umfang mit den Holztäfelungen und Decken, den Kachelöfen und Einbauten und den mannigfaltigen Möbeln verleitet wohl, sich die Einrichtung des italienischen Zimmers im XV. und XVI. Jahrhundert ähnlich, wenn auch prächtiger und monumentaler vorzustellen. Der Charakter des italienischen Wohnraums hatte aber mit dem des deutschen so wenig gemein wie das Leben des Südländers mit dem des Nordländers. Während dieser schon durch das Klima mehr auf das Haus und enge niedrige Räume angewiesen ist, lebte der Italiener, damals noch mehr als heute, im Freien, auf den Strafsen, den Plätzen und in den Hallen, in den Kirchen, Rathhäusern und Zunfthäusern. Auch das italienische Haus oder richtiger der städtische Palast und die Villa, die fast allein zu künstlerischer Ausgestaltung und Einrichtung kamen, besafsen daher weniger einen intimen als einen öffentlichen Charakter. In den Arkaden, im Hof mit seinen Hallen und in den anstofsenden Sälen spielte sich das Leben der Italiener und ihres Anhanges vorwiegend ab. Die grofsen festlichen Räume, für gelegentliche Aufnahme zahlreicher Personen bestimmt, konnten nur verhältnifsmäfsig wenige Möbel und nur solche von einfachem grofsem Charakter enthalten. Diese bestimmten aber zugleich die Einrichtung der abgelegeneren Familienräume, der Zimmer in den oberen Stockwerken. Dafs die Festräume meist nur bei Festen und Besuchen benutzt wurden und daher die Stoffe, Gobelins und feineren Möbel nur dann aus der Guardaroba herausgeholt wurden, machte den gewöhnlichen Eindruck der Paläste noch weniger behaglich.

Art und Entwickelung des Mobiliars ist in den verschiedenen Gegenden Italiens eine nicht unwesentlich verschiedene. Am abweichendsten ist sie in Venedig, schon durch die besondere Bauart der Paläste, durch das eigenartige venezianische Leben und die Beziehungen zum Orient, von wo Venedig durch Jahrhunderte seine Stoffe und die im Hausrath so wichtigen Teppiche, aber auch mancherlei Geräth bezog. Die Marken haben einen kräftigen, derben Stil, der bis gegen Ende des XV. Jahrhunderts gothische Formen und Decoration festhält. Noch in stärkerem Mafse ist dies in Savoyen und Piemont der Fall, wo französischer Einflufs sich auf's Deutlichste geltend macht. In Genua und an der Riviera zeigt die Renaissancetischlerei nahe Verwandtschaft mit den südfranzösischen Möbeln; Anfangs war Ligurien dabei der gebende, später aber der nehmende Theil.

Die originellste und weitaus bedeutendste Entwickelung hat die Tischlerei in Florenz gehabt, im Anschlufs und unter der Einwirkung der gleichzeitigen hohen Kunst, insbesondere der Architektur und Bildschnitzerei. In Florenz hat sie sich am mannigfaltigsten und glänzendsten entwickelt, hier hat sie künstlerisch weitaus das Bedeutendste geleistet. Von hier aus hat die Möbeltischlerei in ganz Italien den bestimmenden Einflufs erhalten. Am nächsten steht ihr diese in Rom zur Zeit der Hochrenaissance in Folge der mafsgebenden Stellung Florentiner Künstler und Handwerker in Rom.

Im Mittelalter war das italienische Wohnzimmer beinahe kahl. Wie heute noch im italienischen Bauernhaus der grofse Herd den Mittelpunkt und seine Ummauerung den eigentlichen Aufenthaltsort der Bewohner in kalter und nasser Zeit bildet, so war das Kamin von meist kolossaler Form das hervorragendste Stück im Zimmer des mittelalterlichen Palastes. An den Wänden liefen Bänke herum, die durch Aufschlagen der Sitze zugleich als Truhen benutzt werden konnten und auf denen grofse weiche Kissen das Sitzen behaglich machten. Ein oder mehrere grofse lange Tische standen vor den Bänken; daneben und am Kamin standen schmucklose Schemel mit Strohgeflecht. In einem kleineren Zimmer bildete ein niedriges Bett von aufserordentlichem Umfange, mit hoher, ringsum laufender Stufe, die sowohl als Sitz wie als Truhe benutzt wurde, mit Ausnahme einzelner schmuckloser Schemel und Stühle, das einzige Möbel. Zur Unterbringung der nothwendigsten Geräthe und Gefäfse dienten in den Zimmern und Kammern offene, seltener geschlossene Wandschränke in den tiefen Mauern.

Die neue Zeit, die »Renaissance«, liefs in dieser Einrichtung zunächst keine wesentliche Änderung eintreten; sie fand ihre Aufgabe nach dieser Richtung Anfangs in der Ausbildung der Kirchenmöbel. Das Chorgestühl, der Bischofsthron, das Lesepult, die Orgel, das Geschränk und die Pulttische der Sacristeien, die Einrahmungen der Altarbilder u. A. m. erhalten in dieser Zeit, ganz besonders in Florenz, ihre einfachen, aber grofsen monumentalen Formen und werden aufser durch bescheidene Schnitzereien mit den schönsten Intarsien und gelegentlich auch durch Bemalung auf's Feinste farbig belebt.

Erst in der zweiten Hälfte des XV. Jahrhunderts wird, mit dem Vordrängen der einzelnen Persönlichkeit und der scharfen Ausbildung des Egoismus, auch das Bedürfnifs für reichere und bequemere Ausstattung des Hauses lebendiger und allgemeiner. Zur Zeit der grofsen Mediceer und unter ihrem Vorgehen erhält das Florentiner Zimmer sein modernes Mobiliar; neue Formen, selbst neue Gattungen von Möbeln werden, den modernen Anforderungen an Comfort entsprechend, gefunden und ausgebildet. In dieser Entwickelung verräth sich deutlich der Einflufs der Kirchenmöbel in den strengen, geraden Formen, in der Anbringung von weniger, aber wirkungsvoller Schnitzerei, wie in der Vorliebe für Farbigkeit durch Bemalung, durch Vergoldung und namentlich durch eingelegte Arbeit in verschiedenfarbigen Hölzern. Die weitere Entwickelung der Florentiner Möbeltischlerei basirt auf den Formen, wie sie in dieser Zeit gefunden wurden. Von entscheidender Bedeutung wurde im zweiten und dritten Jahrzehnt des Cinquecento auch für die Richtung dieses Gewerbes die Thätigkeit Michelangelo's als Bildhauer und Architekt. Seine »Schreinerarchitektur«, wie Jakob Burckhardt Michelangelo's Innendecoration in der Laurentiana und in der Gruft der Mediceer bezeichnet, brachte für die Architektur ganz neue Formen und Gedanken, für die Möbeltischlerei bot sie zugleich eine Fülle interessanter und entwickelungsfähiger Motive. Daher der eigenthümlich barocke Zug in den Formen und namentlich in der Decoration der Möbel der Florentiner Hochrenaissance. Die bewegte Form und ausdrucksvolle Ornamentik führt zum Verzicht auf die Farbigkeit der Möbel, welche jetzt ihre Naturfarbe behalten, freilich verstärkt durch farbige Beize und durch feingetönte Vergoldung einzelner hervorragender Ornamente. Erst nach der Mitte des Jahrhunderts werden die Formen wieder einfacher und strenger architektonisch, dadurch aber auch nüchterner und weniger malerisch. — Den Charakter und die Entwickelung der einzelnen Gattungen der Florentiner Möbel werde ich hier an einer Reihe guter und zum Theil ausgezeichneter Exemplare, welche die Ausstellung darbot, kurz darzustellen suchen.

Eins der interessantesten und wichtigsten Möbel der Renaissance ist die *Truhe, cassa* oder *cassone*. Schon im Laufe des XIV. Jahrhunderts entwickelt sich allmählich aus der feststehenden Wandbank, die, wie erwähnt, zugleich zur Aufbewahrung von Leinen und Anzügen verwendet wurde, die bewegliche Truhe; im XV. und bis zur Mitte des XVI. Jahrhunderts war sie recht eigentlich das Lieblings- und Prachtmöbel der Paläste, ganz besonders in Florenz. Hier scheint sie dem Bedürfnisse der grossen Hospitäler, Findelhäuser und ähnlicher Anstalten ihren Ursprung zu verdanken. Bei den bedeutenden Einnahmen derselben wurde von vorn herein auf eine mehr oder weniger künstlerische Ausgestaltung Bedacht genommen. Unter einer Reihe solcher Truhen, die vor längerer Zeit aus den Magazinen von S. Maria Nuova in den Handel kamen, befanden sich charakteristische Beispiele solcher Florentiner cassoni vom Ende des XIV. und Anfang des XV. Jahrhunderts. Sie sind hoch, haben gewölbte Deckel, so dass sie zum Sitzen nicht benutzt werden konnten, und zeigen einen auf gemaltem Grund mit Schablonen hergestellten farbigen Decor; Reiter, stilisirte Thiere und Pflanzen oder Ornamente bedecken die verschiedenen Seiten und den Deckel; dazwischen flache, bunt bemalte Bandeisen. Eine häufige und sehr eigenartige Gattung von Truhen, etwas jünger als die genannten, ist an der Vorderseite mit einem prächtig vergoldeten Flachrelief geschmückt, das mit Formen in Stuck hergestellt wurde: Thiere, Pflanzen (zum Theil ganz wie die damaligen Stoffmuster gebildet), Embleme, Fabelthiere, gelegentlich reichere Darstellungen, namentlich Schlachten. Der gewölbte oder geschweifte Deckel pflegt vergoldet zu sein und einen einfachen, durch Punzen oder in flachem Relief hergestellten Decor zu haben; an den Schmalseiten finden sich meist gemalte Ornamente und der eiserne Griff zum Tragen der Truhe. Die Vorliebe des Quattrocento für eingelegte Holzarbeit führte auch zur Anwendung derselben auf den Schmuck der Truhen, die dann regelmässig von besonders edlem Aufbau und feiner Profilirung, wie von vollendet schöner Zeichnung sind.

Wie beliebt die Truhen in dieser Zeit waren und welchen Werth man auf dieselben legte, dafür geben die zahlreichen, mit Compositionen von der Hand erster Florentiner Maler geschmückten cassoni das glänzendste Zeugniss. Neben berühmten Truhen-Malern, wie Dello Delli, haben Pesellino, Botticelli, Filippino, Piero di Cosimo und Andere Truhen decorirt, deren gemalte Wände heute als Gemälde die ersten Galerien schmücken und die in neuester Zeit zu Preisen von 80000 bis 150000 Francs bezahlt worden sind. Diese echt monumentalen Kunstwerke, die besonders als Hochzeitsgeschenke beliebt waren, wurden an hervorragendem Platz der Zimmerwände aufgestellt und zuweilen noch durch besondere, zierlich gearbeitete Unterstätze gehoben und zugleich geschützt.

An allen diesen Truhen, den eingelegten wie den mit Gemälden geschmückten, war die Schnitzarbeit höchstens auf ein bescheidenes Ornament der Einrahmung: Eierstab, Herzblatt und dergl. beschränkt. Der Schmuck der Truhen durch reiche Bildschnitzerei fällt erst in die Zeit der Hochrenaissance. Indem dabei die Schönheit des Holzes als solche und die künstlerische Arbeit des Schnitzens zur

Geltung gebracht wurde, mußte auf die Farbigkeit durch Bemalung, Intarsia u. s. f. verzichtet werden. Durch kräftigere Profilirung, hohes Relief und bewegte Ausladungen erzielten die Künstler dieser Zeit eine ähnlich reiche und mannigfaltige Wirkung, wie sie ihre Vorgänger durch die Farbigkeit erreicht hatten. An den Ecken finden wir kräftig gebildete Masken, Wappen, Putten oder Sphinxe angebracht, in reiche Pflanzenornamente ausgehend, welche die Vorderwand bedecken, in der Mitte in der Regel eine Cartouche mit Wappen oder Emblem; der Deckel ist nach oben verjüngt und gleichfalls reich profilirt und geschnitzt. Neben diesen üppigen Decorationsstücken kommen, sehr zahlreich, einfachere niedrige Truhen, meist Sitztruhen mit flachem Deckel vor, deren glattes oder mit mäßig hohem Blattwerk verziertes vorderes Füllbrett von schlichten, aber sehr feinen und wirkungsvollen Ornamenten eingerahmt ist.

Bei diesen verschiedenartigen Truhen der Hochrenaissance ist vielfach ein Theil der Ornamente vergoldet — »mit Gold aufgelichtet« (lumeggiato in oro), wie die Italiener es treffend bezeichnen. Dabei wurde das Gold regelmäßig getönt, während das Holz nicht einfach in seiner Naturfarbe belassen, sondern mit einem dem Holz verwandten bräunlichen Ton, durch Zumischung einer durchsichtigen oder undurchsichtigen Farbe zum Wachs bei der Tränkung, gedeckt wurde. Dadurch vereinigt sich das Gold so gut mit dem Holzton und dieser wieder mit den vereinzelten Farben oder Malereien, wo sich solche, im Anfange der Hochrenaissance, noch an den Truhen finden; dadurch sind die Möbel zu einander wie zur Farbe der Wände und der Stoffe des Zimmers regelmäßig in feinster Weise gestimmt worden. Leider ist dieser Ton, der durch das Alter an Tiefe und malerischer Wirkung oft noch gewonnen hat, meist durch Waschen, Wachsen und Ölen künstlich entfernt worden, da der Ungeschmack und Unverstand unserer Zeit den künstlerischen Sinn der alten Meister nicht zu begreifen vermochte.

Die Berliner Ausstellung hatte von den reichen Luxustruhen wie von den einfacheren Sitztruhen verschiedene charakteristische Beispiele aufzuweisen, von denen die Aufnahmen der Innenansichten einzelne wiedergeben.

Neben dem cassone tritt die *cassetta* als ein eigenes Stück des Mobiliars in den Florentiner Palästen etwa um die Mitte des XV. Jahrhunderts auf. Schmuck, Hauben, feines Leinenzeug und dergl. wurden im XIV. und Anfang des XV. Jahrhunderts in kleinen Kästchen oder runden oder ovalen Schachteln aufbewahrt, die mit Stuck oder mit Malerei, nicht selten von hervorragenden Künstlern, geschmückt wurden. Den wachsenden Ansprüchen genügten diese Kästchen und Schachteln nicht mehr; es wurden Kasten daraus, die in der Form wie in der Decoration den großen Truhen nachgebildet wurden. Anfangs wurden sie mit farbigen Hölzern eingelegt oder mit Stuckornamenten bedeckt und vergoldet; seit dem Ende des Quattrocento wurden sie, in gleicher Weise wie die Truhen, aus Nußbaumholz geschnitzt, das leicht getönt und theilweise vergoldet wurde. Dem mäßigen Umfange entsprechend, ist hier die Schnitzerei meist eine bescheidene; dafür ist aber die Feinheit in der Profilirung wie in der Durchbildung und in den Verhältnissen

CASSETTE. HOLZSCHNITZEREI MIT MARMOREINLAGEN
BES. W. von DIRKSEN

eine ganz bewunderungswerthe. Ein klaffifches Beifpiel befitzt das Stadthaus von Siena in der Caffette mit der Wölfin, dem Wappenthier von Siena, von der Hand des Antonio Barile, leider durch Reftauration verdorben. Einfacher, aber in den Verhältniffen und der Ornamentik mindeftens von derfelben Feinheit, ift ein folches Florentiner Käftchen von etwa 1500 im Berliner Kunftgewerbe-Mufeum, das vor zwei Jahren, als es erworben wurde, noch feine alte feine Tönung von Holz und Gold aufwies. Reicher, aber bereits etwas derber in der Wirkung, war eine folche cassetta der Ausftellung (im Befitz des Herrn W. von Dirkfen), deren Wände mit Stücken von farbigem antiken Marmor eingelegt find.

Die Lostrennung der Truhe von der Bank machte die letztere nicht überflüffig, zumal die Truhe als Sitztruhe erft in fpäterer Zeit häufig wurde. Die Wandbank blieb in manchen Räumen, namentlich auf den Vorplätzen des Florentiner Haufes auch in der Renaiffance die Regel; finden wir doch gelegentlich, wie am Palazzo Strozzi, fogar den Sockel des Haufes als umlaufende Bank geftaltet, zur gaftlichen Aufnahme der Dienerfchaft und des Volkes. Aus der Wandbank entwickelt fich aber um oder bald nach der Mitte des XV. Jahrhunderts ein befonderes Möbel, das in erfter Linie als Sitzmöbel, daneben aber auch als Truhe diente, was in der italienifchen Bezeichnung *cassapanca* treffend zum Ausdruck kommt. Auch diefes Möbel, der Stammvater unferes Sofa, ift fpecififch florentinifch und nicht über Florenz hinausgekommen, wo es etwa ein Jahrhundert in Mode war. In feiner geraden Kaftenform und den kräftigen Wänden trägt es befonders ausgefprochen den ernften, kräftigen und monumentalen Charakter wie die meiften Florentiner Möbel der Renaiffance. Auf vorfpringendem Fufsbrett fteht der Unterbau in vollftändig truhenartiger Form, der, gerade wie die Truhe, zur Aufbewahrung von Kleidern, Leinen und dergl. benutzt wurde; auf diefem Unterbau ftehen die meift oben glatt abfchliefsende Rückwand und die Seitenwände. Im XV. und Anfang des XVI. Jahrhunderts ift die cassapanca faft ganz glatt, und die einfachen Ornamente find regelmäfsig in Intarfia hergeftellt; ein treffliches Stück derart fteht im Oberlichtfaal der Renaiffancefculpturen des Berliner Mufeums. Im XVI. Jahrhundert werden die Formen bewegter, die Profile ftärker, die Ornamente werden durch Schnitzerei hergeftellt, und Masken und Wappen werden an paffenden Stellen angebracht. Durch grofse Kiffen auf dem Sitz wie zu den Seiten und an der Rückwand wurde diefes Möbel zum Sitzen erft eigentlich benutzbar. Zwei folcher cassapanche, von denen ſich verſchiedene in Berliner Beſitz befinden, waren von den Herren J. Simon und O. Huldſchinsky zur Ausſtellung gegeben worden.

Was die cassapanca im gewöhnlichen Zimmer, das war der *trono* im Staatsraum des Palaſtes der vornehmen Florentiner Familien. Wie heute in den Vereinigten Staaten Americas der Hausherr und ſeine Gattin an der Tafel durch ein paar hohe Lehnſtühle in patriarchaliſcher Weiſe ſich auszeichnen, ſo empfing das

CASSAPANCA. BES. O. HULDSCHINSKY

vornehme Ehepaar in dem republicaniſchen Florenz ſeine Gäſte von einem erhöhten prächtigen Throne. Der Thron der Fürſtlichkeiten im Mittelalter wie in der Renaiſſance beſtand in einem reichen Seſſel oder einer mit prächtigem Stoff ausgeſchlagenen Bank, wohinter ſich ein Baldachin erhob. Florenz erfand für ſeine reichen Patricier ein eigenes Möbel: eine über zwei Stufen zugängliche Bank mit hoher Rückwand, die mit kräftigem Geſims abſchlieſst. Zu Anfang des Cinquecento kragt dies Geſims gelegentlich weiter vor und ruht dann auf zierlich gedrehten und geſchnitzten Säulen, die über den niedrigen Seitenwänden ſtehen. Von den wenigen erhaltenen Thronen dieſer Art zeigen die älteren bei beſcheidenen Profilen eingelegte Ornamente; die ſpäteren, aus den erſten beiden Jahrzehnten des Cinquecento, daneben in beſcheidenem Maſse Schnitzerei von feinſter Erfindung und Ausführung. In Italien ſind nur noch ein oder zwei dieſer vornehmen Florentiner Möbel erhalten; Deutſchland beſitzt wenigſtens eins aus dem zweiten Jahrzehnt des Cinquecento (faſt genau dem Thron in A. del Sarto's Geburt des Johannes in der Annunziata entſprechend), mit dem Wappen der Strozzi, jetzt im Fürſtlich Fürſtenbergiſchen Schloſſe Donaueſchingen. Ein kleinerer Thron, reich vergoldet und mit tiefblauer Farbe, deſſen Ornamente (im Geſims) in Stuck aufgetragen ſind, befindet ſich im Berliner Muſeum; er ſtammt aus Siena, und zwar, wie die noch durch die ſpätere Übermalung durchſchimmernden hebräiſchen Inſchriften in den Feldern verrathen, aus einer Synagoge. Die Ornamente im Charakter des Lorenzo Marinna beweiſen auch seine Entstehung in Siena. Man nimmt an, dass dieser Thron ursprünglich für einen Privatpalast angefertigt und erst viel später der Synagoge geschenkt wurde. Wahrscheinlicher scheint mir, dass er von vorn herein für diese bestimmt war, wie überhaupt wohl die schon aus gothischer Zeit überkommenen kirchlichen Throne, die Bischofssitze zur Seite des Hochaltars, die Vorbilder für das ähnliche Möbel der Florentiner Paläste wurden. Die ganz verwandte Form und ähnliche Decoration, wie die leitende Rolle, welche das Kirchenmöbel in der Schreinerkunst des XIV. und XV. Jahrhunderts einnimmt, machen dies wahrscheinlich. Doch zeigen Bilder und Miniaturen, dass auch die gothische Zeit schon den Thron, wenn auch in schmuckloserer Form, als Zimmermöbel kannte.

Für die Form und Entwickelung des wichtigsten Sitzmöbels, des *Stuhles*, sind wir für Florenz für die Zeit der Renaissance besonders schlecht unterrichtet. Da namentlich aus dem XV. Jahrhundert von Originalen mit beglaubigter Herkunft nur verhältnissmässig wenige erhalten sind, so sind wir wesentlich auf Nachbildungen auf Gemälden und Stichen der Zeit angewiesen, die nach dieser Richtung unvollständig und zum Theil selbst nicht recht zuverlässig sind. Die Formen, welche seit dem Cinquecento sich bestimmt ausprägen: den Schemel, den eigentlichen Stuhl (ohne Seitenlehnen) und den Sessel, finden wir allerdings schon im Quattrocento, aber ihre reichere künstlerische Gestaltung gehört erst der vorgeschrittenen Zeit dieses Jahrhunderts an.

Der einzige bekannte Florentiner Schemel mit reicherem Schmuck aus dieser Zeit, jetzt im Besitz von Dr. Figdor in Wien, ist der aus Palazzo Strozzi stammende Schemel, oben an der Lehne verziert mit dem Wappen Strozzi, genau in der Form und Ausstattung wie auf der Rückseite der Medaille von Filippo Strozzi, also kaum wesentlich früher als 1490 entstanden. Und doch ist auch bei diesem in der Form, namentlich durch seine schmale hohe Lehne sehr originellen Stück die Decoration fast nur auf jenes in flachem Relief oben an der Rücklehne angebrachte Wappen beschränkt. Das XVI. Jahrhundert hat dagegen den Schemel kaum weniger reich decorirt wie die Truhe, namentlich in Florenz, wo dieser Schmuck wieder in Schnitzerei ausgeführt wurde, deren Wirkung man gelegentlich noch durch stellenweise Vergoldung zu heben wusste. Bis auf den eigentlichen Sitz und die Innenseiten der Bretter ist in der Regel der ganze Stuhl auf's Reichste geschnitzt; meist mit Ornamenten, welche die betreffenden Theile in ihrer besonderen Bedeutung gut charakterisiren. Stehen ein Dutzend dieser Schemel dicht neben einander, wie z. B. im Kensington-Museum, das auch von diesen Möbeln eine Fülle der allerschönsten in tadellosester Erhaltung besitzt, so ist die Wirkung wohl eine zu reiche, überladene; aber in den grossen, nach unserem Geschmack fast leeren Räumen der Florentiner Paläste, wo sie an den langen Wänden und um den grossen Tisch gruppirt waren, war ihre Wirkung eine wohl berechnete und feine.

Der Sessel der Renaissance hat sich aus dem alten Klappstuhl entwickelt. Der ganz aus Holzstäben zusammengesetzte Klappsessel, mit beweglichem Sitz und abnehmbarer Rücklehne, der in Italien sogenannte Savonarola-Stuhl, von der modernen deutſchen Möbeltiſchlerei als Luther-Stuhl bezeichnet, hat gleichfalls im XV. Jahrhundert ſeine künſtleriſche Form erhalten. In Florenz wurde aber dieſer X-Stuhl in ſeinem einfachen kräftigen Gerippe (zuweilen aus Eiſen mit Bronzekugeln) regelmäſsig vom Tapezierer bekleidet; durch ihn iſt er mit Stoffen, Litzen, Franſen, Quaſten, vergoldeten Bronzenägeln und Kugeln oben auf der Rückwand in jener prächtigen und zugleich geſchmackvollſten Weiſe ausgeſtattet, von der unſere moderne Tapezier-Kunſt leider keinen Begriff mehr hat. Während der Schemel vor Allem als Eſsſtuhl diente, war dieſer Seſſel ſowohl als Ruheſitz wie als Arbeitsſtuhl beſtimmt. Auf einem Caſſone-Bild von etwa 1480 ſehen wir einen zierlichen Bronzeſeſſel dieſer Form auch einmal als Eſsſtuhl verwandt. Von den mit Elfenbein eingelegten Seſſeln (»alla Certosina«), die vornehmlich in der Lombardei gearbeitet wurden, wie von den mit flacher Schnitzerei und Kerbſchnitt decorirten Klappſeſſeln aus dem Venezianiſchen und den Marken iſt uns eine nicht unbeträchtliche Zahl erhalten; ſolcher Polſterſeſſel in X-Form von Florentiner Herkunſt laſſen ſich dagegen nur wenige in ihrer alten Form und Ausſtattung nachweiſen.

Eine andere Art Seſſel, der Wandſeſſel — wie man ihn nach ſeiner Beſtimmung, gleich der cassapanca regelmäſsig an der Zimmerwand zu ſtehen, nennen darf —, iſt vom eigentlichen Stuhl nur durch die Armlehnen, höhere Rücklehne, gröſseren Umfang und die dadurch bedingte gröſsere Einfachheit und Monumentalität verſchieden. Auch er iſt in Florenz, wo er erſt in der Hochrenaiſſance auftritt, regelmäſsig in reicher Weiſe mit Stoff, meiſt mit rothem Sammet, ſeltener in Leder bezogen und durch entſprechende Paſſementeriearbeiten ausgeſtattet. Faſt die ganze Rücklehne und der Sitz, welcher (bei fehlendem Querholz) bis beinahe zur Mitte des Untergeſtells ſich herabzieht, ſind mit Stoff beſpannt; Querhölzer, in der Regel auch die Lehnen u. ſ. f., ſind unbezogen, kräftig, gerade und beinahe ganz glatt gehalten. Von ihrer vornehmen Wirkung geben eine Anzahl ſolcher Seſſel im Beſitz des Herrn Richard von Kaufmann den richtigen Begriff. Freilich erſcheinen ſie uns heute etwas ſteif und unbequem; aber man darf nicht vergeſſen, daſs ſie durch ein weiches groſses Kiſſen, das man in das Kreuz ſchob, ſehr viel bequemer gemacht wurden.

Der eigentliche Stuhl behält bis in die Hochrenaiſſance ſeine einfache Form und Ausſtattung. In der Regel iſt der Sitz mit Stroh geflochten (dann häufig mit einem Kiſſen darauf), im Palaſtzimmer mit koſtbarem Stoff bezogen. In der Hochrenaiſſance erſt wird die Rücklehne durch Einführung einer Galerie aus zierlichen gedrehten Stäbchen und durch Schnitzerei an den Querhölzern reicher geſchmückt. Die beiden niedrigen Stühle der Ausſtellung, von denen wenigſtens der kleinere ſicher florentiniſchen Urſprungs iſt, zeigen, wie Zweckmäſsigkeit, Verhältniſs und ausdrucksvolle Verzierung auch bei reicher und origineller Ausführung faſt immer in glücklichſter Weiſe gewahrt bleiben. Der gröſsere (in verſchiedenen Exemplaren vertretene) Stuhl hat noch ein beſonderes Intereſſe dadurch, daſs er nicht nur ſtellenweiſe vergoldet, ſondern (zur Hebung der Schnitzarbeit) auch theilweiſe bemalt ist. Wie die Farben zu dem getönten tiefen Nufsbaumholz und zum Gold gestimmt sind, bekundet wieder den echt künstlerischen Sinn der Zeit.

Die Räume eines modernen vornehmen Hauses, selbst wenn sie nicht von dem aufserordentlichen Umfang sind wie die Hauptzimmer der Florentiner Paläste, würde man sich nur »wohnlich« eingerichtet denken können mit einer Reihe von »Etablissements« um mehr oder weniger grofse Tische inmitten des Zimmers oder in den Ecken und an den Wänden desselben. Die Library im modernen englischen Hause, namentlich im Landhause, die allein an Umfang einigermafsen den Verhältnissen italienischer Palasträume nahe kommt, hat eine Einrichtung der Art zum beliebtesten Raum im englischen Hause gemacht; und Ähnliches gilt vielfach von der Halle. Die Italiener der Renaissance, selbst in der an Luxus gewöhnten späteren Zeit, kannten ähnliche Bedürfnisse nicht. Für sie mufste das Zimmer vor Allem geräumig sein zur Aufnahme der Gäste und Versammelten; auf »Gemüthlichkeit« wurde kein Anspruch gemacht. In der Regel finden wir daher im Florentiner Wohnzimmer nur *einen* Tisch, viereckig und von länglicher Form, kaum so breit als unsere modernen Tische, aber von bedeutender, selbst aufserordentlicher Länge, gewöhnlich zwischen 2 und 4 m. messend. Nach dieser Form und Gröfse sollte man annehmen, diese Tische hätten in erster Linie für die Tafel gedient; dies scheint aber regelmäfsig nicht der Fall gewesen zu sein. Um daran zu essen, sind fast alle diese Tische zu hoch; auch sind sie meist zu schmal für eine Tafel (gewöhnlich sind sie kaum 1 m. breit). Dafür scheinen, nach Bildern und Holzschnitten zu urtheilen, innerhalb der Familie einfache Tische, bei gröfseren Gastereien starke, über Böcke gelegte Bretter gedient zu haben, die durch die grofsen, fast bis zum Boden herabhängenden und über Teppichen liegenden prächtigen leinenen Tafeltücher bedeckt wurden. Auch zum Schreiben wurde der grofse Zimmertisch in der Regel nicht benutzt; schon seit dem frühen Mittelalter hatte der Schreibtisch seine besondere Form und regelmäfsig auch einen besonderen Raum, aus dem mit der Zeit die Bibliothek wurde. Diese Form, aus den Miniaturen und Gemälden, namentlich mit den Darstellungen der Kirchenväter, allgemein bekannt, ist die des Schreibpultes, vielfach mit verschliefsbaren Fächern zu den Seiten des Sitzes und mit schmalem schrägen Pult zum Schreiben. Erst im XVI. Jahrhundert begann man allgemein, diesen Aufsatz für sich zu gestalten, um ihn, als kleines zierliches Schreibpult in eingelegtem Holz oder mit fein ornamentirtem Leder oder Stoff ausgeschlagen, zur Benutzung in jedem Raum und auf jedem beliebigen Tisch geeignet zu machen. Von diesen kleinen Aufsatz-Schreibpulten sind uns eine Reihe selbst noch aus dem XV. Jahrhundert erhalten, während ich mich nicht erinnere, von den älteren vollständigen Schreibpulten ein Original gesehen zu haben.

Der Florentiner *Zimmertisch*, wenn ich ihn so nennen darf, hat seinem Umfang entsprechende monumentale Formen. Er ruht auf zwei mächtigen Doppelfüfsen nach antiken Vorbildern: breiten, reich ornamentirten Platten, die nach aufsen jederseits kräftig ausgeschweift in eine Löwentatze ausgehen und oben unter der Platte gewöhnlich mit einem Löwenkopf oder einer Maske decorirt sind. Im XV. Jahrhundert sind diese Tische vorläufig wohl nur für die Räume im Erdgeschofs, auch aus Marmor, im XVI. Jahrhundert gelegentlich aus Bronze und Marmor. Sind sie, wie in der Regel, aus Holz, so fehlt bei gröfserem Umfange zwischen den Beinen selten das Querholz, die »traversa«, und der Übergang zur Platte wird meist noch durch einen Untersatz, der direct auf den Beinen aufliegt, vermittelt. Beide pflegen in der Hochrenaissance, wie Füfse und Plattenrand, sehr reich decorirt zu sein. Gelegentlich, namentlich bei grofsem Umfange der Tische, erhielt dieselbe entweder ein drittes Bein in der Mitte, oder das Verbindungsstück zwischen den Beinen wurde, statt in die Mitte oder nahe unter die Tafel, an den Boden verlegt, so dafs es als flache Platte unmittelbar auf dem Boden aufruhte und zu der Deckplatte ein glückliches Gegengewicht bot. Ein grofser Tisch, jetzt in americanischem Privatbesitz, von dem Ihre Majestät die Kaiserin Friedrich in Friedrichsstein eine Copie besitzt, giebt wohl die vortheilhafteste Anschauung von dem Geschmack und dem architektonischen Sinn der Florentiner Möbeltischler des Cinquecento. Dafs auch hier die Naturfarbe des Holzes nicht rein zur Geltung kam, sondern mit einer dünnen rothbraunen Farbe gedeckt wurde, dafür ist der grofse Tisch in dem Oberlichtsaal der italienischen Sculpturensammlung des Berliner Museums ein charakteristisches Beispiel, eine venezianische Arbeit bald nach der Mitte des Cinquecento in dem stark von Florenz beeinflufsten sogenannten Sansovino-Stil.

Kleinere Tische, die geeignet waren, im Zimmer ihren Platz, wenn nöthig, zu ändern, kamen mit den wachsenden Ansprüchen allmählich auf. Im Quattrocento sind diese Tische, von denen nur einige wenige von Florentiner Herkunft nachweisbar sind, meist gleichfalls von kräftigen Formen: mit starker, gewöhnlich runder Platte, einem Fuss in der Form einer schlanken Vase mit achteckigem Untersatz oder ähnlich. In den Marken, wo diese Tische häufiger vorkommen, pflegt die Platte achteckig zu sein und auf drei kräftigen in der Mitte zusammenstofsenden Löwenbeinen aufzuruhen. Im Cinquecento werden diese kleineren Tische leichter und reicher in der Decorirung; gewöhnlich sind sie im Aufbau den gleichzeitigen grofsen Tischen ähnlich, erst gegen Ende des Jahrhunderts kommen solche mit vier schlanken Beinen mehr in Gebrauch.

Der eigentliche Schrank, in den Sacristeien und zum Theil auch in den öffentlichen Bauten unentbehrlich und mannigfach entwickelt, war im italienischen Wohnhaus der Renaissance beinahe unbekannt. Statt des Kleider- und Wäscheschrankes diente dem Italiener die Truhe; als Bücher- oder Vorrathsschrank benutzte er Vertiefungen in der Wand, die meist offen waren. Nur die *Credenz* ist auch für Italien ein beliebtes Möbel, das schon in der Frührenaissance seine feste charakteristische Form erhält, als einstöckiger, breiter mehrthüriger Schrank von mäfsiger Höhe, welche gestattet, die obere Platte als Servirtisch zu benutzen. Diese Form behält die Credenz bis zur Barockzeit fast unverändert bei; der wirkungsvolle architektonische Aufbau ist nur durch schlichte Profile und Ornamente ausgedrückt: anfangs meist durch Intarsien, später durch Schnitzerei. Unter mehreren solcher Credenzen, welche die Renaissance-Ausstellung aufzuweisen hatte, giebt die auf S. 113 abgebildete ein gutes Florentiner Beispiel vom Ende der Hochrenaissance.

Eine reiche prächtige Belebung erhielt die Credenz bei Festen, indem auf zwei oder drei übereinander aufgestellten, mit Stoff bezogenen Aufsätzen das Tafelsilber sowie Prachtstücke in Majolika zur Schau gestellt wurden. Eine Reihe von Truhenbildern und Holzschnitten geben uns davon ein anschauliches Bild.

Ein stattliches Möbel der Ausstellung (aus dem Besitze des Herrn O. Huldschinsky), das in der Mitte des Oberlichtsaals Platz gefunden hatte, ist in Form und Decor den Credenzen fast gleich, nur ist es ringsum decorirt; es war also zu freier Aufstellung bestimmt. Nach zahlreichen noch an Ort und Stelle erhaltenen ähnlichen Möbeln (jedoch meist von wesentlich größerer Längenausdehnung) haben wir darin einen jener Schranktische zu sehen, wie sie die Sacristeien und Bibliotheken in Italien seit dem Anfange der Renaissance aufweisen.

Aus der Credenz entwickelt sich im späteren XVI. Jahrhundert der kleinere zwei- oder selbst eintheilige niedrige Schrank, der Commode des Rokoko entsprechend, welcher in Aufbau und Ornamentation im Wesentlichen der Credenz entspricht (Beispiele in der Ausstellung aus den Sammlungen J. Simon und A. v. Beckerath).

Unserem modernen Schrank am ähnlichsten ist der *Schreibschrank*, entstanden im Laufe des Quattrocento mit der Verallgemeinerung der Fertigkeit im Schreiben, theils aus dem Bedürfnifs zur Aufbewahrung der Briefe und sonstigen Scripturen wie der Schreibutensilien, theils aus dem Wunsch, alle diese Sachen beim Schreiben sofort zur Hand zu haben. Die Form dieses altitalienischen Schreibschrankes, der richtiger noch als florentinisch zu bezeichnen wäre, ist bis zu unserer Zeit fast unverändert geblieben. Von mäfsigem Umfang, fast doppelt so hoch als breit, besteht er aus einem oberen und einem unteren Theil. Der untere Theil, ausnahmsweise und in früherer Zeit in Tischform, gewöhnlich als zweiflügeliger Schrank gestaltet, trägt den etwas einspringenden oberen Theil von nahezu gleicher Höhe, der hinter einer nach unten aufklappenden Platte, welche geöffnet als Schreibtisch dient, die zahlreichen kleinen Fächer zur Aufnahme der Briefschaften u. s. f. enthält. Die frühesten mir bekannten Möbel dieser Art sind meist reich und geschmackvoll in Intarsia verziert; in der Hochrenaissance suchten die Tischler grade an dem Schreibschrank ihrer Lust im Schnitzen besonders genug zu thun, der Werthschätzung desselben durch ihre Auftraggeber entsprechend. Leicht thaten sie hier sogar des Guten zu viel, wie jene eigenthümliche, vor ein paar Jahrzehnten sehr geschätzte Gattung von Schränken aus tiefgetöntem wirkungsvollen Nufsholz mit pfeilerartig an den Seiten des Oberschränkchens über einander aufgebauten Gruppen von kleinen Figuren und ähnlich behandeltem figürlich decorirten Gesims beweist. Wenn auch die besseren dieser Schränke im Aufbau und Ton, in den Verhältnissen und Profilen von vornehmer kräftiger Wirkung sind, so reichte zu solchen figürlichen Darstellungen die Körperkenntnifs der braven Florentiner Tischler denn doch in der Regel nicht aus. Als besonders schön sind mir ein Paar folcher Schreibfchränke in der Eremitage zu St. Petersburg (aus der Sammlung Bafilewski ftammend) in der Erinnerung. Die ornamental decorirten Arbeiten, obgleich zuweilen auch überreich gefchmückt, verdienen vor diefen figürlich decorirten regelmäfsig den Vorzug.

Zur gelegentlichen Ausftattung des Florentiner Zimmers gehört der *Büftenftänder* und der Wandfpiegel. Beide treten erft um die Wende des XV. zum XVI. Jahrhundert auf. Die Büfte des Quattrocento, die regelmäfsig glatt unter den Schultern oder unter der Bruft abgefchnitten zu werden pflegte, fand ihren Platz auf den Gefimfen der Kamine oder der Thüren. Erft als man von der Bruft nur noch einen Ausfchnitt gab und diefen auf einen kleinen fchmalen Sockel ftellte, war die Aufftellung der Büfte auf einem hohen Ständer und dadurch an jedem geeigneten Platze des Zimmers gegeben. Diefe Ständer find im XVI. Jahrhundert regelmäfsig aus Holz gefchnitzt und werden durch zwei fchmale, nach oben fich etwas verjüngende, fchräg gegen einander geftellte und durch einen flachen fimsartigen Auffatz verbundene Bretter gebildet, welche unten in Löwenfüfse ausgehen und ausdrucksvoll in mehr oder weniger flachem Relief verziert find. Die Ausftellung bot ein paar treffliche Beifpiele von Florentiner Arbeit aus der Mitte des Jahrhunderts; das eine, aus kaiferlichem Befitz, mit einfacherer kräftiger Schnitzerei und tief getönt, das andere reicher in flachem Relief decorirt und heller im Ton bei theilweifer Vergoldung, aus dem Befitz des Herrn Adolf von Beckerath.

Der Handfpiegel, für die Befriedigung der menfchlichen Eitelkeit das unentbehrlichfte Stück und daher fchon von den älteften Culturvölkern angefertigt und künftlerifch oft auf's Reichfte ausgeftattet, war auch im ganzen Mittelalter ein beliebtes Prunkftück. Der *Wandfpiegel* fcheint dagegen erft gegen den Ausgang des Mittelalters aufgekommen zu fein; konnte doch die polirte Metallplatte nur klein fein und, nach Erfindung des Spiegelglafes, auch diefes nur in fehr kleinem Umfang hergeftellt werden, fo dafs fie für eine gewiffe Entfernung und bei nicht befonders fcharfem Licht, die mit dem Wandfpiegel unzertrennlich find, wenig verwendbar waren. Der convexe Glasfpiegel, der im Norden mit dem Anfang des XV. Jahrhunderts auftritt und aus Jan van Eyck's Doppelbildnifs des J. Arnolfini und feiner Gattin jedem Kunftfreunde bekannt ift, war mehr geeignet, ein malerifches Kleinbild des Zimmers zufammenzufaffen als die menfchlichen Züge wiederzugeben; zur Toilette war er fo gut wie ungeeignet.

In Italien ift daher der Wandfpiegel, foviel ich weifs, erft im Laufe des XV. Jahrhunderts, mit der Vervollkommnung der Herftellung und Politur gröfserer Metallplatten, aufgekommen, und zwar gerade in Florenz. Dem Bilderrahmen der Beftimmung nach fehr verwandt, hat der Wandfpiegel mit diefem die reiche und gefchmackvolle Erfindung wie die ftilvolle und höchft vollendete Durchbildung gemein, ift aber doch wieder eigenartig geftaltet. Der Rahmen, der das koftbare Bild umgiebt, ift nur beftimmt, dasfelbe in vortheilhaftefter Weife abzufchliefsen und dadurch noch zu heben; deshalb ift er in der Renaiffance, namentlich in Florenz, verhältnifsmäfsig fchmal. Die Platte des Spiegels, regelmäfsig nur klein (etwa 20 bis 30 cm. in der Höhe bei wenig geringerer Breite; und nicht nur ohne eigenen Reiz, sondern selbst störend durch die Blendung, die sie hervorruft, wird daher regelmäßsig durch einen bemalten Schiebedeckel versteckt; so erhält der Spiegel seinen künstlerischen Werth erst durch den Rahmen, der daher verhältnifsmäfsig umfangreich gehalten und möglichst reich decorirt ist. Wie kostbar und wie werthvoll den Eigenthümern der Spiegel in dieser Zeit war, geht daraus hervor, dafs wohl kein anderes Möbel so fein abgewogen in den Verhältnissen, so zart in den Profilen, so gewählt und vollendet in der Zeichnung und Durchführung der Ornamente ist wie gerade eine Anzahl der uns erhaltenen Spiegel vom Ende der Frührenaissance und aus der Hochrenaissance.

Die Ausstellung hatte einige vorzügliche Beispiele derselben aufzuweisen: zwei aus dem Besitz von Frau Julie Hainauer, einen dritten als Rahmen für eine Zeichnung verwendet, aus der Sammlung A. von Beckerath. Der eine kennzeichnet sich als ein Werk vom Ausgange der Frührenaissance, die anderen beiden als Arbeiten vom Anfang der Hochrenaissance; ihre Entstehung liegt aber wohl kaum mehr als etwa zehn Jahre auseinander. Die beiden letzteren zeigen nicht nur in dem Geschmack, mit dem Flach- und Hochrelief kräftigere und schwächere Ornamente wechseln, wie in der classischen Durchbildung derselben, dafs Bildschnitzer, die in ihrer Art den gleichzeitigen Bildhauern kaum nachstanden, solche Stücke arbeiteten: auch die sonderbaren und gelegentlich geradezu absonderlichen Motive, die sich in die Decoration namentlich des leichten und daher besonders reichen, fast frei gearbeiteten Aufsatzes einschleichen, verrathen die gleiche Phantasie und Erfindung, die wir in den früheren Arbeiten der bahnbrechenden Meister in der Plastik der Hochrenaissance, vor Allem bei Andrea Sansovino, entdecken. Jene aufgerollten Schlangenleiber, nackten Putten, deren Beine in Vasen mit Flammen ausgehen und deren Hände Flammen halten, jene aufrecht stehenden Schilde, Schlangen- oder Fischleiber mit Menschenmasken, zu Voluten aufgerolltes Bandwerk und ähnliche Erfindungen, aus der Vorliebe für schwierige allegorische Bezüge wie unter dem Einflufs der eben damals in Rom aufgedeckten antiken Grottesken entstanden, finden wir ganz ähnlich in Andrea Sansovino's Altarnische zu S. Spirito in Florenz, in seinen Grabmälern in S. Maria del Popolo, Araceli u. s. f. Sie bieten ein eigenthümliches Gemisch unausgebildeter phantastischer Motive von gefährlichen, stilwidrigen Formen für die Decoration, in denen ein wildes Barock sich einzuschleichen scheint, das aber durch das Vorherrschen von schönen bedeutenden Conturen und die bescheidene Unterordnung des fremdartigen Details unter die Gesammtwirkung meist nicht in die Augen fällt. Für die gesunde Kraft der künstlerischen Gestaltung dieser Zeit ist es ein charakteristisches Zeichen, wie rasch diese heterogenen Elemente ausgeschieden oder stilvoll umgestaltet werden.

Die kräftigen ausladenden Formen der vorgeschrittenen Renaissance unter Michelangelo's Einflufs (richtiger als Frühbarock bezeichnet) kommen in den kleinen Wandspiegeln ebenso vortheilhaft zur Erscheinung wie die der früheren Zeit und werden durch die fein gestimmte Farbe des Holzes mit der Vergoldung der

Höhen und dem tiefen bronzefarbenen Ton, den sie mit der Zeit angenommen hat, noch so sehr gehoben, dafs es begreiflich ist, wenn diese Stücke schon seit Jahrzehnten von den verwöhntesten, reichsten Sammlern mit Vorliebe aufgekauft worden sind. Ein guter Spiegel dieser Art ist im Besitz des Herrn Robert von Mendelssohn; freilich keine Florentiner, sondern eine römische Arbeit. Doch ist, wie ich hier wiederhole, die Möbeltischlerei der Hochrenaissance in Rom durch den bestimmenden Einflufs der von den Päpsten beschäftigten grofsen Florentiner Architekten in dieser Zeit von beinahe rein Florentiner Charakter; sie wurde wohl auch vorwiegend von Florentiner Bildschnitzern und Tischlern ausgeübt. Eine Anzahl der schönsten Truhen, Spiegel, Stühle, die auf uns gekommen sind, müssen nach ihrer Herkunft und nach den Wappen, die sie tragen, in Rom angefertigt sein, aber sie haben fast reines Florentiner Gepräge.

Noch ein Möbel müssen wir in der Renaissance gleichfalls unter den Zimmermöbeln aufführen: das *Bett*. Das Bett des vornehmen Ehepaares stand im Zimmer der Hausfrau, die Betten der verheiratheten Kinder, der Anverwandten, der Gäste in den für diese bestimmten Zimmern. Im Zimmer der Frau nahm das aufserordentlich umfangreiche Bett, ein wahres »mobile immobile«, das, grade wie im Mittelalter, kastenartig bis zum Boden ging und ringsum von einem hohen Trittbrett umgeben war, einen so bedeutenden Platz ein, dafs der Eindruck des Frauengemachs, wie der des Empfangszimmers durch den Thron oder durch die cassapanca, im Wesentlichen durch das Bett bestimmt wurde. Da aus dieser Zeit Betten von Florentiner Herkunft nicht mehr bekannt sind, so müssen wir die Vorstellung derselben aus den erhaltenen Stücken vom Ende des Cinquecento und namentlich aus gleichzeitigen Bildern und Illustrationen entnehmen, die uns ein reiches Material liefern. Ich erinnere an ein Paar der bekanntesten Fresken von Florenz: für das Quattrocento an Ghirlandajo's Geburt Johannes' des Täufers in der Novella, für das Cinquecento an Andrea del Sarto's berühmte Composition des gleichen Gegenstandes im Vorhof der Annunziata. Seinem Umfang und seiner Unbeweglichkeit entsprechend ist das Florentiner Bett, selbst in der vorgeschrittenen Zeit der Hochrenaissance, einfach und meist gradlinig in den Formen und schlicht in der Decoration; letztere ist im Quattrocento gewöhnlich auf einige durch Intarsien hergestellte Ornamente, im Cinquecento auf bescheidene geschnitzte Ornamente beschränkt. Das Bett erscheint darin ähnlich behandelt wie der gleichfalls wenig bewegliche Thron und die cassapanca, nur wesentlich einfacher im Schmuck. Auch der Baldachin, der z. B. in Venedig, in einer reicheren Einrichtung wenigstens, im XVI. Jahrhundert über dem Kopfende des Bettes selten fehlte, scheint in Florenz erst gegen Ende dieser Zeit sich eingebürgert zu haben.

Ein kleineres Ruhebett auf kurzen gedrehten Füfsen, der chaise longue ähnlich, aber in seiner Ausstattung mit Matratze, Unterbett, Kissen und Laken ganz als Bett behandelt, kommt etwa seit dem Anfang des XVI. Jahrhunderts vor. Seine einfache Form war durch die Anforderungen an die Bequemlichkeit bestimmt, und seine Ausstattung war ganz Sache des Tapezierers.

Trotz ſeiner groſsen und kräftigen Formen und trotz des bedeutenden Umfanges gewiſſer Stücke war das Mobiliar des Florentiner Zimmers in der Renaiſſance doch durch dieſe graden monumentalen Formen und durch ſeine Aufſtellung an der Wand geeignet, die Groſsräumigkeit des Zimmers und deſſen architektoniſche Verhältniſſe eher noch zu heben als einzuſchränken. Mit der reichen und ſarbigen Ausbildung und Ausſtattung von Fuſsboden, Wänden und Decke zuſammen gab das Mobiliar dem Zimmer einen auſserordentlich vornehmen prächtigen Eindruck. Den bemalten Wänden, gelegentlich mit Täfelung in bunter Intarſiaverzierung oder mit Stoffbezug, der gewölbten blau gefärbten Decke der Erdgeſchoſsräume der bemalten und vergoldeten Holzdecke und dem Fuſsboden in farbiger Steinmoſaik oder in glaſirten Robbiafließen des XV. Jahrhunderts entſprechen die in bunten Hölzern intarſirten, vergoldeten oder bemalten und mit farbenprächtigen Stoffen ausgeſtatteten Möbel. Im XVI. Jahrhundert, wo die Wände den ruhigeren Schmuck der Gobelins oder Stoffe erhalten, wo die Decken aus braunem, mit Gold aufgelichtetem, nur ſelten bemaltem Holz zuſammengeſetzt und die weiſsen Gewölbe mit leichten Decorationen in bemaltem Stuck verziert oder ornamental bemalt werden, und wo der Fuſsboden einfachere Muſter von mattfarbigen Steinplatten zeigt, läſst man dem Holz der Möbel ſeine Farbe, die man nur durch Tönung tiefer ſtimmt und gelegentlich durch ſein getönte Vergoldung hebt; dafür belebt man ſie durch kräftigere Profile und Ausladungen wie durch Schnitzereien und giebt ihnen durch die reichen Farben der Polſterungen, Kiſſen, Decken und Teppiche den wirkungsvollſten Gegenſatz. Von der Eigenartigkeit und Mannigfaltigkeit, von dem Reichthum und der Pracht des Zimmers eines Florentiner Palaſtes oder einer Villa, wie von der dabei regelmäſsig gewahrten vornehmen Ruhe und Harmonie der Geſammtwirkung können wir uns bei dem Mangel an architektoniſchem und coloriſtiſchem Sinn, an dem unſere Zeit trotz langſamer Fortſchritte noch immer leidet, nur ſchwer noch eine Vorſtellung machen, da uns ſolche Räume in ihrer Vollſtändigkeit leider nicht mehr erhalten ſind. Alte Zimmer und Zimmereinrichtungen, wie ſie das Landesmuſeum aus der Schweiz uns in ſo beträchtlicher Zahl vorführt, ſind aus der Zeit der Florentiner Renaiſſance leider auch von den Muſeen nicht rechtzeitig gerettet worden. Bei den wenigen Verſuchen dieſer Art ſind regelmäſsig in moderne Räume von unglücklichen Verhältniſſen und Decorationen vereinzelte, meiſt geringere und mehr oder weniger verdorbene Möbel aus den verſchiedenſten Theilen Italiens und aus den verſchiedenſten Zeiten in willkürlicher und überhäufter, wenn nicht in magazinartiger Weiſe zuſammengewürfelt. Weit glücklicher iſt die Herrichtung der Bardini'ſchen Villa vor Florenz mit lauter alten oder treu copirten Decorationen und echten unberührten Florentiner Möbeln und Architekturſtücken des XV. Jahrhunderts. Am richtigſten wird aber immer noch das Bild ſein, welches wir aus den Nachbildungen auf Fresken, Gemälden und Illuſtrationen zu gewinnen im Stande ſind, wenn ſie auch regelmäſsig nebenſächlich behandelt und zu unvollſtändig ſind.

MEISTER VON SAN TROVASO. OBERER THEIL EINES MARMORTABERNAKELS. BES. A. v. BECKERATH

ERZEUGNISSE DER SILBERSCHMIEDEKUNST VON FRIEDRICH SARRE.

DIE Ausſtellung von Kunſtwerken aus dem Zeitalter Friedrich's des Groſsen, welche die Kunſtgeſchichtliche Geſellſchaft vor ſechs Jahren in den gleichen Räumen der Akademie veranſtaltet hatte, gab eine einigermaſsen umfaſſende Überſicht über das Silbergeräth des XVIII. Jahrhunderts, vor Allem deutſchen und engliſchen Urſprungs. Von beſonderem Intereſſe waren Berliner Arbeiten, die hier zum erſten Mal zum Vorſchein kamen, und es wurde eine lohnende Aufgabe, dieſe Erzeugniſſe des Berliner Kunſthandwerks eingehender zu ſtudiren. Bisher wenig oder gar nicht bekannte Goldſchmiede Berliner Herkunft erwieſen ſich als die Verfertiger künſtleriſch bedeutender Arbeiten und zeigten das Berliner Goldſchmiede-Handwerk des vergangenen Jahrhunderts auf einer bisher nicht geahnten Höhe.

Wenn man den Zweck einer derartigen Ausſtellung darin ſieht, nicht nur den Geſchmack zu veredeln und dem modernen Kunſthandwerke muſtergültige Vorbilder vorzuführen, ſondern auch dem kunſtwiſſenſchaftlichen Studium neue Gebiete zu erſchlieſsen, ſo hatte die damalige Ausſtellung, auf dieſem Gebiete wenigſtens, ihren Zweck vollauf erfüllt. Im Hinblick auf dieſen Erfolg hatten wir gehofft, daſs uns auch die Ausſtellung von Kunſtwerken des Mittelalters und der Renaiſſance gleich erfreuliche Überraſchungen bringen würde. Leider iſt dieſe Hoffnung nicht in Erfüllung gegangen. Diesmal muſste man ſich, ſoweit die Silberſchmiedekunſt in Betracht kommt, damit begnügen, daſs typiſche Geräthe des Mittelalters und der Renaiſſancezeit, meiſt deutſchen Urſprungs, vorgeführt wurden, unter denen ſich freilich einige ganz hervorragende Stücke befanden. Zwar ſchon ſeit geraumer Zeit bekannt und theilweiſe ſchon mehrmals ausgeſtellt, verliehen ſie dieſer Abtheilung der Ausſtellung einen ganz beſonderen Glanz. Der Abendmahlskelch der Berliner Nicolai-Kirche und die beiden groſsen Prachtpocale von Wentzel Jamnitzer und Hans Petzolt aus dem Beſitz Seiner Majeſtät des Kaiſers gehören zu den bemerkenswertheſten deutſchen Goldſchmiede-Arbeiten, welche ſich erhalten haben. Mit Recht hatte man dieſe drei Stücke in einer Vitrine vereinigt und ſie hierdurch auch rein äuſserlich von den ſonſtigen, in einer zweiten Vitrine und einem Wandſchrank untergebrachten Arbeiten, ſo reizvoll ſie theilweiſe auch waren, getrennt.

Der ſchon durch ſeine Gröſse hervorragende, mit einer Patene verſehene Kelch der Nicolai-Kirche iſt ein ſogenannter Pontificalkelch, der nur bei feierlichen Gelegenheiten oder bei biſchöflichen Meſſen in Gebrauch genommen wurde. Fuſs, Schaft mit Knauf und die Unterſeite der Cupa ſind mit figürlichen Darſtellungen in leichtem Relief und mit gut ſtiliſirtem romaniſchem Rankenwerk, aus Weinblättern beſtehend, bedeckt. Die früher angebrachten Edelſteine ſind jetzt zumeiſt durch Glasflüſſe erſetzt. Um den Knauf zieht ſich eine Inſchrift auf emaillirtem Grunde. Auf dem Fuſs ſind folgende Darſtellungen angebracht: Die Verkündigung Mariae, die Geburt Chriſti mit zwei anbetenden Stifterfiguren, Chriſtus als Weltenrichter und zwei Heilige, wahrſcheinlich die Apoſtel Petrus und Paulus. An der Cupa ſehen wir Chriſtus am Kreuz, zu deſſen Füſsen ſich wiederum ein Stifterpaar befindet, und fünf Heiligenfiguren, die wohl auch Apoſtel darſtellen ſollen. Der Schaft zeigt in kleinen Figuren ober- und unterhalb des Nodus Chriſtus am Kreuz, Maria, Johannes und den engeliſchen Gruſs. Der Schmuck der Patene beſteht in Gravirungen und zeigt wiederum Chriſtus als Weltenrichter mit einem Stifterpaare zu Füſsen und umgeben von acht mit Beiſchriften verſehenen Evangeliſten- und Prophetenſymbolen, während den Rand eine längere lateiniſche Inſchrift umgiebt. Aus den undeutlich erhaltenen oder nicht zu erklärenden Namen der Stifterpaare ergiebt ſich trotzdem mit ziemlicher Sicherheit, daſs dieſes prächtige Kirchengeräth von dem Markgrafen Otto III. († 1267) und ſeinem Mitregenten Johann I. geſtiftet worden iſt. Wahrſcheinlich war es ein Weihgeſchenk an das von den Fürſten im Jahre 1254 gegründete Dominicaner-Kloſter Strausberg, das ſie auch zu ihrer Grabſtätte erwählten; denn als nach Einführung der Reformation zweihundert Jahre ſpäter das Kloſter aufgehoben wurde, lieferte man vierzehn Kirchenkelche, unter denen ſich zwei gröſsere befanden, an den Kurfürſten Joachim II. ab, und wiederum nach Verlauf faſt eines Jahrhunderts, im Jahre 1642, ſchenkte der Groſse Kurfürſt Friedrich Wilhelm unſeren Kelch, wie eine lateiniſche Inſchrift auf der Patene meldet, der Nicolai-Kirche von Berlin, in deren Räumen er im Jahre 1870 wieder zum Vorſchein kam.

Das aus der Mitte des XIII. Jahrhunderts ſtammende Stück gehört zu den prächtigſten mittelalterlichen Kirchenkelchen deutſchen Urſprungs. Es erinnert in Form und Decoration an ähnliche Pontificalkelche, die ſich z. B. in der Katharinen-Kirche zu Braunſchweig, in der Godohardis-Kirche zu Hildesheim oder zu Borga in Finnland erhalten haben, nur mit dem Unterſchiede, daſs bei dieſen und anderen Kelchen derſelben Zeit der Schaft jedesmal kürzer und gedrungener iſt und die Cupa meiſt direct auf dem Nodus aufſitzt. Hat bei unſerem Kelche vielleicht eine ſpätere reſtaurirende Hand die urſprüngliche Geſtalt verändert? Die figürliche De-

[illegible] DER NICOLAI-KIRCHE

coration des auffallend hohen Schaftes könnte auch für diese Annahme sprechen, da sie die biblischen Gestalten der Cupa und des Fußes, die Kreuzigung und den engelischen Gruß, wiederholt. Eine derartige Wiederholung der einzelnen Darstellungsgruppen ist etwas ganz Ungewöhnliches. Meist finden wir folgende Scenen der Heilsgeschichte angebracht: Verkündigung, Geburt, Kreuzigung und Auferstehung. Hier ist an die Stelle der Auferstehung die Figur des Erlösers als Weltrichter getreten. Aber es ist, wie gesagt, außergewöhnlich, daß sich einige dieser Scenen wiederholen; und da diese Wiederholungen, die auch künstlerisch den größeren Figuren am Fuß und an der Cupa nachstehen, an dem wiederum ungewöhnlich hohen Schaft angebracht sind, gewinnt die Vermuthung, daß hier eine Veränderung der ursprünglichen, aus dem XIII. Jahrhundert stammenden Form vorliegt, an Wahrscheinlichkeit.

Von besonderem Reiz ist die Behandlung und Stilisirung der Weinlaubranken, zwischen welche die Figuren schreitender Löwen eingefügt sind. Diese Ornamentation, Rankenwerk in Verbindung mit mehr oder weniger phantastischen Thierbildern, findet sich häufig bei mittelalterlichen deutschen Goldschmiede-Arbeiten, in fast gleicher Form z. B. bei einzelnen Stücken, Schließen und Schnallen des vor Kurzem in Pritzwalk in der Mark aufgedeckten Schmuckgeräths, das sich jetzt im Kgl. Kunstgewerbe-Museum in Berlin befindet.

Leider hat sich der Verfertiger des Kelches durch keine Marke oder Inschrift kenntlich gemacht; aber wir gehen wohl nicht fehl, wenn wir einen deutschen Goldschmied annehmen, der für die brandenburgischen Markgrafen dies Weihgeschenk gefertigt hat.

Von den sonstigen kirchlichen Geräthen zeigen die drei gothischen Kelche aus dem Besitze der Herren J. Epstein, E. Gutmann und V. Weisbach die kleinere einfache Form, welche für den gewöhnlichen Meßkelch noch bis in den Beginn des XVII. Jahrhunderts hinein üblich war. Fuß und Cupa bleiben meist ohne jeden Schmuck, der sich auf die reichere Gestaltung und Verzierung des Nodus mit Email und Steinen beschränkt. Ein hoher Stiel ist für diese spätgothischen, im Gegensatz zu den früheren romanischen Arbeiten charakteristisch. Neben einer

PATENE ZUM KELCH DER NICOLAI-KIRCHE

grofsen, aus vergoldetem Kupfer gefertigten Monftranz (Bef. Herr R. v. Kaufmann) ift ein kleines zierliches Geräth derfelben Art aus dem Befitz des Herrn G. Reichenheim zu nennen. Wir begegnen hier wieder an dem hohen, fich aus dem Sechseck entwickelnden Fuſs den charakteriftifchen gothifchen Nodus, während der das eigentliche Reliquiarium, einen Glascylinder, umgebende Obertheil eine reiche gothifche Architektur mit Strebepfeilern, Maſswerk und Fialen in bewunderungswürdiger Feinheit der Ausführung nachahmt. Der deutfche Urfprung diefer zierlichen Arbeit kann leider nicht mit Sicherheit feftgeftellt werden, da bei den meiften früheren Edelmetall-Geräthen bis zur Mitte des XVI. Jahrhunderts eine Stempelung durch Meifter- und Orts-Marken noch fehlt. Freilich war in den »Verordnungen« des Handwerks eine folche Stempelung, wenigftens in den gröfseren deutfchen Städten, auch fchon zu diefer Zeit vorgefchrieben. Es mag fich das häufige Fehlen diefer für uns jetzt fo wichtigen Merkmale daraus erklären, dafs diefe kirchlichen Geräthe — um folche handelt es fich hauptfächlich — von den Kirchenvorftänden oder von Gönnern und Stiftern direct in Auftrag gegeben und angefertigt wurden, ohne erft in den Handel zu kommen. Ähnlich verhält es fich mit den Edelmetall-Geräthen, welche Kaifer Rudolf II. unter feiner perfönlichen Leitung in Prag ausführen liefs; auch bei den aus der Rudolfinifchen Kunftkammer ftammenden oder anderweitig von Hofkünftlern hergeftellten Arbeiten fuchen wir vergeblich nach Meiftermarken und Befchauzeichen.

Den grofsen vergoldeten Doppelbecher aus dem Befitz von Herrn E. Gutmann können wir jedoch unzweifelhaft aus den angebrachten Goldfchmiede-Merkzeichen als ein Erzeugnifs der Werkftatt des Nürnberger Meifters Caspar Beutmüller d. Ä. (Meifter von 1585 bis 1618) nachweifen. Ein ganz gleicher, wohl auch von Beutmüller gefertigter Becher befand fich in Frankfurt a. M. im Befitz des verftorbenen Freiherrn C. von Rothfchild; ähnliche Stücke befitzen der Rathsfchatz der Städte Leipzig und Paffau, die Schatzkammer in Moskau und das Bayerifche Gewerbe-Mufeum in Nürnberg. Auf den erften Eindruck hin würde man diefe Becher in ihrem ganzen Aufbau, mit den kräftigen Buckeln und Zungen, in denen fich das Licht wirkungsvoll fpiegelt, einer früheren Zeit zufchreiben. Charakteristisch für den gothischen Stilcharakter sind auch die durchbrochenen Laubverzierungen, welche zwischen den Buckeln und in einem weitausladenden Kranz, gleichsam einen Ersatz für den mittelalterlichen Knauf bildend, am Stiel angebracht sind. In diesen Verzierungen lassen sich jedoch schon Renaissanceformen erkennen, die noch klarer und deutlicher bei den im Stil Aldegrever's gezeichneten Gravirungen auf dem Lippenrande zum Ausdruck kommen. Diese Renaissancemotive machen die Herstellung des Bechers im späten XVI. oder sogar erst im XVII. Jahrhundert glaubhaft, während die allgemeine Form noch ganz in der Gothik befangen ist. Ein emaillirtes Wappen und die eingelassene Portrait-Medaille des Jeronimus Loter, des Erbauers des Rathhauses in Leipzig, geben dem schönen Doppelbecher noch ein besonderes, persönliches Gepräge.

Als einen Buckelpocal muss man auch, wenn man die allgemeine typische Form in's Auge fasst, den prachtvollen Pocal des Hans Petzolt aus dem Besitze Seiner Majestät des Kaisers bezeichnen. Die beigefügten Abbildungen entheben uns einer schon mehrfach gegebenen, genaueren Beschreibung; sie geben ein einigermaßen klares Bild von dem Reichthum des Details, durch welches trotzdem die einfache harmonische Wirkung des ganzen Aufbaues nicht im Mindesten beeinträchtigt wird. Die kräftig betonte siebentheilige Buckelung, am Fuss, an der Cupa und vor Allem am Deckel, lässt beim ersten Eindruck die zierlichen und bewunderungswerth fein ausgeführten Renaissanceformen gleichsam in den Hintergrund treten; und doch erregen gerade diese Renaissancemotive bei längerer Betrachtung unsere volle Bewunderung. Die ganze mannigfaltige Formenwelt des neuen, aus dem Studium der Antike entstandenen Stils tritt uns hier entgegen: an der Cupa oben am Rande ein zarter Relieffries mit Tritonen und darunter zwischen den Buckeln mit Perlen besetzte Blumengehänge, die von Chimären gehalten werden. An dem kurzen Cylinder, welcher den Übergang zum Knauf bildet, ein Relieffries mit miniaturartig feinen landschaftlichen Scenen; dann der Knauf, aus sieben weiblichen Karyatiden in Helm und Panzer gebildet, und der sich nach unten symmetrisch erweiternde Fuss mit Drachen, Fischweibchen und reizenden, aus Cartouchen frei heraustretenden Kinderköpfen, bis das Ganze unten durch einen flachen Relieffries mit Rankenornament abgeschlossen wird. Die Bekrönung des Deckels bildet auf einem in gleicher Weise verzierten Knauf die Figur einer Diana mit wehendem Mantel, auf der Jagd vorstürmend, in der Rechten den Wurfspeer, in der hochgehobenen Linken den Bogen haltend; sie scheint plötzlich Halt gemacht zu haben und schaut dem soeben in die Luft entsandten Pfeil nach. Auch einer der zu ihren Füssen sitzenden Jagdhunde, welche in ihrer ruhigen Haltung einen wirksamen Gegensatz zu der lebhaft bewegten Göttinfigur bilden, blickt in derselben Richtung empor. Diese figürliche Gruppe kann für sich als ein Kunstwerk gelten; sie übertrifft bei Weitem die schablonenmäßigen Putten oder Landsknechte, die Bekrönungen der meisten sonstigen Renaissancepocale; auch auf sie trifft das Wort zu, welches E. Molinier von der Deckelbekrönung eines anderen Petzolt'schen Pocals gesagt hat: »L'orfèvrerie s'y est presque élevée au niveau de la sculpture«.

Wie die ungefähr zwanzig uns erhaltenen authentischen Arbeiten Hans Petzolt's (geb. 1551, gest. 1633) beweisen, bestehen sie in wenigen Typen gothisirenden Charakters; es sind Buckelpocale und Nautilusbecher, die er mit den Zierformen der Renaissance ausschmückt, bei dieser harmonischen »Mischung von Gothik und Renaissance ersterer den Löwenantheil lassend«. Im Einzelnen gestattet er sich z. B. bei der Deckelbekrönung der Pocale und in der gröfseren oder geringeren Höhe des Fuſses Variationen, ohne jedoch die wenigen typischen Formen seiner Werkstatt zu verändern oder zu vermehren. So ist dem im Besitz Seiner Majestät des Kaisers befindlichen ein etwas kleinerer Pocal im ehemaligen Rothschild'schen Schatz in Frankfurt a. M., der von einem Amor bekrönt wird, sehr ähnlich; fast ganz übereinstimmend ein anderer im Besitz des Fürsten Eszterházy, vor zwei Jahren auf der Jubiläums-Ausstellung in Budapest ausgestellt. Der Fuſs zeigt hier geringe Abweichungen, und statt der Diana krönt den ebenso wie die Cupa gleich gestalteten Deckel eine weibliche Figur, einen Adler und ein Scepter in den Händen haltend, während dasselbe Windspiel wie dort zu ihren Füſsen sitzt.

Anders geartet sind die Arbeiten Wenzel Jamnitzer's (geb. 1508, gest. 1585). Obwohl fast ein halbes Jahrhundert älter wie sein Landsmann Petzolt, steht er in seinem künstlerischen Schaffen ganz auf dem Boden der Renaissance. Er bricht mit der in den Nürnberger Werkstätten bisher gebräuchlichen mittelalterlichen Formenwelt; er gestaltet und verziert seine Geräthe in »antikischer Art«. Dies beweisen die wenigen, auf ihn mit Sicherheit durch seine Hausmarke, ein W mit darunter befindlichem Löwenkopf, zurückzuführenden Arbeiten, so besonders auch der ausgestellte sogenannte Kaiserbecher, welcher sonst ebenso wie der Petzolt'sche Pocal das Silberbüffet im Rittersaal des Berliner Stadtschlosses schmückt. Er gelangte im Jahre 1867 durch einen russischen Händler in königlichen Besitz. Über die Geschichte des Pocals ist leider weiter nichts bekannt. Nur so viel können wir aus den angebrachten Figuren und Wappen vermuthen, daſs er in den Jahren 1564—1572 von den Bischöfen von Salzburg, Würzburg und Bamberg und dem Pfalzgrafen von Neuburg bei einer nicht weiter bekannten Gelegenheit, bei der diese vier Reichsfürsten und vielleicht auch die Städte Augsburg, Frankfurt, Nördlingen und Nürnberg gemeinsam politisch gehandelt hatten, dem Kaiser Maximilian II. als Huldigungsgabe dargebracht worden ist. Die Figuren dieser Reichsfürsten umgeben auf dem Deckel eine Säule mit der Gestalt des Kaisers. Ob diese gut modellirten und anscheinend portraitähnlichen Figuren von Jamnitzer selbst ausgeführt sind, ist zweifelhaft; denn wir wissen, daſs er besonders für figürliche Compositionen sich nicht nur Zeichnungen anfertigen lieſs, sondern auch in der Ausführung verschiedene andere Künstler, Modelleure und Gieſser benutzte. Cupa und Fuſs sind reich mit figürlichem und ornamentalem Schmuck verziert, der in den verschiedensten Techniken, gegossen, getrieben, gepreſst, auch geätzt, wie die Flachornamente am Lippenrande, zur Anwendung kommt. Das cylindrische Mittelstück der Cupa zwischen der oberen und unteren Ausbauchung umzieht ein breiter Fries mit Cartouchen und Bandwerk, zwischen denen weibliche Figuren, die erwähnten Städtewappen haltend, angebracht find. Diefer Fries ift in Compofition und Ausführung von grofser Schönheit, ebenfo wie der Knauf des Fufses. Hier find zwifchen kräftigen Voluten vier als verfchiedene Tugenden bezeichnete, aber gleich modellirte Frauengeftalten angebracht. Dicht unter diefem Knauf beginnt der kurze, auf weitausladendem, flachem Teller ruhende Fufs, ähnlich geftaltet wie der Deckel, bei dem auch der Sockel mit der Figurengruppe auf einer nur wenig anfteigenden Fläche ruht. Derartige flach componirte Fufsflächen und Deckel find charakteriftifch für Arbeiten Jamnitzer's, wie man aus dem Vergleich mit mehreren der Entwürfe für Prachtgefäfse erkennt, die er im Jahre 1551 unter dem Titel »Ein neu Kunftbuch« als Goldfchmied-Vorlagen veröffentlicht hat.

Trotz aller Schönheiten in den einzelnen Theilen und im Detail ift dennoch der Gefammteindruck nicht fo wirkungsvoll wie bei dem Prachtpocale Petzolt's. Was diefe Arbeit fo reizvoll macht, ift die Harmonie des ganzen Aufbaues, das glückliche Gröfsenverhältnifs, welches zwifchen den einzelnen Theilen befteht. Der Mangel an diefer harmonifchen Übereinftimmung ift es, welcher einen Vergleich zwifchen beiden Pocalen nicht zu Gunften der Jamnitzer'fchen Arbeit ausfallen läfst. Deckel, Cupa und Fufs find hier faft von gleicher Höhe, während fonft letzterer ftets die beiden anderen Theile an Grofse bei Weitem überragt. Bei dem Deckel wird diefes unfchöne Verhältnifs noch verfchärft durch die maffige Figurengruppe, welche allzu fchwer auf dem Pocale zu laften fcheint, ein viel zu grofses Gewicht für den kurzen und gedrungenen Fufs bildend. Man möchte in Rückficht auf diefen Mangel an Harmonie annehmen, dafs der Fufs urfprünglich höher war, und dafs jetzt ein Theil desfelben fehlt. Wenn man beachtet, dafs der Fufs eines derartig grofsen Pocals nicht aus einem Stück gearbeitet wurde, dafs vielmehr mehrere einzelne Theile, hier find es jetzt noch drei, durch eine Axe in der Mitte zufammengefchraubt wurden, fo ift ein Abhandenkommen eines diefer Theile wohl möglich. Beftärkt werden wir in diefer Vermuthung dadurch, dafs der Fufs an fich nicht richtig oder wenigftens ungewöhnlich conftruirt ift; denn während fonft der Nodus, die Anfchwellung des fich nach oben verjüngenden Fufses, ftets in sein oberes Drittel fällt, nimmt hier das den Nodus erfetzende fchwere Stück mit den Voluten und Tugendfiguren einen auffallend tiefen Platz ein und laftet unmittelbar auf der ausladenden unterften Fufsplatte. Hier müffen wir uns einen verbindenden Theil mit Profilen und Schnürungen hinzudenken, der erft ein richtiges Verhältnifs in die Geftaltung des Fufses und mithin in den ganzen Aufbau des Kaiferbechers bringen würde.

Neben diefen Meifterwerken der beiden berühmteften Goldfchmiede Nürnbergs zeigte die Ausftellung eine Reihe von weniger impofanten und künftlerifch weniger werthvollen Silbergeräthen, welche jedoch in ihrer Mannigfaltigkeit einen guten Überblick über die Erzeugniffe des Goldfchmiede-Handwerks im Zeitalter der deutfchen Renaiffance, des XVI. und XVII. Jahrhunderts, zu geben vermochten. Abgefehen von Nürnberg und Augsburg, welche Städte den erften Platz in der Gefchichte der deutfchen Goldfchmiedekunft einnehmen, waren auch weniger bekannte Werkftätten, wie Breslau, Danzig, Regensburg, Roftock, Torgau, Ulm und Wien, vertreten, während fich bei einigen Stücken die Provenienz wegen des Fehlens von Befchauzeichen nicht nachweifen oder nur vermuthungsweife angeben liefs. In dem Ausftellungs-Katalog find in den Nummern 781—832 die Silberarbeiten aufgeführt, bei den einzelnen Stücken auch Herftellungsort, Material, Gröfse, fowie der Meifternamе angegeben und fomit das ausgeftellte Material ein für alle Mal genau fixirt worden, fo dafs wir hier davon abftehen können, noch einmal diefe Daten zu wiederholen und jedes einzelne Stück zu erwähnen. In den beigegebenen Abbildungen fehen wir die gröfsere Anzahl vereinigt. Wie vor fechs Jahren, verdanken wir auch diesmal wieder die gewählteften und intereffanteften Silbergeräthe der mit Sachkenntnifs und feinem Verftändnifs angelegten Sammlung des Herrn Georg Reichenheim. Aus dem Befitz diefes Kunftfreundes ftammte auch eine der wenigen nichtdeutfchen Arbeiten, ein filbernes Salzfafs aus der zweiten Hälfte des Cinquecento. Die nackten weiblichen Figuren auf den vier Seitenflächen erinnern an franzöfifche Vorbilder, an »die fchlanken, mehr eleganten als fchönen Geftalten« der Schule von Fontainebleau, während der reizende Fries mit Putten und Tritonen, welcher den Sockel umgiebt, mehr italienifchen Geift verräth. Es ift vielleicht eine Arbeit jener italienifchen Künftler, welche am franzöfifchen Hofe im XVI. Jahrhundert thätig waren. Ihrem Landsmann Benvenuto Cellini, dem gröfsten Goldfchmiede feiner Zeit, felbft find viele Arbeiten zugefchrieben worden, die weniger diefer Ehre würdig find, wie diefes in der Form und Ausführung fo reizvolle Tafelgeräth. Ein gleich feltenes und bemerkenswerthes Stück ift der filberne, theilweife vergoldete Prunkftab, gleichfalls aus der Sammlung Reichenheim ftammend, deffen Spitze auf einem von leichten Renaiffance-Ornamenten gebildeten Knaufe die fein modellirte Geftalt einer Minerva trägt. Diefe deutfche Arbeit des fpäteren XVI. Jahrhunderts hat wahrfcheinlich als Scepter einer gelehrten Corporation gedient, wie fich derartige Stücke in den Silberfchätzen einzelner deutfcher Hochfchulen erhalten haben. Einer früheren Zeit gehört ein anderes Corporationsftück deutfcher Herkunft an, die filberne Capitänspfeife der Danziger Innung für grofse Schifffahrt (Bef. Herr R. v. Kaufmann). Auf dem Stiel verrathen die kleinen aufgefetzten Heiligenfiguren noch gothifchen Stil, während fich im Ornament fchon die neue Formenwelt bemerkbar macht. Echt deutfch und reizvoll, gleichfam den phantaftifchen Gebilden eines frühen deutfchen Stechers entnommen, muthet uns der Reigen

SILBERNES SALZFASS BES. GEORG REICHENHEIM

frei gearbeiteter origineller Thierfiguren an, welcher fich auf der Oberfeite der Pfeife entlang zieht.

Unter den Trinkgefäfsen, in deren Anfertigung ja die hauptfächlichfte Thätigkeit der deutfchen Goldfchmiede-Werkftätten beftand, waren die verfchiedenen Formen und Typen vertreten. Von den kleinen zierlichen Satzbechern, die meift mit gravirten Darftellungen aus der biblifchen Gefchichte gefchmückt find, erwiefen fich mehrere Stücke (Bef. die Herren E. Gutmann und G. Reichenheim) als Nürnberger Arbeiten bekannter Meifter, z. B. des Franz Vifcher. Zu den Bechern, für welche die cylindrifche Geftalt mit mäfsiger Erweiterung nach oben hin charakteriftifch ift, müffen auch die auf hohem Fufs ruhenden Stücke gerechnet werden, deren Schmuck in dem den Punzirftichen des XVII. Jahrhunderts eigenen verfchlungenen Band- und Rollwerk mit hinzugefügten Engelsköpfen oder Blumen- und Fruchtbündeln befteht. Oft find diefen grotesken Elementen noch Medaillons landfchaftlicher oder figürlicher Art hinzugefügt. Charakteriftifche Beifpiele hierfür waren ein grofser Becher mit Landsknecht (Bef. Herr O. Huldfchinsky), aus Ulm ftammend, und ein Doppelbecher mit halbkugelförmiger Cupa aus der Werkftatt des Nürnberger Goldfchmieds Melchior Bayr (Bef. Herr G. Reichenheim). In die Kategorie der fogenannten »Agley-Becher«, deren Benennung auf die Medicinalpflanze Aglei zurückgeführt wird, gehört eine fchöne Nürnberger Arbeit mit blafendem Putto auf dem Deckel (Bef. Herr G. Reichenheim). Diefer Gefäfstypus ift aus der Verfchmelzung des Bechers mit dem gothifchen Pocal entftanden, indem die mittelalterliche Form mit der in einander greifenden, fifchblafenartigen Buckelung im Allgemeinen beibehalten und dadurch in die Renaiffance umgefetzt wurde, dafs man die Buckel zu langen, fpitzen Zügen aus einander zerrte und mit getriebenen Ornamenten verzierte. Der Fufs entwickelte fich hier meift aus dem gothifchen Drei- oder Sechspafs.

Von den mit Henkel und Klappdeckel verfehenen Humpen waren mehrere Exemplare ausgeftellt, bei denen die Wandung des kurzen, fich nach oben verjüngenden Cylinders theils mit Gravirungen, theils mit Reliefornamenten verziert war. Durch die Entdeckungsreifen des XVI. Jahrhunderts hatte man die Erzeugniffe ferner Länder kennen gelernt, und liebte es, feltene Naturalien, wie Kokosnüffe, Seemufcheln oder Straufseneier, in Edelmetall zu faffen und in Trinkgefäfse umzuwandeln. Befonders beliebt waren der Nautilus, »der indianifche Schnegg«, wie es in den Inventaren des Ambrafer Schloffes heifst, und der Kokosnufsbecher, deffen Oberfläche mit in die Schale gefchnittenen Reliefs verziert wurde, während man den Körper der aus den indifchen Meeren ftammenden Mufchel meift nur glättete, feltener bemalte oder gravirte. Für beide Arten Trinkgefäfse waren Beifpiele vorhanden, unter denen die aus der Sammlung Reichenheim ftammenden Stücke befonders hervorragten. Diefer Nautilus ift deutfcher Herkunft, während die Kokosnufs wahrfcheinlich in Italien mit Reliefs verfehen und dann in Amfterdam im Jahre 1609 gefafst worden ift. Die beiden durchbrochenen Befchlagbänder, welche hier die Reliefſculpturenfelder trennen, find befonders fein und zierlich gearbeitet. Gleichfalls holländifcher Herkunft war ein vermuthlich nach einem Modell des Giovanni da Bologna gezeichnetes fpringendes Pferd (Bef. Herr E. Gutmann), durch den abnehmbaren Kopf als Trinkgeräth charakterifirt, und demfelben Zweck diente auch das Einhorn, eine Augsburger Arbeit (Bef. Herr G. Reichenheim). Für die wunderlichen und fcherzhaften Formen, welche die Spätrenaiffance den Trinkgeräthen zu geben liebte, war ein hübfches Beifpiel eine Nürnberger »Jungfrau mit dem Keffel« (Bef. Herr G. Reichenheim), eine befondere Abart der Jungfrauenbecher. Der untere gröfsere Theil, ein Sturzbecher in Form einer Dame, mufste zuerft geleert werden, ohne dafs fich der Inhalt des kleinen, im Scharnier beweglichen Keffels, welchen die Figur emporhält, verfchüttete.

DIE EMAILARBEITEN • • VON WERNER WEISBACH • • •

DEN Glasflufs haben fchon die alten Culturvölker des Orients zur Herftellung durchfichtiger Gefäfse verwendet. Die Aegypter verfertigten künftliches Glas und wufsten es durch Blafen in allerhand Formen zu bringen. Von den afiatifchen Culturvölkern wurde die Kunft, Gegenftände von Thon mit einer Glafur zu überziehen und dadurch dem poröfen Stoff eine ftärkere Widerftandsfähigkeit und zugleich leuchtenden Glanz zu verleihen, lange vor Beginn unferer Zeitrechnung zu hoher Vollendung gebracht. Im Orient hat man vermuthlich auch begonnen, die Glasfchicht auf metallifcher Unterlage anzutragen. Die auf diefe Weife zu Stande kommende Zufammenfetzung bezeichnet man gemeinhin als Email.

Bei jeder Art von Email wird die Glasmaffe in fiedendem, flüffigem Zuftand aufgefetzt. Nach der Erkaltung ift fie mit der Metallunterlage eine fefte Verbindung eingegangen. Der Reiz des Emails beruht in dem mannigfaltigen Farbeneffect, welcher durch die mit Metalloxyden gefärbten Glasflüffe in den verfchiedenften Combinationen zu erzielen ift.

Bevor die eigentlichen Emailbildwerke der Ausftellung zur Befprechung kommen, mag eine intereffante Arbeit, die nicht zu diefen gerechnet werden kann, aber ebenfalls mit Glasflüffen verziert ift, kurz erwähnt werden. Es ift ein Reliquienkaften von Bronze aus der Sammlung des Herrn Richard von Kaufmann. Die Vorderfeite ift mit in Silber getriebenen Flechtornamenten, in welche Glasflüffe in trockenem Zuftande, nach Art von Edelfteinen, eingelaffen find, bedeckt (eine Technik, die man als *Verroterie* bezeichnet). Die Ränder find taufchirt, und zwar in der Weife, dafs ein Zickzackornament zu Stande kommt, welches an der linken unteren Ecke deutlich fichtbar ift. An den meiften Stellen ift die zur Taufchirung verwendete Maffe ausgefprungen, fo dafs kleine Vertiefungen entftanden find. Man kann betreffs der zeitlichen Beftimmung der Arbeit zweifelhaft fein. Gleiches Flechtwerk und die gleiche Randtaufchirung zeigen zwei fränkifche Fibeln der Sammlung Carrand (Nr. 945 und 946) im Florentiner National-Mufeum. Ähnliche

Flechtornamente, allerdings in weit roherer Ausführung, begegnen uns auch bei einem von E. Molinier in der Gazette des Beaux-Arts 1887 II p. 156 publicirten merowingifchen Reliquienkaften der Kirche Saint-Bonnet-Avalouse. In der technifchen Ausführung ift jedoch diefes Stück ebenfo wie gleichzeitige verwandte, etwa der Reliquienkaften von Herford im Berliner Kunftgewerbe-Mufeum, bedeutend geringer. Dann zeigt auch die Behandlung des Flechtwerkes bei dem Kaufmannfchen Reliquiar mehr Verftändnifs für die Structur diefes Ornamentes als bei dem von Saint-Bonnet-Avalouse. Die Arbeit im Ganzen ift bedeutend fauberer und feiner. Diefer Umftand fpricht deutlich genug für eine fpätere Entftehungszeit. Das Stück dürfte etwa im X. Jahrhundert verfertigt fein.

In Europa war die Emaillirkunft zu Beginn des Mittelalters befonders eine Domäne der Byzantiner. Sie brachten den fogenannten *Zellenfchmelz* zu höchfter Vollendung. Er befteht darin, dafs man auf eine Goldplatte die Zeichnung mit feinen Goldftegen aufträgt und die zwifchen den Stegen entftandenen Lücken mit Email ausfüllt.

Ein frühmittelalterliches Werk mit Zellenemail-Schmuck war der Ausftellung von dem in der Königlich Technifchen Hochfchule zu Charlottenburg befindlichen Beuth-Schinkel-Mufeum zur Verfügung geftellt worden. Es ift die eine Seite eines kleinen goldenen Buchdeckels. Die äufsere Umrahmung wird durch ein feines Filigranmufter gebildet, unterbrochen von Perlen und Halbedelfteinen. Letztere find auf zwei Seiten von kleinen, herzförmigen Kapfeln umgeben, die mit rothem, in trockenem Zuftand eingefetztem Glasflufs ausgefüllt find. Auf die erfte Umrahmung folgt eine Reihe gemufterter Zellenemail-Felder. Streifen von gekerbtem Goldblech bilden den Übergang zu dem urfprünglich jedenfalls in der Mitte befindlichen, jetzt fehlenden Elfenbein.

Wollen wir den Verfuch machen, diefe Arbeit zu localifiren, fo werden wir durch Werke ähnlicher Art auf eine einigermafsen fichere Spur geleitet.

Grofse Verwandtfchaft mit unferem Deckel zeigt der des Echternacher Evangeliars im Mufeum zu Gotha. Wir finden dort diefelbe Art des Zellenemails mit den reichlich verwandten weifsen Tönen. Übereinftimmend ift ferner die Faffung der Edelfteine, die durch aufgefetztes und nach innen gebogenes Metall feftgehalten werden, um das fich eine dünne Filigranfchnur zieht. Auch die herzförmigen, mit Schmelz ausgefüllten Kapfeln, die fich an die Steinfaffungen anfchliefsen, fehlen nicht bei dem Gothaer Evangeliar.

Die gleichen Eigenthümlichkeiten begegnen uns an dem von Bifchof Egbert geftifteten Tragaltar des hl. Andreas im Dome zu Trier bei den Randverzierungen der Schmal- und Langfeiten. Auch das von demfelben Kirchenfürften geftiftete Gehäufe des heiligen Nagels im Trierer Domfchatz zeigt am Deckel die gleiche Art der Verroterie, an den Langfeiten ähnliche Emailflächen, die fich aus geometrifchen Muftern zufammenfetzen. Zwei Werke, die zu unferem Deckel enge Beziehungen aufweifen, führen uns alfo unmittelbar nach Trier. Dafs im X. Jahrhundert am Hofe Bifchof Egbert's die Künfte eine reiche Pflege fanden, ift uns durch litterarifche Quellen überliefert. Ebenfo fprechen die erhaltenen Denkmäler dafür. Auch das Gothaer Evangeliar, das der Abtei Echternach von der Kaiferin Theophano gefchenkt wurde, ift aller Wahrfcheinlichkeit in Trier gefertigt worden. Mit gutem Grunde dürfen wir im frühen Mittelalter, wo die Pflegftätten der Cultur weit von einander getrennt und zerftreut wie Oafen lagen, und die Ausübung der Kunft faft nur auf die Klofterfchulen oder die Bifchofsfitze befchränkt war, Werke mit fo auffallenden technifchen Übereinftimmungen gemeinfam localifiren. Der Buchdeckel des Beuth-Schinkel-Mufeums wird daher wohl auf die Trierer Schule des X. Jahrhunderts zurückzuführen fein.

Je mehr die Freude an den Werken der Kunft zunahm, je gröfser die Vorliebe für den farbenprächtigen, fo vielfach verwendbaren und an fich fo wenig koftfpieligen Emailfchmuck wurde, defto ftärker mufste fich das Verlangen nach einem weniger werthvollen Excipienten für die Aufnahme des Schmelzes geltend machen, um das Gold, das fich für die Byzantiner zur Herftellung der die einzelnen Emailflächen abgrenzenden feinen Scheidelinien allein eignete, zu erfetzen. Am Niederrhein bildete man eine neue Technik aus, bei der ftatt des Goldes Kupfer oder Bronze in Anwendung kam. Zur Aufnahme des Emails werden nun Vertiefungen eingegraben, und zwar fo, dafs nur die Conturen der Zeichnung in Metall ftehen bleiben (*Grubenfchmelz*).

Von *niederrheinifchen* Grubenfchmelzarbeiten waren in der Ausftellung zwei ebenfalls dem Beuth-Schinkel-Mufeum gehörige, etwa gleichzeitige Stücke vorhanden. Das eine ift eine dreieckige, rechtwinkelige Platte, deren eine Seite ein Kreislinienausfchnitt bildet. Dargeftellt ift die Halbfigur eines Engels. Die (fragmentarifche) Platte diente vielleicht als Zierftück an einem Reliquienfchrein. Ganz diefelbe Form zeigen die ebenfalls mit Engelsgeftalten gefchmückten Eckemails an der einen Langfeite des Deckels vom Heribertusfchrein in der katholifchen Pfarrkirche zu Deutz. Die diefe Deckelfeite zierenden Emails find (bis auf die grofsen runden Platten) keine Stücke, die nur für diefen einen Zweck hätten verwerthet werden können. Einzelne von ihnen könnten unfchwer als Theile von Buchdeckeln oder Vortragkreuzen dienen. Sie find in die Ornamentik des Grundes eingefügt ohne irgend welchen organifchen Zufammenhang mit diefer.

Aus folchen Beftandtheilen ift das Vortragkreuz des Beuth-Schinkel-Mufeums zufammengefetzt. Auf fünf viereckigen Platten, am Ende der Kreuzarme und in der Vierung, find Scenen der Kreuzfindung dargeftellt. Zu oberft kniet die hl. Helena in Verehrung vor dem heiligen Kreuze. Auf der linken Seite wird Judas, dem die Stelle, an der der Stamm vergraben, bekannt ift, vor die Kaiferin geführt; rechts fchlägt das Feuer aus dem Platze, an dem das Holz liegt, hervor. Auf der unterften Platte werden im Beifein der Helena die drei Kreuze ausgegraben. Die Vierungsplatte zeigt die Erweckung eines Todten durch das wahre Kreuz.

Alle diefe Scenen fowie die fich anfchliefsenden in Quadrate eingefügten Rofetten find in der Grubenfchmelztechnik ausgeführt, während die fein ornamentirten Ränder Zellenemail enthalten. Diefe Verbindung beider Techniken findet

VORTRAGEKREUZ. NIEDERRHEINISCHE GRUBENSCHMELZARBEIT
BES. BEUTH-SCHINKEL-MUSEUM

fich bei den rheinifchen Arbeiten häufiger. Die freiliegenden (nicht emaillirten) Theile des Metalls find gepunzt und mit Vertiefungen für die jetzt bis auf drei fehlenden Steine verfehen.

Dem Stil nach fteht die Arbeit den Emails des im letzten Drittel des XII. Jahrhunderts entftandenen Heribertusfchreines aufserordentlich nahe. Beide Werke müffen um diefelbe Zeit gefchaffen fein.

Eine Stätte reichfter Pflege fand der Grubenfchmelz in dem füdfranzöfifchen Städtchen *Limoges*. Während am Rhein mehr für den augenblicklichen Bedarf und für beftimmte Zwecke, daher auch im Allgemeinen forgfältiger und künftlerifcher gearbeitet wurde, entwickelt fich in Limoges fchon früh ein Betrieb im Grofsen, der auf den Export der Gegenftände berechnet war. Über ganz Europa verbreitet fich das »Opus Limovicense«; es ift als Handelswaare gefucht und gefchätzt.

Ein Reliquienkaften, der aus der Sammlung Spitzer in die des Herrn Valentin Weisbach übergegangen ift, war die einzige mittelalterliche Limoufiner Arbeit der Ausftellung. Er zeigt die gewöhnliche Form mit Pultdach und zinnenartiger Bekrönung, auf würfelförmigen, gravirten Füfsen ruhend. Auf der Vorderfeite des Deckels ziehen die drei Könige aus dem Morgenlande zu Rofs gen Jerufalem, auf der unteren Langfeite bringen fie der Madonna, die von einem Engel begleitet ift, ihre Gefchenke dar; auf beiden Schmalfeiten ift der Evangelift Johannes dargeftellt. Dem Brauche in Limoges entfprechend ift nur der Grund emaillirt, während die Figuren cifelirt und deren Köpfe frei herausgearbeitet find. Die Arbeit gehört der Mitte des XIII. Jahrhunderts an, wenn fie auch für eine franzöfifche Arbeit diefer Zeit ziemlich alterthümlich erfcheint. Indeffen blieb man in den Ateliers von Limoges, in denen, was die Formgebung betrifft, ein äufserst conservativer Zug herrschte, hinter der Kunstentwickelung des übrigen Landes ziemlich weit zurück.

In technischer Beziehung trat erst um die Mitte des XV. Jahrhunderts in Limoges eine bedeutende Veränderung ein, als man vom Grubenschmelz zum *Maleremail* überging. Nun wird die ganze zu bearbeitende Metallplatte oder Aufsenseite des Gefäfses mit einer farblosen Schmelzschicht überzogen, auf der mit Email-Farben in eigentlichem Sinne gemalt wird. Die verschiedenen Farben werden nach einander aufgetragen und immer wieder eingebrannt, so dafs das ganze Farbenconglomerat schliefslich eine einheitliche Masse bildet. An einzelnen Stellen, die besonders glänzend erscheinen sollten, wurden auf die Metallunterlage Goldplättchen gelegt und mit translucidem Email bedeckt (Paillons), wodurch eine stärkere Leuchtkraft erzielt wurde.

Möglich ist es, dafs das Maleremail durch venezianische Glaser, bei denen es schon länger in Gebrauch war, nach Limoges eingeführt wurde. Jedenfalls ist die älteste nachweisbare Limousiner Künstlerfamilie, die es anwandte, die *Pénicaud*, aus dem Glaserhandwerk hervorgegangen.

Nardon Pénicaud ist der erste in der Reihe der Emailleure dieses Familiennamens. Er mufs im letzten Viertel des XV. Jahrhunderts geboren sein, da das einzige bezeichnete Stück von seiner Hand im Musée de Cluny zu Paris 1503 datirt, und er im Jahre 1539 noch am Leben gewesen ist. Jenes eine signirte Werk, eine Kreuzigung Christi, ist das einzige sichere Material, um mittels Vergleichung Nardon Pénicaud andere stilverwandte Arbeiten zuzuschreiben. Die so gewonnenen Attributionen können natürlich auf absolute Sicherheit keinen Anspruch machen.

Durch drei Triptychen der Frau Julie Hainauer und eine von Herrn Valentin Weisbach gesandte Platte mit einer Madonnendarstellung war die Art des ältesten Pénicaud in der Ausstellung vertreten. Herrliche Farbenwirkung und sammetweicher Ton zeichnet das Triptychon mit dem Schmerzensmann und zwei Propheten auf den Flügeln aus, das sich ehemals in der Sammlung Spitzer befand. Dorther wurde auch die Weisbach'sche Madonna erworben, die, hinter einer Brüstung stehend, von einer gemalten gothischen Umrahmung eingefafst ist.

Die Vorbilder für die Darstellungen bei einer solchen Art von Arbeiten sind oft deutschen oder niederländischen graphischen Werken (Kupferstichen und Holzschnitten) entnommen. Man darf die Limousiner Emailleure nicht als Künstler ansehen, die auf selbständige Erfindung und Durchbildung des Vorwurfes besonderes Gewicht legten. Sie waren in erster Linie Handwerker. Und das Handwerksmäfsige an ihrem Beruf, d. h. eine technisch vollendete und möglichst glänzende Farbengebung, war für sie das besonders Mafsgebende. Ein und dasselbe Vorbild wurde häufig mehrere Male verwendet. So gehen z. B. zwei der gleichen Richtung angehörige Kufstafeln mit der Pietà (Samml. R. v. Kaufmann und James Simon) offenbar auf eine gemeinsame Vorlage zurück, die auch einer Pietà zwischen den Heiligen Petrus und Paulus in der Louvresammlung zu Grunde liegt.

Allmählich wichen die deutſchen und niederländiſchen Vorbilder mehr und mehr den italieniſchen. Italieniſche Künſtler wurden an den franzöſiſchen Hof gezogen. Nachdem Leonardo da Vinci und Andrea del Sarto durch Franz I. gerufen waren, ergoſs ſich, namentlich ſeit der Mitte des XVI. Jahrhunderts, ein Strom von Italienern nach Frankreich, deren Einfluſs nach den verſchiedenen Richtungen hin maſsgebend wurde. Im Schloſſe von Fontainebleau fanden die Maler, mit der Ausmalung der Gemächer von Seiten des Königs betraut, reichliche Beſchäftigung. Dort gingen die Franzoſen bei ihnen in die Lehre. Es bildete ſich die ſogenannte Schule von Fontainebleau.

Dieſer Übergang von der gothiſchen zur italieniſirenden Formgebung macht ſich auch in der Limouſiner Emailmalerei bemerkbar. Eine Kuſstafel des Herrn James Simon mit einer Madonna, die auf einem ſchweren, mit Renaiſſanceornamenten verzierten Steinthron ſitzt, veranſchaulicht die neue Darſtellungsweiſe. Als Vorbild diente offenbar eine oberitalieniſche Malerei. Die Vorlage iſt vielleicht ein bekanntes und geſchätztes Bild geweſen, denn ſie findet ſich auch anderwärts verwerthet, ſo bei einem runden Medaillon der Sammlung Spitzer (Nr. 47, Atelier der Pénicaud, erſtes Viertel des XVI. Jahrhunderts), bei einem ovalen von Pierre Raymond in derſelben Sammlung (Nr. 111) und ſonſt noch öfter. Alle dieſe Darſtellungen ſind nicht völlig identiſch, ſtimmen aber doch in den Hauptzügen der Compoſition ſo überein, daſs das gleiche Vorbild immer noch beſtimmt genug erkennbar iſt.

In der Simon'ſchen Pax lernen wir zugleich ein neues techniſches Verfahren kennen, das ſeit dem XVI. Jahrhundert von den Limouſiner Emailleuren mit Vorliebe angewandt wurde: die Griſaillemalerei. Sie erfordert kein ſo häufiges Brennen wie das Farbenemail. Die Künſtler arbeiteten dabei von einem dunkelen Grund in's Helle, indem ſie alle Lichter mit weiſser Farbe aufſetzten und zur Schattirung den Grund ausſparten. Häufig finden ſich dunkele Schraffirungslinien. Für die bloſsliegenden Körpertheile wurde Fleiſchfarbe verwandt. Durch vielfachen Goldauftrag ſteigerte man den Glanz und die Koſtbarkeit des Geräthes.

Einer der fruchtbarſten Limouſiner Griſaillemaler iſt *Pierre Raymond*. Die Ausſtellung beſaſs von ihm ein Geſchirr, beſtehend aus Kanne (mit den Initialen P. R. bezeichnet) und dazu gehöriger Schüſſel, Herrn Eugen Gutmann gehörig. Die Kanne enthält einen Fries mit der Darſtellung von Abraham und Melchiſedek, die Schale Scenen aus der Schöpfungsgeſchichte, in der Mitte auf einem Buckel ein Frauenprofil mit der Umſchrift Suſanna Bella, auf der Rückſeite ein Wappen; beide ſind auſserdem mit reichem Groteskenſchmuck, wie er bei Raymond und überhaupt in der Limouſiner Emailmalerei üblich war, verziert. Das Ornamentale war die ſtarke Seite dieſer Art von Künſtlern, die über das eigentlich Handwerksmäſsige doch niemals hinauskamen. Bei den figürlichen Darſtellungen beſchränkten ſie ſich faſt nur auf Nachahmungen. Ihre Geſtalten ſind mangelhaft gezeichnet und ſchlecht proportionirt. Was wir noch heute bewundern, iſt die abſolute Herrſchaft der Künſtler über ihren Stoff. Sie wuſsten dem Material alle nur erdenklichen Reize abzulocken.

Dem Atelier des Pierre Raymond entstammt auch eine Schale auf hohem Fuſs mit Deckel, die innen und auſsen mit Bildern geſchmückt iſt (Sammlung Reichenheim). Auf dem Deckel ſehen wir die Schöpfungstage dargeſtellt. Ein faſt ganz identiſches Stück, ebenfalls mit Scenen aus der Schöpfungsgeſchichte, bewahrt das Grüne Gewölbe in Dresden. Die Form des Gefäſses iſt eine ſpecifiſch limouſiniſche, die auch in anderen Ateliers (z. B. von dem Meiſter J. C.) häufiger angewandt wurde. Die Art der ornamentalen Ausſtattung ebenſo wie die Zeichnung der Figuren ſpricht für Pierre Raymond.

Sein Nachfolger iſt *Pierre Courteys*, der etwa um 1520 geboren wurde. Deſſen Zeichnungsweiſe iſt graziöſer. Er hat mehr Schwung und Anmuth in der Linienführung als der trocknere Raymond. Dies zeigt ſich ſchon, wenn man die der Sammlung des Herrn V. Weisbach angehörige (P. C. bezeichnete) Vaſe (ehemals Collection Spitzer) mit der Raymond'ſchen vergleicht. Während dieſer beſonders durch die ſchweren Formen der ſpäten Renaiſſance und des beginnenden Barock ſich beeinfluſst zeigt, äuſsert ſich bei Courteys eine mehr ſpielende Zierlichkeit in der Behandlung des Ornamentes.

Selten ſind ſeine Farbenemails. Ein Stück, ein Kaſten mit fünf Emailplatten, auf dem Deckel bezeichnet P. COVRTYS, war in der Ausſtellung vertreten (W. v. Dirkſen). In reichſter farbiger Behandlung ſind auf den ovalen Platten antike Götter wiedergegeben, auf dem Deckel Athene, an Vorder- und Rückſeite Mercur und Jupiter, an den Seiten Diana und Juno. Völlig gleiche Darſtellungen von Jupiter, Juno, Athene, Mercur begegnen uns auf vier ovalen Suſanne de Court zugeſchriebenen Emailplatten des Musée de Cluny (Nr. 4674—4677).

Von dem gröſsten und berühmteſten Farbenkünſtler Limoges', dem königlichen Hofemailleur *Léonard Limouſin*, war nur ein Stück vorhanden, das von Herrn James Simon kürzlich aus der Sammlung Heckſcher erworben wurde. Es ſtellt drei Frauen (Nymphen) mit nacktem Oberkörper in einer Landſchaft dar und iſt mit den Initialen L. L. bezeichnet.

Als Ganzes intereſſirt ſeiner reizenden Geſammtwirkung wegen eine Bronzelade mit Emailplatten aus der Sammlung Reichenheim. Kinder bei der Weinleſe bilden den Inhalt der Darſtellungen, die in hellen Tönen auf lichtblauem Grunde gegeben ſind. Dieſe Art von Käſtchen verſetzt man in das Atelier des *Couly I. Noylier*. Er wandte mit Vorliebe ſolche Kinderſcenen ſowie die Thaten des Hercules bei ſeinen Arbeiten an. Charakteriſtiſch für ihn ſind auch die Inſchriften, mit denen die Platten verſehen ſind und die ſich immer durch eine beſondere Incorrectheit in der Schreibweiſe auszeichnen. Ein eigenartiger Farbenreiz iſt ſeinen Werken nicht abzuſprechen, bei denen die Gegenſtände zuerſt weiſs untermalt und dann mit farbigen Emails leicht überzogen wurden.

TÖPFERWERKSTÄTTE. SALZBURGER [illegible] VON 15[illegible]. BES. [illegible]

ALTFLORENTINER MAJOLIKEN • • VON WILHELM BODE • •

UNTER den zahlreichen Majoliken der Ausstellung hatte man eine eigenthümliche Gattung alterthümlicher Majoliken gemischt mit Bronzefigürchen in einem besonderen kleinen Schrank im Durchgang des hinteren grofsen Saales aufgestellt: bis auf einen Teller lauter Gefäfse von kräftiger, etwas schwerfälliger Form und ganz eigenartigem, pastos aufgetragenem Decor in tiefblauer Farbe. Dadurch wurde auf diese, selbst in der neueren Fachlitteratur kaum erwähnte Gattung von Majoliken die Aufmerksamkeit weiterer Kreise von Kunstfreunden gelenkt. Dies giebt mir die Veranlassung, über ihre Eigenart, ihre Heimat, die Zeit ihrer Entstehung und ihre Stellung zu anderen Classen der älteren italienischen wie zu der orientalischen Majolikafabrikation einige Notizen hier zusammenzustellen, in der Hoffnung, dass sie zu weiteren Untersuchungen, namentlich auch an Ort und Stelle, anregen mögen.

Die tüchtige Arbeit von E. Molinier, »La céramique italienne au XVe siècle« (vervollständigt durch einen Aufsatz in der Gazette des Beaux-Arts, 1897), hat durch kritische Zusammenstellung der datirten Arbeiten wie durch Untersuchung der in Italien noch erhaltenen Fussböden aus Majolikafliesen eine erste sichere Basis für die Datirung der älteren italienischen Majoliken gelegt. Indem der französische Forscher dabei von der, ausdrücklich von ihm ausgesprochenen Ansicht ausging, dass das Material nur in italienischen Kirchen und öffentlichen Sammlungen zu finden sei, hat er jedoch ein umfangreiches und sehr wichtiges Material (freilich nicht mit Jahreszahlen versehener, aber trotzdem ziemlich genau datirbarer und auf ihre Herkunft bestimmbarer Stücke) unberücksichtigt gelassen, das sich damals im Privatbesitz oder im italienischen Kunsthandel befand und das erst jetzt zu einem Theil in einige wenige öffentliche Sammlungen übergegangen ist. Letzteres ist namentlich der Fall mit der historisch wichtigsten, systematisch in Florenz zusammengebrachten Sammlung des Malers und Antiquars Charles Fairfax Murray, die vom British Museum und vom South Kensington Museum erworben wurde, nachdem Fürst Liechtenstein schon einige Zeit vorher eine Auswahl daraus seinem reichhaltigen Museum einverleibt hatte. Ebenso bedeutend, namentlich durch Grösse, Alter und Werth der Stücke, ist die Privatsammlung des bekannten Antiquars Stefano Bardini in Florenz, die noch dadurch von besonderem Interesse ist, dass die Mehrzahl der Gefässe bei einer Unterkellerung seines Hauses gefunden wurde. Eine gute, gleichfalls in Florenz (aber vorwiegend nach künstlerischen und decorativen Gesichtspunkten) gesammelte Collection von solchen frühen italienischen Majoliken, bisher ganz unbenutzt von der Forschung, besitzt Mr. C. R. Fisher auf Hill Top in Midhurst. Werthvoll ist auch die Sammlung des Fürsten Liechtenstein, die seit ein paar Jahren in der Liechtenstein-Galerie, in dem Raum vor dem Decius Mus-Saal, aufgestellt ist. Den grössten Theil von dem, was nach dieser Richtung in Berliner Privatbesitz vorhanden ist, bot die jetzige Ausstellung: fast ausschliesslich Gefässe im Besitz der Herren A. von Beckerath und W. Bode (eine Auswahl aus beiden Sammlungen auf einer der Tafeln). Daneben enthält das Berliner Kunstgewerbe-Museum werthvolles, gleichfalls fast unbenutztes Material, namentlich in einer Anzahl von Scherben oder aus Scherben zusammengeflickten Stücken, die einen Theil der Funde bilden, welche Bardini unter seinem Hause in Florenz machte. Eine Anzahl guter Majoliken dieser Art hat auch der Louvre aufzuweisen, meist aus neueren Erwerbungen. Vereinzelt finden sie sich in kleineren Sammlungen wie bei Privatsammlern in Paris, London, Madrid (Conde de Osma), Florenz (F. v. Marcuard) u. s. w. Unter diesen Sammlern ist vor Allem Henry Wallis zu nennen, der beste Kenner der vorderasiatischen und hispano-moresken Fayencen. Wallis bereitet zur Zeit eine Zusammenstellung des Materials der ältesten italienischen Majoliken vor, welche ohne Zweifel dem kleinlichen Streit über den Vorrang von Faenza oder Caffagiolo ein Ende machen und die Beantwortung der Fragen über Alter, Herkunft und Verbreitung der Majolikenfabrikation in Italien im XIV. und XV. Jahrhundert auf neue, grössere Gesichtspunkte stellen wird.

Die uns hier beschäftigende Gattung von Majoliken ist so scharf ausgesprochen, dass sie nur für *eine* bestimmte Zeit und für *einen* Platz in Anspruch genommen werden kann. Was sie von allen anderen Majoliken, auch den vorderasiatischen und spanischen, unterscheidet, ist der erhabene Farbenauftrag des Decors, in der Regel in einer tiefblauen Kobaltfarbe. Nicht diese prächtige, wie Email wirkende Farbe selbst, sondern der pastose Auftrag derselben ist das Charakteristische; denn abgesehen davon, dass daneben, freilich ganz untergeordnet, auch Purpur (Mangan) und gelegentlich Grün angewendet ist, haben die »vasai« auch, gerade wie in Blau, hin und wieder in Grün, selbst in Purpur ihre Arbeiten bemalt und dabei auch diese Farben durch hohen Auftrag zu brillanter Wirkung zu bringen gesucht. Durch wiederholtes Auftragen der einen dominirenden zähen Farbe, die der Künstler je nach der Richtung des Decors hat verlaufen lassen, erscheint sie in breiten erstarrten Tropfen. Weitaus die Mehrzahl der uns erhaltenen Stücke, deren ich mehr als fünfzig kenne, sind allerdings in Blau bemalt. Die Zeichnung des Decors und kleine Ornamente zwischen demselben sind stets dünn mit Mangan aufgetragen, das als mattes Violett erscheint, bald in's Bräunliche, bald in's Lila- oder Purpurfarbene spielend. Nur ganz ausnahmsweise und untergeordnet (am Henkel) findet sich daneben noch ein schönes leuchtendes Grün, nur einmal Grün und Blau gleichwerthig neben einander. Der Grund ist weiss, meist ein reines warmes Weiss, zuweilen in's Grauliche oder Röthliche spielend.

Der regelmässige Decor dieser Gefässe ist ein bis zur Unkenntlichkeit stilisirter und flüchtig wiedergegebener Blattdecor: dieselben Ranken mit den, Akazienblättern verwandten gezackten, rundlich verlaufenden Blättern bedecken den Bauch fast aller dieser Gefässe. Nur einige haben eine noch einfachere, aber sehr wirkungsvolle Decoration durch kleine Schuppen oder durch breite aufsteigende parallele Streifen, von denen nach einer Seite kurze, rundlich abschliessende Haken in horizontaler Richtung ausgehen, die wie grosse, seitlich verlaufende Tropfen der dicken blauen Farbenstreifen erscheinen. Diese Streifen kommen bei dem gewöhnlichen Blattdecor nicht selten als Abschluss der beiden Felder der Gefässe vor. Die Ornamente am Hals und an den Henkeln beschränken sich auf parallele dicke Streifen, Punkte oder stilisirte Blattranken. Inmitten jenes Pflanzendecors finden sich als Mittelstücke auf der grossen Mehrzahl dieser Gefässe heraldisch stilisirte Thiere, namentlich Löwen, Hunde, Fische, Reiher, Strausse und andere Vögel, daneben vereinzelt karikirte Köpfe, Harpyien, Vögel mit Menschenköpfen, Hunde, die Wild jagen, eigentliche Wappen und Embleme, selbst einzelne Costümfiguren.

Die Formen dieser Gefässe von regelmässig mittlerer oder ziemlich beträchtlicher Grösse (zwischen 20 und 40 cm, wenige ausgenommen) sind einfach und derb: meist sind es bauchige Vasen mit kleinen anliegenden Henkeln, kurzem Hals und ohne Deckel, seltener in feinerer, etwas ausgeschwungener Bewegung, oder es sind untersetzte cylindrische Gefässe (albarelli) oder Kannen. Von Tellern dieser Gattung kenne ich nur wenige in öffentlichen Sammlungen: einen im Bargello zu Florenz, einen zweiten, mit einem Vogel in der Mitte, im Berliner Kunstgewerbe-Museum; beide klein, dick und roh in der Masse wie in der Arbeit.

Aus dem Stil allein auf den Ort der Entstehung dieser Majoliken zu schliefsen, würde ebenso schwierig sein, wie daraus die Zeit näher zu bestimmen. Je nachdem man darin Arbeiten eines noch jungen, aber bereits selbstbewufsten Handwerks sieht oder sie für rohe Decorationsstücke erklärt, wird man sie um fünfzig oder selbst hundert Jahre früher oder später ansetzen. Aber zur Entscheidung beider Fragen haben wir sichere Anhaltspunkte.

Für die Zeit geben uns verschiedene Gemälde eines altniederländischen Meisters diesen Anhalt. Die Gemälde der alten Niederländer im Allgemeinen bieten eine, freilich nur mäfsige Zahl von Abbildungen gleichzeitiger Töpferwaare. Meist sind es, wie namentlich bei den Malern vom Anfang des XVI. Jahrhunderts, flüchtig und aus dem Kopf gemalte Gefäfse von niederländischer oder deutscher Herkunft, ähnlich denen, die sich gleichzeitig und schon früher in den deutschen Gemälden finden. Einige lassen sich als italienische Majoliken erkennen. Vereinzelt kommen auch hispano-moreske Stücke vor, wie der Apothekertopf auf dem berühmten, für das Hospital S. Maria Nuova gemalten Triptychon von Hugo van der Goes. Offenbar kamen solche ausländische Stücke nach den Niederlanden nur selten, und regelmäfsig von Italien aus, mit dem die grofsen belgischen Handelsstädte damals in engster Verbindung standen. Fast genau derselbe Topf, den Hugo van der Goes auf seiner Anbetung der Hirten malte, findet sich auch auf Jan van Eyck's »Marien am Grabe Christi« in der Sammlung von Sir Francis Cook zu Richmond, wie auf Ghirlandajo's Geburt des Johannes in S. Maria Novella zu Florenz. Im Allgemeinen bieten sonst die italienischen Gemälde und Fresken des XV. Jahrhunderts wenig Material nach dieser Richtung; am meisten noch die Bilder der paduanischen und venezianischen Schule, in denen dann vorwiegend Gefäfse von vorderasiatischer Herkunft abgebildet sind. Der Fufsboden aus glasirten Fliesen auf Jan van Eyck's Tafeln mit den singenden und spielenden Engeln vom Genter Altar ist nach der Zeichnung wie nach den Farben des Decors *nicht* nach einem italienischen Vorbild gemalt. Ob ihn der Künstler in Portugal oder Spanien sah, oder ob er niederländische Arbeit ist, vermag ich nicht zu entscheiden; etwas Verwandtes ist uns meines Wissens im Original oder auf anderen Bildern und sonstigen Nachbildungen nicht erhalten, doch zeigen die Muster den Charakter der gleichzeitigen unglasirten Fliesen in den Niederlanden und in Deutschland.

Die für unsere Art von Vasen in Frage kommenden Gemälde sind sämmtlich von der Hand eines und desselben Altniederländers, vom »Meister von Flémalle« (Merode-Meister). Auf dem Mittelbilde des Triptychons im Besitz der Gräfin Merode zu Brüssel steht auf dem Tische hinter Maria ein weisser Krug mit tiefblauem Decor, der genau derjenige der hier beschriebenen Gattung von Majoliken ist. Fast derselbe Krug (soweit eine ganz kleine, die einzige danach aufgenommene Photographie ein Urtheil zuläfst), jedoch von der Rückseite gesehen, kehrt auf einem anderen seiner Gemälde, auf der Verkündigung im Museo del Prado zu Madrid Nr. 1853, wieder; ausserdem findet sich ein solcher Krug auf den beiden nur als alte Copien geltenden Bildern in Cassel und Ninove. Was in der Mitte zwischen dem Pflanzendecor dargestellt war, ist nicht zu erkennen, da in keinem der Bilder der Krug ganz von vorn genommen ist. Dass in dem Krug auf dem Merode'schen Bilde orientalische Buchstaben den Decor an der Seite abschliessen, beruht auf einer Liebhaberei des Künstlers, die wir auch an Gewändern auf verschiedenen seiner Bilder beobachten. Dieses wiederholte Vorkommen desselben oder mehrerer Gefässe der gleichen Gattung macht es wahrscheinlich, dass der niederländische Meister selbst Besitzer solcher Gefässe war. Da dieser nun bereits im Jahre 1438 eins seiner hervorragendsten Bilder ausführte und nach dem Charakter seiner Werke schwerlich weit über die Mitte des Jahrhunderts hinaus thätig war, so wird dadurch die Anfertigung jener Majolika-Arbeiten in der ersten Hälfte des XV. Jahrhunderts ausser Zweifel gesetzt. Die gleiche Zeit ergiebt auch das Costüm eines jungen Stutzers auf einer grossen Vase im Besitz des Conde de Osma, sowie auf einer anderen grossen, früher im Bardini'schen Besitz befindlichen Vase, auf der in humoristischer Weise zwei sich kampfbereit gegenüberstehende Hähne abgebildet sind, deren Köpfe die Portraits von jungen Florentinern in der Tracht aus der Zeit der Fresken Masaccio's in S. Maria del Carmine zeigen.

Für die Herkunft dieser Majoliken mit erhabenem blauen Decor weisen alle Anzeichen auf Florenz. Zunächst tragen mehrere der Töpfe das Wappen von Florenz; einer darunter sowie verschiedene andere Gefässe zeigen auf den Henkeln die Krücke, das Emblem des berühmten Hospitals von S. Maria Nuova in Florenz. Auf Florenz und seine Umgebung lassen sich sodann fast alle bekannten Stücke dieser Majoliken zurück verfolgen. Aus den Magazinen der Paläste, von den Villen und gelegentlich auch von den Söllern der Bauern (den alten Villen der Signori oder der Hospitäler), vor Allem aus dem Hospital von S. Maria Nuova selbst sind diese bis vor Kurzem ganz unbeachteten Majoliken erst seit etwa fünfzehn Jahren allmählich in den Handel gekommen. In einer der Versteigerungen von »altem Gerümpel«, die das Hospital in den letzten Jahrzehnten wiederholt machen durfte, erwarb u. A. der Conte Larderel in Florenz etwa zwei Dutzend solcher Majolikatöpfe; von ihm sind sie seither allmählich in den Privatbesitz und an einzelne Museen diesseits der Alpen gelangt, und fast ebenso viele sind durch Bardini's Hand denselben Weg gegangen. Auf ihre Entstehung in Florenz weist auch der Umstand, dass bei der einzigen systematisch vorgenommenen Ausgrabung einer Scherbengrube unter dem Palazzo Mozzi, auf dem Stefano Bardini's malerisches Kaufhaus aufgebaut ist, in grösserer Tiefe auch eine Anzahl Scherben von solchen Majolikagefässen mit hohem blauen Decor gefunden worden ist, von denen jetzt das Berliner Kunstgewerbe-Museum eine kleine Sammlung besitzt.

Alle diese Thatsachen lassen keinen Zweifel daran, dass diese eigenthümliche Gattung von Majoliken in Florenz — sei es in der Stadt selbst oder in der Umgebung — angefertigt worden ist. Argnani publicirt in seinem neuen verdienstvollen

Werke (»Rinascimento delle majoliche majolicate in Faenza«) einen unterſetzten Apothekertopf und eine Kanne (Taf. IX, 1 und 3), die einen ähnlichen paſtos aufgetragenen Blaudecor zeigen; auſserdem zeigt Tafel XXXII, 7 das Bruchſtück eines Tellers mit dieſem Decor. Argnani bemerkt zu letzterem, daſs er eine Reihe kleiner Bruchſtücke ſolcher Waare bei ſeinen Ausgrabungen geſunden habe. Ob dieſelben von Stücken, die aus Florenz importirt wurden, herrühren, iſt ohne genaue Prüfung derſelben nicht möglich. Doch ſcheint mir der Decor der von Argnani abgebildeten Stücke, von denen für die beiden erhaltenen Gefäſse die Herkunft unbekannt iſt (den Apothekertopf habe ich vor 3 oder 4 Jahren in Florenz erworben), in der That, trotz allgemeiner Verwandtſchaft, doch von den Florentiner Arbeiten, die auch in der Form künſtleriſch ſind, nicht unweſentlich abzuweichen, ſo daſs darin Nachbildungen einer anderen Werkſtatt, vielleicht von Faenza, vorliegen können. Die in neuerer Zeit häufiger und an verſchiedenen Orten gemachten Funde bei Ausgrabungen ſcheinen mir als zweifellos zu beweiſen, daſs im XV. und ſchon im XIV. Jahrhundert in Mittel- und Oberitalien auch neben Faenza und Florenz eine Reihe von Töpferwerkſtätten vorhanden waren, in denen man die Waare dieſer Fabriken wie direct orientaliſche und hiſpano-moreske Majoliken mehr oder weniger geſchickt nachmachte. Nur darf man nicht Alles, was man an einem Orte findet, für dort angefertigte Waare halten; die localen Nachahmungen laſſen ſich meiſt unſchwer von den importirten Stücken aus hervorragenden Werkſtätten unterſcheiden. Ein beſonders intereſſantes Stück dieſer Majoliken in paſtoſem Blaudecor, die groſse, auf unſerer Tafel abgebildete zweihenklige Vaſe, ſowie ein ähnlicher kleiner Apothekertopf im South Kensington Museum tragen das bekannte Wappen des berühmten Spedale di S. Maria della Scala in Siena: das Kreuz über einer Bahre, zu den Seiten zwei Hoſpitaldiener in ihrer Tracht mit Leibern von Vögeln (auf der Rückſeite ſtatt ihrer zwei Vögel). Dieſer Umſtand könnte zu dem Schluſſe verleiten, daſs auch in Siena ſolche Waare gefertigt oder daſs ſie von einem dritten Orte ſowohl für Siena wie für Florenz geliefert worden ſei. Dies widerlegt ſich ſchon durch das oben Geſagte. Übrigens gab es, wie mir Director Supino freundlichſt mittheilt, in Florenz eine Dependance dieſes Sieneſer Hoſpitals, welche die Familie Pollini geſtiftet hatte, S. Martino della Scala genannt. Da auch jene beiden Vaſen in Florenz erworben ſind, ſcheint es mir wahrſcheinlich, daſs ſie für das Florentiner Inſtitut gearbeitet wurden. Daſs in dieſem Falle das Wappen der Pollini über dem des Sieneſer Spitals hätte angebracht werden müſſen, wie Supino annimmt, ſcheint mir nicht nothwendig.

Die Gleichartigkeit dieſer Arbeiten macht es wahrſcheinlich, daſs ſie nur in wenigen Töpferwerkſtätten und wohl nur in wenigen Jahrzehnten etwa bis zur Mitte des Quattrocento von ſchlichten Vaſai angefertigt wurden, die nur für den Gebrauch Beſtellungen bekamen und annehmen konnten. Als ſie allmählich aus der Mode gekommen waren, wurden ſie freilich, wie regelmäſsig beliebte Muſter im Kunſthandwerk, noch durch Jahrzehnte in roher miſsverſtandener Weiſe von geringen Handlangern nachgeahmt, wie vereinzelte Stücke, namentlich aus Ausgrabungen, beweisen. Die erhaltenen Stücke aus guter Zeit sind zwar fast ausschliesslich Gefäſse für Apotheken, doch wurde daneben, und zwar wohl in umfangreichem Maſse, auch verschiedenartiges Geräth für den täglichen Gebrauch gefertigt. Die im Bargello und im Berliner Museum aufbewahrten Teller wie einzelne Krüge weisen auf Service hin. Daſs uns von solchen Stücken zum häuslichen Gebrauch fast nichts erhalten ist, liegt in ihrer Natur und Bestimmung; durch den Gebrauch wurden sie allmählich zerstört, und da sie geringwerthig waren, wurden die Überreste fortgeworfen, sobald die Mode und Vervollkommnung der Fabrication sie auſser Gebrauch gesetzt hatte. Daher besitzen wir von solchen Stücken meist nur durch Ausgrabungen Scherben; gelegentlich findet sich ein vollständiges Stück bei der Reinigung eines alten Brunnens, bei dem der Krug so lange zu Wasser ging, bis er hineinfiel. Einen solchen Krug besitzt Bardini, zwei andere zeigen den gewöhnlichen Decor in kobaltblauer Farbe, aber nicht auf weiſsem, sondern auf perlgrauem Grunde. Die Art, wie die Zeichnung leicht in Mangan skizzirt ist, wie die zähe Kobaltfarbe dick aufgetragen und nach unten zu gelaufen ist, die fetten Tupfen und Striche auf einem kleinen Krug in meinem Besitz und der Pflanzendecor um einen stilisirten Vogel, mit welchem der schöne groſse Krug im Besitz von Herrn A. von Beckerath bemalt ist, lassen keinen Zweifel daran, daſs beide Stücke denselben Werkstätten angehören wie die vorgenannten Gefäſse auf weiſsem Grunde. Die Form ist noch die des Trecento, namentlich bei dem kleineren Krug, dessen primitive Decorationsweise seine Entstehung wohl ganz in den Anfang des Quattrocento verweist. An dem gröſseren Krug ist die Zeichnung des Vogels besonders fein und streng und bis in die Haltung und die Anbringung eines Ornaments auf dem Körper getreu orientalischen Vorbildern entlehnt. In Form und Decor entspricht derselbe genau dem Krug, den der Flémaller Meister, wie wir sahen, auf verschiedenen seiner Gemälde angebracht hat. Das Bruchstück einer gröſseren Kanne mit dem gleichen perlgrauen Grunde sah ich kürzlich bei Stefano Bardini in Florenz. Der erhaltene Untertheil des Gefäſses zeigt als Decoration eine merkwürdige Krone, die aus stilisirten unter sich durch einen Zaun verbundenen Bäumen gebildet wird.

Abweichend sind diese wenigen Stücke in der Farbe des Thons, der röthlich ist, wie die der altetrurischen Thonwaaren, während sämmtliche von mir darauf untersuchten Gefäſse mit dem blauen Decor einen speckig-grauen Scherben zeigen. Abweichend ist vor Allem der Grund, der nicht weiſs ist, sondern perlgrau. Der Zusatz der Farbe zu der Zinnglasur hat dieselbe im Brand zerreiſsen lassen; diese Risse sind so fein und bedecken die Fläche so gleichmäſsig wie bei den feinsten japanischen Craquelé-Vasen, denen diese beiden Gefäſse daher in der Wirkung verwandt erscheinen. Auf diesem Grund erscheint der emailartige tiefblaue Decor noch toniger und delicater wie auf dem weiſsen Grunde.

Auf diese verschiedenen Arbeiten war die Thätigkeit der Florentiner Werkstatt oder Werkstätten aber keineswegs beschränkt. Mehrere der erhaltenen blauen Vasen tragen Flecke von einer leuchtenden, sehr klaren grünen Farbe, die aus Flüchtigkeit bei der Arbeit angespritzt waren; zweifellos wurde also neben dem Gefchirr in Blau auch folches in Grün decorirt. Diefes Grün findet fich denn auch an denjenigen blaudecorirten Vafen, welche an den Henkeln das Symbol des Hofpitals von S. Maria Nuova, die Krücke, tragen; hier ift der Stab in jenem fchönen und beinahe durchfcheinenden Kupfergrün gemalt. Bei einem niedrigen Albarello mit Henkeln (früher in Privatbefitz zu Florenz, eine Zeichnung davon in der Bibliothek des South Kensington Museum), an dem in tiefblauer Farbe mit hohem Auftrag auf der einen Seite ein Hund dargeftellt ift, wie er einen Hafen packt, auf der anderen ein Bär, ift der umgebende Blattdecor in dem gleichen brillanten Grün gemalt. Die Farbe und Behandlung in diefen Stücken läfst uns mit Beftimmtheit eine andere Claffe alterthümlicher, nur in Grün decorirter Gefäfse von gleicher Form und ähnlicher Glafur wie die bisher genannten Arbeiten, in denen wieder die Zeichnung ganz leicht in Manganfarbe fkizzirt ift, gleichfalls den Florentiner Werkftätten diefer Zeit zuweifen.

Die Zahl diefer Stücke, die mir bekannt find, ift noch eine befchränkte; fie wird fich aber zweifellos vermehren laffen, wenn die Aufmerkfamkeit diefen Arbeiten erft mehr zugewandt fein wird. Das British Museum befitzt zwei derfelben (aus der Sammlung Ch. Fairfax Murray ftammend), eine kleine gedrungene Vafe mit hohem Hals und anliegenden Henkeln, fowie einen kurzen Albarello mit weiter abftehenden Henkeln. Beide find auf Vorder- und Rückfeite je mit einem fchreitenden Vogel zwifchen dem ftilifirten Blattwerk bemalt, das wir an den blaudecorirten Gefäfsen fanden. Ein bauchiges Gefäfs mit Röhrenausgufs, bemalt mit einem Hirfch, den ein Hund verfolgt, zwifchen dem gleichen Blattdecor, befitzt feit Kurzem der Louvre. Eine fchon durch unterfetzte Form, kräftige Ausbuchtung, abftehende gedrehte Henkel und hohen fchmucklofen Hals, der auf einen (jetzt fehlenden) Deckel hinweift, auffallende Vafe, welche diefe Gattung auf der Ausftellung (aus meinem Befitz) vertrat, ift auch in dem Decor von fehr brillanter grüner Farbe durchaus eigenartig. Den Bauch der Vafe fchmücken nämlich Weinblätter, jedes mit einer kleinen Traube und einem jungen Triebe, welche einzeln in einer Art bauchigen Spitzbogens ftehen. Diefe echt gothifche Decoration, für Italien fogar von auffallender Reinheit, fpricht fchon für eine befonders frühe Entftehung des Gefäfses; auch die Glafur und der in's Lila abgetönte hellgraue Grund zeigen den gleichen Ton, wie die Trecento-Gefäfse in Mezza-Majolika. Die grüne Farbe ift, wie das Kobalt bei den blaudecorirten Gefäfsen, fehr dick aufgetragen, fo dafs fie etwas gelaufen ift und dadurch eine ähnliche, faft reliefartige Wirkung des Decors zeigt wie jene blauen Stücke.

Denfelben Charakter trägt ein etwas gröfserer, ähnlich decorirter Topf von gleicher Form in meinem Befitz (aus der Sammlung Bardini). Merkwürdig ift hier, dafs ein Theil des Decors plaftifch aufgetragen und dann mit dem übrigen Gefäfs bemalt worden ift. In der Mitte jedes Feldes befindet fich nämlich ein grofser Löwenkopf mit geöffnetem Rachen, zu den Seiten je eine aufwärts gerichtete Traube, in mäfsigem Hochrelief modellirt. Diefe find mit dem in brillanter, fett aufgetragener grüner Farbe gemalten Decor in Verbindung, der eine vom Fufs auffteigende, in die plaftifchen Trauben auslaufende Weinrebe mit je einem Blatte darftellt. Den freien Raum füllt, wie auf den blaudecorirten Vafen, ftilifirtes Blattwerk, jedoch fpitziger in der Form als dort und gothifirend in der Zeichnung. Diefelbe merkwürdige Mifchung von gemalter und plaftifcher Decoration findet fich auf einer runden Majolikaplatte, eingelaffen in einen flachen Giebel aus Pietra serena, von einem Tabernakel aus der Umgebung von Florenz, den ich vor etwa fechzehn Jahren für das Berliner Kunftgewerbe-Mufeum in Florenz erworben habe.

Alle diefe Arbeiten mit grünem Decor ftammen aus Florenz oder feiner Umgebung. Ihr Florentiner Urfprung kann nicht zweifelhaft fein; dadurch wird ein Beweis mehr dafür erbracht, dafs auch die gleichartigen Gefäfse mit hohem Blaudecor in Florenz entftanden find.

Diefe feltenen alterthümlichen Gefäfse, die in diefer Weife mit grüner Farbe und dem nur untergeordnet für die Zeichnung verwendeten Purpur bemalt find, zeigen den Zufammenhang der Kunft der Florentiner Werkftätten, in denen fie entftanden, mit der Fabrication der kleinen Kannen und runden Näpfe in Halbmajolika, welche fich in Italien, namentlich in Toscana, im XIV. und vielleicht bis zum Ausgang des XIII. Jahrhunderts nachweifen laffen. Von dem gewöhnlichen Gebrauchsgefchirr, von dem nur bei Ausgrabungen, Brunnenreinigungen oder Flufsregulirungen zufällig Scherben und gelegentlich einmal ein vollftändiges Stück gefunden wird und in die richtigen Hände kommt, befitzt namentlich das British Museum eine Anzahl, die von Charles F. Murray mit grofser Sorgfalt im Laufe von etwa zwanzig Jahren in Italien zufammengebracht find. Jene kleinen runden Näpfe, die wohl als Gefchirr benutzt wurden, find uns eingemauert als Schmuck der Friefe einzelner Kirchthürme in Toscana erhalten: in Lucca, Pifa, S. Gimignano und in kleineren Orten, von wo fie in neuerer Zeit vereinzelt in öffentliche Sammlungen (u. A. in das Berliner Kunftgewerbe-Mufeum), meift aber an Maler und Kunftliebhaber gekommen find, bei denen fie als Afchennäpfe, Behälter für Farben und dergl. rafch zu Grunde gehen. Diefe einfachen Trecento-Gefchirre, die gegen Ende des Jahrhunderts fchon in echter Majolika vorkommen, find regelmäfsig in primitiver Weife durch Ornamente (meift in geometrifcher Form, feltener mit Blattwerk, gelegentlich mit einem Thier oder Wappen in der Mitte) in nicht fehr kräftigem Kupfergrün bemalt. Daneben findet fich Mangan-Violett für die Zeichnung verwendet und ausnahmsweife auch Terra di Siena; doch find diefe beiden Farben, auch wo fie vorkommen, noch wenig entwickelt und kommen neben dem wirkungsvolleren Grün kaum zur Geltung.

Wie der Zufammenhang mit diefer toscanifchen Töpferei des Trecento durch jene gründecorirten Gefäfse klargeftellt wird, fo zeigt ein anderer Typus derfelben Gattung von Majoliken aus etwas vorgefchrittenerer Zeit den Übergang zu einer etwa um die Mitte des XV. Jahrhunderts beginnenden weiteren Entwickelung der Florentiner Majolika-Werkftätten. Charakteriftifch für diefe, gleichfalls nur in einer kleinen Zahl von Gefchirren erhaltene Gattung ift das Hinzutreten der gelben Farbe, der Terra di Siena, zu den drei bisher benutzten Farben: Blau, Grün und Violett, ſowie das Zuſammenwirken aller dieſer Farben (auch des früher faſt nur zur Zeichnung benutzten Violetts) zu einem ſehr brillanten Decor. Der Reichthum und die Schönheit der Farben brachte die Künſtler darauf, als Motiv für den Schmuck ihres Geſchirrs gleich eins der farbenprächtigſten Vorbilder in der Natur zu wählen: das Auge der Pfauenfeder. Möglich, daſs dieſe Wahl mitbeſtimmt wurde durch die Beſtellung der einen oder anderen Florentiner Familie, welche — voran die Mediceer — die Pfauenfeder unter ihren Emblemen hatte; jedenfalls wäre dies dann nur eine Veranlaſſung geweſen, um das Motiv aus rein künſtleriſchen Rückſichten weiter auszubilden.

Das früheſte mir bekannte Beiſpiel iſt ein kleiner Apothekertopf (Albarello) von gedrungener Form, den ich in Florenz erworben habe. Seine Herkunft aus der Werkſtatt der Florentiner Vaſai, die jene Vaſen mit impaſtirtem blauen und grünen Decor anfertigten, verräth dieſes Stück ſchon dadurch, daſs hier der Verſuch gemacht iſt, das Violett paſtos aufzutragen und demſelben dadurch eine brillante Wirkung zu geben. Dies iſt der Grund, weshalb auch hier die dick aufgetragene zähe Farbe, wie bei dem Decor in Grün und namentlich in Blau, nach unten zuſammengelaufen iſt. Freilich eignete ſich dieſe Farbe weniger dazu, und da ſie allein weder beſonders wirkungsvoll noch gefällig iſt, verzichteten die Florentiner Töpfer in richtigem Gefühl auf den einfarbigen Decor in Mangan, ſtellten vielmehr die anderen ihnen noch geläufigen Farben in möglichſter Pracht (aber ohne hohen Auftrag) daneben, wobei auch der Grund nicht ſelten ganz oder faſt ganz gedeckt wurde. So gerade in dieſem Gefäſse, das ſeine frühe Entſtehung auch noch durch das Ungeſchick in Miſchung und Auftrag der hier zuerſt verwandten Farbe, der Terra di Siena, verräth. Wie groſse Schuppen, von einem blauen Bande eingerahmt, reihen ſich hier die Pfauenaugen an einander. Auf anderen, jüngeren Arbeiten, in denen von einem paſtoſen Auftrag der Farbe abgeſehen iſt, erſcheint der Decor mit den Pfauenfedern in mannigfachſter, meiſt ſehr pikanter Weiſe entwickelt. Bald deckt er in ſchuppenförmiger Anordnung den Grund vollſtändig, bald ſind die Pfauenaugen wie ein paar Blumen an einen Stengel gereiht, bald bilden ſie, wie die Granate in den gleichzeitigen Sammetſtoffen, den Mittelpunkt eines ſich regelmäſsig wiederholenden Muſters, oder ſie ſind wie ein Band als Ornament verwandt, wie am Rande von ein paar ſchönen Tellern in South Kensington, in der Sammlung Hainauer u. ſ. f. Alle dieſe Arbeiten verrathen ſich auch durch dieſelbe kräftige und reiche Farbenzuſammenſtellung als aus einer und derſelben Quelle ſtammend. Die Renaiſſance-Ausſtellung hatte verſchiedene Stücke mit ſolchem Decor aufzuweiſen, ſämmtlich aus dem Beſitz des Herrn A. von Beckerath.

Die gleiche Farbenzuſammenſtellung und Farbenwirkung finden wir regelmäſsig auch bei den Gefäſsen und Tellern mit derbem gothiſirenden Blattwerk, von denen der niedrige Apothekertopf aus meinem Beſitz in der Ausſtellung ein charakteriſtiſches Beiſpiel zeigte. Doch dieſe wie die letztgenannten Arbeiten gehören ſchon einer jüngeren, erſt etwa um die Mitte des Quattrocento beginnenden Richtung der Florentiner Töpferkunſt an, die durch Vervollkommnung der Technik die

Farben auch ohne dicken Auftrag kräftig und gleichmäſsig zu entwickeln und die Zeichnung ſauber auszuführen lernte. Es finden ſich daher ſowohl auf den Tellern wie an den Gefäſsen ſchon portraitartige Köpfe und einfache Compoſitionen von bildartiger Wirkung, den älteſten Holzſchnitt-Illuſtrationen verwandt, die gelegentlich als ſolche ſchon einen höheren künſtleriſchen Werth haben.

Solchen und mehr noch allen ſpäteren italieniſchen Majoliken ſteht die hier beſprochene Gruppe primitiver Florentiner Majolika-Arbeiten in jeder Weiſe eigenartig gegenüber: eigenartig in ihrer fetten weiſsen oder leicht röthlichen Glaſur wie in dem ſtiliſirten Decor mit Blättern und Thieren, in dem faſt reliefartigen Auftrag der Farben und in dem Vorherrſchen *einer* (regelmäſsig ſehr brillanten) Farbe. Verglichen mit den Arbeiten des Trecento, erſcheinen auch die Formen zum Theil neu, indem zu dem gewöhnlichen Geſchirr die Behälter für die Apotheken: bauchige Vaſen und cylindriſche Gefäſse, mit oder ohne Henkel, ſowie Ausguſsgefäſse hinzukommen. Weniger originell dagegen erſcheinen ſie, wenn wir die älteren orientaliſchen Majoliken zum Vergleich heranziehen; ſie geben ſich deutlich als unter dem Einfluſs derſelben entſtanden, zum Theil faſt als Nachbildungen der vorderaſiatiſchen und perſiſchen Gefäſse zu erkennen, mit denen Italien ſeit dem Beginn der Kreuzzüge, wie mit Stoffen und Teppichen derſelben Gegenden, im reichſten Maſse verſehen wurde. Die Formen der Apothekergefäſse: die Vaſe ſowohl wie der Albarello, ſind den orientaliſchen Gefäſsen nachgebildet, in denen die Medicamente und Specereien aus dem Orient herüberkamen und die, wie uns alte Abbildungen zeigen, mit hispano-moresken Gefäſsen zuſammen bis zum Ende des XIV. Jahrhunderts faſt ausſchlieſslich das Geſchirr in den italieniſchen Apotheken ausmachten, aber hier auch durch das ganze XV. Jahrhundert, namentlich in Venedig, noch ſehr ſtark vertreten waren. Auch der Decor dieſer Altflorentiner Majoliken iſt von ſolchen orientaliſchen Vorbildern entlehnt: die Art der Flächendecoration ſowohl wie die einzelnen Formen, das eigenthümliche Blattwerk, die kleinen Kreuze, Striche, Punkte zur Füllung der Zwiſchenräume und die Thiere zwiſchen dem Blattwerk. Die verſchiedenen Vögel, Löwen, Leoparden, Hunde u. ſ. w. ſind in der Zeichnung und Stiliſirung faſt noch treu orientaliſch, bis zu den Ornamenten, die auf den Körpern derſelben angebracht ſind. Doch benutzen die Florentiner Töpfer dieſe Motive ſo naiv und bringen ſo viel Eigenes dazu, daſs dieſe Abhängigkeit meiſt erſt bei näherer Betrachtung vor den Arbeiten ſelbſt auffällt.

Ein unmittelbares orientaliſches Vorbild für die Majoliken in hohem Blaudecor liegt mir in einem aus den Ausgrabungen von Priene ſtammenden Scherben vor, der mit breiten parallelen, durch ſchmale ſchwarze Striche getrennten tiefblauen Streifen decorirt iſt; alſo in Zeichnung und Farbe grade ſo, wie wir ſie an den blauen Florentiner Vaſen kennen lernten. Die Ähnlichkeit geht ſogar ſo weit, daſs das Blau auch hier mit breitem Pinſel mehrfach prima über einander geſtrichen iſt, ſo daſs der Decor dadurch nicht nur tiefer in der Farbe, ſondern auch paſtos wirkt. Freilich iſt die Farbe hier nicht ſo dick und auch nicht gelaufen wie an jener Florentiner Waare, da ſie die orientaliſchen Töpfer dünnflüſſiger aufzutragen und beſſer zu trocknen verftanden. Der Rand ift dünn in demfelben Blau geftrichen, das dadurch heller erfcheint. Auf der Rückfeite finden wir, durch fchmale Striche in Manganfarbe getrennt, flüchtige Streifen in dem gleichen fchönen Kupferoxydgrün wie auf den Florentiner Töpfen, denen auch die weifse Glafur mit ihrem feinen Craquelé verwandt ift, wenn auch hierin, wie in dem dünnen harten Scherben, die orientalifchen Töpfer als die durch alte Gewöhnung gefchickteren fich bekunden. Diefer an fich unfcheinbare Fund, zu dem noch ein paar mit den italienifchen Halbmajoliken des XIV. Jahrhunderts nahe verwandten Stücke gehören, ift deshalb von befonderem Intereffe, weil die italienifchen Colonien auf den griechifchen Infeln und die Factoreien an den Häfen des gegenüberliegenden Feftlandes von Kleinafien einen fehr lebhaften Import orientalifcher Waaren nach Italien betrieben; wie die meiften Teppiche fo find alfo auch die Töpferwaaren ganz befonders von diefen Plätzen eingeführt. Hoffentlich wird man bei weiteren Ausgrabungen in Kleinafien auch auf folche Überrefte aus dem Mittelalter das Augenmerk richten, wie es jetzt in Priene durch Dr. Wiegand und früher in Ephesus durch Mr. Woods gefchehen ift.

Auch in Glafur und Farbe fuchten die italienifchen Künftler vorderafiatifchen Majoliken wenigftens nahezukommen; denn zur Nachbildung fehlte ihnen die technifche Erfahrung in der Bereitung der Farben, im Auftrag derfelben, wie im Brand und in der Glafur ihrer orientalifchen Vorbilder. Hier mufsten fie fich felbft helfen, und hier haben fie mit den eigenen befchränkten, aber meift felbftgefundenen Mitteln und in ganz eigener ftilvoller Weife eine den orientalifchen Gefäfsen, namentlich denen mit tiefblauem Grunde, verwandte Wirkung zu erzielen gewufst. Die auch für Fette und für ätzende Flüffigkeiten undurchläffige Zinnglafur, in Italien bis an den Ausgang des XIV. Jahrhunderts noch nicht bekannt, ift von diefen Florentiner Töpfern (wie felbftändig vielleicht auch an anderen Stellen Italiens) gefunden und weiterentwickelt, wie der Vergleich ihrer Arbeiten mit der älteren italienifchen und der altorientalifchen Waare ergiebt. Durch die Glafur ift andererfeits die Färbung und der Farbenauftrag bedingt worden. Die Farben, welche die Meifter vom Trecento übernahmen, konnten fie auf diefer neuen Glafur nicht, wie auf der alten Bleiglafur, fchön und gleichmäfsig auftragen, und der Farbenpracht der orientalifchen Gefäfse, denen fie nacheiferten, konnten fie erft recht nicht nahe kommen; ihre Farben erfchienen matt und wirkungslos nach dem letzten Brande. So kamen fie darauf, die Farben, von der leichten Vorzeichnung abgefehen, ganz paftos aufzutragen und jedes einzelne Gefäfs oder Gefchirrftück regelmäfsig nur in einer Farbe, vorwiegend in dem kräftigen Kobaltblau, zu decoriren. Die dicke, zähe Farbmaffe liefs aber keine feinere Zeichnung oder Durchführung zu, weshalb der Decor die breiten, rundlichen Formen zeigt und auf das Allereinfachfte befchränkt blieb. Aus der Noth machten diefe braven Handwerker eine Tugend; die wenigen und mangelhaften Hülfsmittel verftanden fie in einer fo gefchickten Weife anzuwenden, dafs ihre Arbeiten diefer Art gerade in diefer Befchränktheit, in ihrer flüchtigen Derbheit befonders ftilvoll erfcheinen und einen ganz eigenen Zauber befitzen. Erft auf Grund ihrer Vorarbeiten hat einer der grofsen Florentiner Bildhauer, Luca della

Robbia, seine berühmten bemalten und durch Glasur wetterbeständigen Thonbildwerke schaffen können.

Durch die genannten Eigenschaften sind diese Majoliken nicht nur neben den früheren und späteren Arbeiten der italienischen Majolikakunst, sondern auch gegenüber den orientalischen Geschirren, die ihnen als Vorbilder dienten, eigenartig und haben vor letzteren, denen sie an schillernder Pracht der Farbe und Feinheit der Arbeit weit nachstehen, gröfsere Frische und Mannigfaltigkeit voraus. Die Wirkung der Farbe, sowohl bei den blau, wie bei den grün bemalten Gefäfsen, ist trotz der Tiefe und Kraft auf dem schönen milchweifsen Grunde keineswegs hart; ganz besonders fein erscheint sie auf dem seltenen perlgrauen Grunde. Zu dieser harmonischen Abstimmung der Farben auf dem hellen Grunde trägt die Vorzeichnung in dünnem Violett, das als solches kaum hervortritt, nicht wenig bei.

Wenn hier auf einem kleinen Gebiete des Kunsthandwerks gleich mit dem Beginn der neuen Zeit, ähnlich wie in der hohen Kunst, etwas ganz Eigenartiges von derber Kraft und frischer Phantasie geschaffen wurde, so läfst sich diese Erscheinung unmittelbar auf eine der grofsartigen Neuerungen im gesammten Leben des italienischen Volkes wieder zurückführen, welche diese Zeit, unter Vorgang der Toscaner und insbesondere der Florentiner, seit der zweiten Hälfte des XIV. Jahrhunderts zur Entwickelung brachte: auf die Krankenpflege und die Schöpfung der grofsen Hospitäler. Diese entstanden in Folge der verheerenden Seuchen in den letzten Jahrzehnten des Jahrhunderts aus Schenkungen einzelner Bürger, voran das Hospital von S. Maria della Scala in Siena (und Florenz) und seit 1388 das noch grofsartigere Hospital von S. Maria Nuova in Florenz. Wenn wir die beträchtliche Zahl der erhaltenen Apothekergefäfse mit den dürftigen Resten des gewöhnlichen Gebrauchsgeschirrs vergleichen, wenn wir sehen, wie künstlerisch die ersteren durchgebildet sind und wie daneben das gewöhnliche Geschirr regelmäfsig ganz flüchtig und selbst roh gearbeitet ist, so können wir nicht im Zweifel sein, dafs die Bedürfnisse und die Aufträge dieser reichen Hospitäler, die neuen und höheren Anforderungen und zugleich die höheren Preise, welche diese Institute für die Gefäfse ihrer Apotheken gern zahlten, die Töpfer von Florenz dazu anspornten, mit der bisher verwandten orientalischen Töpferwaare in Concurrenz zu treten und in ihrer Waare etwas Neues, den technischen und künstlerischen Anforderungen Genügendes zu schaffen. Die Art, wie die Florentiner Handwerker diese Aufgabe lösten, sichert ihnen, wie sie zeitlich an erster Stelle genannt werden müssen, auch in künstlerischer Beziehung innerhalb der an mannigfachen, eigenartigen und herrlichen Leistungen einzig dastehenden Majolikakunst der Italiener einen hervorragenden Platz.

ITALIENISCHE MAJOLIKEN DES FÜNFZEHNTEN UND SECHZEHNTEN JAHRHUNDERTS — FRANZÖSISCHE UND DEUTSCHE FAYENCE — DEUTSCHES STEINZEUG — VON RICHARD STETTINER

UNSERE heutige Geschmacksrichtung im Kunstgewerbe wird beherrscht von dem Streben nach Zweckmäfsigkeit. Vor 15 Jahren etwa hat Molinier in einem Auffatz, der der italienischen Majolika gewidmet war, einleitend den Ausspruch gethan, dafs in unserer Zeit der Comfort die Kunst getödtet habe. Das letzte Jahrzehnt hat uns gelehrt, dafs vielmehr aus jener gesunden Anschauung von Comfort eine neue, wurzelechte gewerbliche Kunst erwachsen ist.

Es liegt nahe, gerade dann, wenn man der italienischen Majolika seine Aufmerksamkeit zuwendet, den Gedanken der Zweckmäfsigkeit in's Auge zu fassen. Ich erinnere, was in einem der vorhergehenden Auffätze über Florentiner Hausmöbel auseinandergesetzt ist, wie Alles dort berechnet war, nicht auf den höchstmöglichen Comfort und die Bequemlichkeit des Privatlebens, vielmehr auf Pracht und Prunk in allen den Fällen, in denen der vornehme Florentiner die Macht und die Gröfse seines Hauses seinen Mitbürgern zu zeigen Gelegenheit hatte. Öde und kahl lagen für gewöhnlich die schönsten Räume des Hauses da. In ihren massiven, wenig beweglichen Formen sind die Möbel jener Zeit das Gegentheil von dem, was der moderne Möbelkünstler für das vornehme Hausmobiliar anstrebt.

Und mit dieser Thatsache geht die andere parallel, dafs eine keramische Kunst durch zwei Jahrhunderte blühte, eine Unzahl von Gefäfsen und Tellern hervorbrachte, bei denen in den meisten Fällen weder der Urheber noch der Käufer daran dachten, sie wirklich in einen ihrer Form entsprechenden Gebrauch zu nehmen. Es war das Prunkgeschirr, das auf den Credenzen vor Allem aufgestellt war, ein Symbol der Gastlichkeit. Es ist wiederholt darauf aufmerksam gemacht worden, wie bei den Tellern die Idee ihrer ursprünglichen Bestimmung so sehr schwand und man sich so gewöhnte, sie nur senkrecht aufgestellt oder aufgehängt zu sehen, dafs dadurch die ganze Anordnung ihres Decors fast ausschliefslich bestimmt wurde. Immer weiter ab von einem guten Geschmack führte im Cinquecento das Vergessen der ursprünglichen Bestimmung der Geräthe. Die Teller und Schüsseln wurden zu Gemälden, bei denen der Künstler auf die Form oder auf die ursprüngliche Bedeutung der Form absolut keine Rücksicht mehr nahm.

Die Majoliken auf der Berliner Ausstellung waren nicht von eigentlichen Majolikasammlern hergeliehen; sie dienen in den Hausständen, aus denen sie stammten, als helle Farbenflecke zwischen alten Bronzen, Möbeln und Gemälden oder als passende Zierden von Credenzen. Demgemäfs war auch die Aufstellung in den Räumen der Ausstellung selbst. Eine kleine Anzahl war in verschiedenen Schränken zwischen den Bronzen untergebracht, einige wieder hier und da an den Wänden, befonders an lichtarmen Wänden, vertheilt, die meiften in einem Schranke zu einem credenzartigen Aufbau vereinigt, der dem Auge am Ende eines langen Saales einen buntfarbigen Abfchlufs bot.

Die Berliner Kunftfammler waren befonders in neuerer Zeit fo gefchmackvoll, ihr Augenmerk auf die älteren Majoliken zu richten oder bei den jüngeren Majoliken einen rein oder vorwiegend ornamentalen Charakter zu bevorzugen. Demgemäfs war auch die Ausftellung befchickt. Quattrocentomajoliken waren in ganz hervorragender Weife vertreten, was allerdings in erfter Linie den Sammlungen Bode und von Beckerath zu verdanken ift. Dann waren zahlreiche Majoliken ornamentalen Charakters aus dem XVI. Jahrhundert aus den Fabriken von Faenza, Cafteldurante, Deruta, Gubbio beigefteuert. Urbino dagegen trat ftark, nicht zum Schaden des Ganzen, in den Hintergrund.

In dem vorhergehenden Auffatz ift eine Gruppe von *Quattrocentomajoliken*, als deren Urfprungsort Florenz nachgewiefen werden konnte, charakterifirt; unzweifelhaft bildete fie eben durch ihre Gefchloffenheit, durch ihren eigenartigen Charakter gegenüber den anderen Erzeugniffen der keramifchen Kunft Italiens im XV. und XVI. Jahrhundert einen überaus wichtigen Beftandtheil der Ausftellung. Doch auch was außerhalb diefer Gruppe von Majoliken der Frühzeit auf der Ausftellung war, erfcheint wichtig genug, um, foweit dies bereits heute möglich ift, näher betrachtet zu werden. Aber was bei jenen Florentiner Gefäfsen mit einer verhältnifsmäfsig ftarken hiftorifchen Sicherheit möglich war, die Feftlegung von Urfprungsort und Urfprungszeit, dafür find wir bei den übrigen Stücken bei dem heutigen Stand der Forfchung nur auf Vermuthungen angewiefen. Für die Zeit geben uns eine gewiffe Grundlage die wenigen datirten Majoliken aus dem XV. Jahrhundert, die bisher bekannt geworden find — es ift kaum die Hoffnung vorhanden, dafs ihre Zahl fich noch allzu fehr vergröfsern wird — und die vor Allem von Molinier in dankenswerther Weife zufammengeftellt find. Was den Urfprungsort betrifft, fo find für das XV. Jahrhundert, aufser für Florenz und Faenza, die Nachweife noch überaus fpärlich. Wir wiffen wohl aus Documenten, dafs an zahlreichen Orten Fabriken mit einem gröfseren Betriebe vorhanden gewefen fein müffen; aber welche unter den erhaltenen Stücken wir den betreffenden Fabriken zuzuweifen haben, dafür fehlt der Beweisführung faft noch jede Grundlage, fei es aus Infchriften auf den Stücken felbft, fei es aus hiftorifchen Notizen, die mit denfelben in Verbindung gebracht werden können, fei es endlich aus Scherbenfunden an Stätten der alten Fabrikation.

An den Anfang der Entwickelung pflegt wohl mit Recht ein Fufsboden gefetzt zu werden, der fich in der Carracciolo-Kapelle der Kirche S. Giovanni a Carbonara in Neapel befindet. Mehrere Stücke find in den Handel gelangt, einige befinden fich im British Museum, eine gröfsere Anzahl im Louvre. Wir befitzen genügende hiftorifche Anhaltspunkte, um anzunehmen, dafs der betreffende Fufsboden um 1440 entftanden ift. Natürlich find zahlreiche Majoliken primitiven Charakters in noch früherer Zeit entstanden, aber ein sicheres früheres Datum läfst sich, wenn wir vielleicht den sogenannten Manfredikrug in Faenza ausnehmen, mit keinem Stücke verbinden. Die Zusammensetzung des Fufsbodens ist so, dafs sich um ein quadratisches Mittelstück länglich sechseckige Stücke herumlegen. Dieses System — das mufs man scharf im Auge behalten — entspricht einer besonders in Frankreich noch an vielen Stellen vorhandenen Anordnung der Fufsbodenfliesen im Mittelalter, wie sich diese nach meinem Wissen weder bei den orientalischen noch bei frühen hispano-moresken Fliesen bisher nachweisen liefs. Dafs aber auf die Decorationsart das Orientalische einen grofsen Einflufs hatte, kann nicht geleugnet werden, aber dasselbe ist stark mit mittelalterlichen Elementen durchsetzt. Für die Fufsbodendecoration gab es in allen Landen im Mittelalter eine alte Tradition. Allerdings besitzen wir heute ein reiches Material für die Zeit vor dem XV. Jahrhundert nur noch für Frankreich (vor allen Dingen veröffentlicht von Amé, Didron, Cahier), und hier finden wir fast ebenso viele Vergleichsmomente wie unter den spanischen Fliesen, den Azulejos, die bisher vor Allem für den Neapeler Fufsboden herangezogen wurden.

Die Fliesen bieten folgende Decorationselemente: Thiere, wie verfolgende Hunde, verfolgte Hasen, Vögel, Fische, eingefügt in Sechsecke, während der freie Raum mit einem eichenblattartigen Laubmotiv ziemlich willkürlich ausgefüllt ist, ähnlich wie bei den oben beschriebenen Florentiner Töpfen (»Fische, Thiere, Meerwunder«, so lautet bereits eine mittelalterliche Beschreibung eines Bodens im Gralstempel, und ebenso, wie diese Motive, fehlt auch das Eichenlaub nicht auf jenen französischen Fliesen); ferner eine Reihe von Pflanzenmotiven, unter denen besonders eine Pflanze mit artischockenartiger Anordnung der Blätter auffällt, dann rosettenartige Blüthen und weinlaubartige Blätter, die aus büschelartig aneinandergelegten einzelnen dicken Linien gebildet sind, und eichelartige Früchte (diese ganzen Pflanzenornamente sind vollkommen befangen in einer traditionellen Stilisirung der Natur, gemischt aus mittelalterlicher und direct oder indirect orientalischer Tradition); ferner eine Reihe ornamentaler Motive, zum Theil heraldischer Natur, z. B. ein Kreis mit einem Kreuz, umgeben von Flammen, ein Schriftband, Buchstaben u. s. w.; endlich einige noch sehr primitiv ausgeführte menschliche Köpfe. Die angewandten Farben sind vor Allem Blau, dann in bescheidener Weise Grün und Mangan.

Dem Neapeler Fufsboden scheinen von den mir bekannten Stücken am nächsten ein Albarello der Sammlung Bode mit schreitendem Vogel in ganz orientalischem Stil auf der einen und dem Buchstaben »a« auf der anderen Seite, ferner zwei Albarelli der Sammlung von Beckerath, ebenfalls mit blauem Decor, die sich auch auf der Ausstellung befanden, zu stehen. Auf dem einen der letzteren ist die artischockenartige Blume fast genau in derselben Stilisirung wie auf jenen Fliesen, dann finden sich ferner auf allen drei aus Strichbüscheln gebildete Ornamente, Blätter und rosettenartige Blüthen. Wenn man ein im Besitze des Herrn von Beckerath befindliches hispano-moreskes(?) Stück mit tiefblauem Decor und Goldlüsterfarbe neben jene Albarelli stellt, so kann man an dem orientalischen Ursprung gerade dieser eigenthümlichen Strichel-Ornamente nicht zweifeln.

Als Urfprungsort für den Neapeler Fufsboden hat Molinier Faenza angenommen, und wirklich finden fich unter den hier gemachten Funden Stücke, die zeigen, dafs zum Mindeften in Faenza Ähnliches angefertigt wurde. Man vergleiche Argnani, Publ. von 1889, Taf. IX, 4 und 5 und befonders Taf. VII, 3, fowohl für die orientalifirenden Thierformen als auch für die Linienbüfchel in der Ornamentik.

Der befprochene Fufsboden bietet eine eigenthümliche Vermifchung von mittelalterlichen und orientalifchen Elementen. Die Frage, auf welchem Wege die letzteren in die italienifche Keramik des XV. Jahrhunderts hineingelangt find, ift vielfach aufgeworfen worden. Es fteht wohl zu erwarten, dafs eine von dem vortrefflichen Kenner orientalifcher Keramik, Henry Wallis, vorbereitete Publication über diefe Frage mehr Licht verbreiten wird. Jedenfalls fcheint es, dafs die entfchiedene Art, wie man jetzt auf Spanien als faft ausfchliefsliche Quelle hinweift, mehr auf Vernunftsgründen a priori, als auf einer genauen Vergleichung des vorhandenen Materials und einer forgfamen Definirung der decorativen Elemente beruht. Direct aus dem Orient gekommene Gefäfse waren wohl in Europa im XV. Jahrhundert viel verbreiteter, als man bisher anzunehmen geneigt ift. Ich möchte hier auf ein fehr interеffantes Deckelgefäfs mit zwei über einander herfallenden Thieren in Blaumalerei auf einem Gemälde in der Londoner National Gallery (261), das dort dem Meifter von Liesborn zugewiefen wird, aufmerkfam machen.

An einer deutlichen Nachahmung von hifpano-moresken Majoliken fehlt es nicht. Sie find leicht zu erkennen, befonders an dem federig gezeichneten Traubenblatte, find gewöhnlich in Blaumalerei, während gelbe oder ockerbraune Flecken dazu dienen follen, um eine lüfterähnliche Wirkung hervorzurufen. Auch auf der Ausftellung war ein kleines, zweihenkeliges, bauchiges Gefäfs mit Wappen (Löwe mit Schrägbalken), das zu diefer Gruppe gehört. Es ftammt wohl aus der Spätzeit des XV. Jahrhunderts. Gleiche oder ähnliche Gefäfse wie diefes der Sammlung von Beckerath befinden fich bei Herrn von Kaufmann, in der Sammlung Wallis und bei Bardini in Florenz, ein verwandtes Ausgufsgefäfs in der Sammlung Bode; in der Fortnum-Collection in Oxford trägt eine in diefem Stil decorirte Henkelkanne (C. 401) das Wappen eines Florentiners innerhalb eines Lorbeerkranzes. Auch eine Schüffel mit dem von zwei Genien gehaltenen Sforzawappen im British Museum gehört, was die Ornamentik des Mitteltheils betrifft, hierher. Die Decorationsmotive des Randes und die Farbengebung rücken diefe Schüffel in die Nähe der datirten Stücke aus den fiebziger und achtziger Jahren. — Ich erwähne hier noch eine andere Gruppe von Nachahmungen nach hifpano-moresken Vorbildern. Es find mehrere Albarelli (im South Kensington Museum 363. 89, bei Herrn Raffauf in Konftantinopel, im British Museum) mit Reihen von grofsen Blättern in Blau oder abwechfelnd in Blau und Mangan mit fein ausgefpartem Geäder. Das Stück des British Museum wenigftens ift in dem zu Tage tretenden Beftreben, eine tiefe, faft fchwarze Färbung hervorzurufen, was hier wie meiftens im Brande nicht recht geglückt ift, in die Nähe einer fpäter zu erwähnenden Gruppe zu rücken, die aus der Mitte des XV. Jahrhunderts ftammen dürfte.

Ich erwähne hier sofort eine andere Gruppe, die im Anschluss an orientalische Muster, vermuthlich nicht spanischen Ursprungs, entstanden ist. Diese Gruppe gehört zeitlich in die Nähe des Neapeler Bodens und der von Bode oben charakterisirten Florentiner Gruppe, d. h. sie dürfte wohl etwas später als beide sein. Die zu ihr gehörigen Stücke sind leicht zu erkennen an den Linienranken, bei denen an den Ausläufer eigenthümliche fächer- oder kammartige Linienbüschel sich ansetzen. Der Decor ist in einem meistens etwas verwaschenen Blau, das mitunter in's Grünliche spielt. Innerhalb der Ornamente sind auf Feldern, die in ihrer Form den Contouren folgen, Thiere in ausgesprochen orientalischem Charakter angebracht: Hirsche, Fische, Vögel, dann aber auch Figuren und Köpfe in italienischem Stil, ähnlich wie bei jener Florentiner Gruppe. Drei Albarelli der Auction Bardini 1899 (französischer Katalog 429 und 93) gehören vor Allem hierher, ferner die Vase in South Kensington 379, 89; verwandt ist dann auch ein hoher Albarello der Sammlung Bode mit vier Zonen von eigenartigen Rosetten, etwas ferner stehen ein kleinerer Albarello derselben Sammlung mit zwei Kranichsköpfen und Hausmarke und ein Albarello der Sammlung Wallis mit schreitendem Vogel.

Diese Gruppe führt mich auf einen Typ, den ich als charakteristisch für *Faenza* nach den in dieser Stadt gemachten Funden ansehen möchte und der wohl der ersten Hälfte und der Mitte des XV. Jahrhunderts angehören dürfte. Die häufigste Gefässform ist eine uralte, die Ausgusskanne, bei der der Ausguss durch zwei Eindrücke in den oberen Rand gebildet ist. Auf der Vorderseite ist ein Rund, eingerahmt durch einen breiten Streifen, in dem kleine Quadrate ausgespart sind und an den sich aussen Linienbüschel kammartig ansetzen. In diesem Rund sind Thiere angebracht, oft noch sehr orientalischen Stils, wie bei der letzterwähnten Gruppe (Argnani, Publ. von 1898, Taf. XIII, Sammlung von Beckerath, laufender Vogel), oder heraldisch stilisirt (Hahn, Kranichskopf u. s. w.), oder es befinden sich hier Embleme oder Ornamente, wie z. B. auch die Florentiner Lilie auf einem aus Faenza stammenden Krug im British Museum. Die Farbengebung ist ähnlich wie bei dem Carbonaraboden vorwiegend Blau, dann Mangan, in discreter Weise Gelb oder auch Grün. Hier und da ist, ebenso wie bei Stücken der vorher erwähnten Gruppen, der technische Versuch gemacht, eine fast schwarze Farbe hervorzurufen, der aber im Brande meist nicht recht glückt. Mit dem emailleartigen, tiefen Farbenauftrag des Kobalts auf jenen Florentiner Gefässen hat das nichts zu thun. Mitunter scheint man jenes so versucht zu haben, dass man Mangan über Blau anbrachte. Am deutlichsten ist dieses bei dem bekannten Hahn von 1466 im Cluny-Museum, der mir auch sonst technisch hierher zu gehören scheint. Ein Teller mit einem »T« im British Museum, zweifellos auch zu dieser Gruppe gehörig, ist interessant, weil bei ihm die Linienbüschelornamente rechts und links von dem »T« besonders stark an den Neapeler Fussboden erinnern. --

Jene beschriebene Art von Kannen scheint ein Hauptausfuhrartikel aus Faenza gewesen zu sein. Auch auf nordischen Gemälden kommen sie öfters bis in das XVI. Jahrhundert hinein vor, so z. B. auf einem Bilde von Breu im Berliner Museum.

Ein befonders gutes Beifpiel bietet ein anderes Berliner Gemälde, eine Madonna von Memling. Dafs übrigens auch Fliefen in der Art des Neapeler Bodens nach dem Norden ausgeführt wurden, beweift der Boden auf dem um 1470 wohl von einem niederländifchen Meifter gemalten Bilde »Der Tod Mariae« im Berliner Mufeum (Nr. 552), auf dem wir eine Kachel mit einem Vogel, umgeben von willkürlich angeordneter Laubornamentik, erblicken.

Das Henkelgefäfs auf dem Berliner Memling führt uns einen Schritt weiter. Wir erblicken hier innerhalb jenes Feldes auf der Vorderfeite eine runde Scheibe mit Jefuszeichen, umgeben von Flammen (in Geftalt von fich nach oben verjüngenden Schlangenlinien) und Strahlen in Geftalt einer feinen, von der Mitte ausgehenden Linienfchraffirung. Hier und auf einer Scherbe, die aus Faenza ftammt, im British Museum ift diefes chriftliche Symbol faft noch in der urfprünglichen Form fo, wie es im XV. Jahrhundert unzählige Male auf italienifchen Kunftdenkmälern vorkommt, auf Gemälden, Sculpturen, bei Holzfchnitten und Stickereien, befonders häufig in den Giebeln von Tabernakeln. Diefes Symbol ift nun die Quelle des beliebteften Ornamentes in den Fabriken von Faenza. Bereits bei dem Gefäfs auf dem Memling können wir eine von der urfprünglichen Bedeutung fich entfernende Ornamentirung in Punkten, die zwifchen den Strahlen eingefügt find, beobachten. Eine anfcheinend frühe Henkelkanne im British Museum ferner zeigt in der Mitte eine Rofette und dann zwei Zonen von Flammen. Hier und da fehen wir die Verwandlung der Strahlen zu Büfcheln von Linienftengeln oder ähnliche Umbildungen und Bereicherungen des Ornamentes, die beweifen, dafs man feine urfprüngliche Bedeutung vergeffen hat — felbft da, wo es, was übrigens nur noch felten der Fall ift, jenes Symbol umgiebt. Den Beweis hierfür liefern zwei datirte Stücke, von denen das eine ficher, das andere mit grofser Wahrfcheinlichkeit, aus Faenza ftammt. Jenes befindet fich im Cluny-Mufeum. Es ift eine runde Wandplatte, die ein Nicolaus de Ragnolis 1475 für die Michaelskirche in Faenza anfertigen liefs. In der Mitte ift das Jefuszeichen in Ocker auf Grün, dann um dasfelbe herum das Band mit der Dedicationsinfchrift, dann erft die Strahlen und Flammen mit eingefügten Blumenrofetten. Noch mehr entfernt fich vom Urfprünglichen das Ornament in dem zweiten Stück, einer runden Wandplatte im South Kensington Museum (521, 65), von 1491 datirt und wichtig als ältestes Stück in Blau auf Blau (Berettinomalerei). Hierdurch ift es, wie auch fonft durch feinen Stil, ficher für Faenza in Anfpruch zu nehmen. Hier ift ebenfalls in der Mitte das Jefuszeichen, die Flammen find abwechfelnd in Blau und Ocker und züngeln richtig angebracht von der Mittelfcheibe aus nach aufsen, die Strahlen aber laufen umgekehrt von aufsen nach innen als ein einfaches raumfüllendes Linienornament zwifchen den Flammen.

Diefes Flammen- und Strahlenornament beobachtet man in der mannigfachften Variation auf zahlreichen Stücken. Mit befonderer Vorliebe wurde es auf dem Rande von Schüffeln, dann um den Körper von Gefäfsen herumlaufend, am oberen und unteren Rande von Albarelli angebracht. Als eine Abart find die breiten, miparti gefärbten Flammen zu betrachten, die, beide Male ohne Strahlen, auf den

Neapeler Fliesen und einem Albarello im British Museum vorkommen. Als Ursprungsort des Ornamentes ist Faenza anzusehen. Aber es wurde sicher auch nach anderen Fabriken übertragen und ist so durchaus nicht als untrügliches Ursprungszeichen zu betrachten. Hauptsächlich scheint es in den drei letzten Decennien des XV. Jahrhunderts zur Anwendung gelangt zu sein; es fristete in späterer Zeit, wie auch andere herrschende Linienornamente der früheren Periode, ein kümmerliches Dasein in den Schnörkeln auf der Rückseite der Faentiner Stücke. Im XVI. Jahrhundert sehen wir es dann wieder in Gubbio aufleben, in directem Anschluss wohl an die noch immer in der Kunst übliche Darstellung des Jesuszeichens. In Berlin und in London sind Gubbioteller mit dem Jesuszeichen, umgeben von einer Aureole aus abwechselnd einem Strahl und einer Flamme, beide breit und unverkennbar gebildet und im Tellerrelief zudem zum Ausdruck gebracht. Hier wieder dieselbe Entwickelung: Molinier veröffentlicht in seinem Werke über Venedig einen Gubbioteller, auf dem Strahlen und Flammen einen Frauenkopf umgeben und offenbar wieder zum reinen Ornament geworden sind.

Von dem Stil von Faenza in dem letzten Drittel des XV. Jahrhunderts sind wir in der Lage uns ein gutes Bild zu machen. Außer jener Ragnolis-Platte von 1475 besitzen wir ein sicher beglaubigtes und datirtes Denkmal in dem Fussboden in S. Petronio in Bologna, der das Datum 1487 trägt und laut Inschrift in der Faentiner Werkstätte der Betini hergestellt ist. Ferneren Anhalt bieten die Ausgrabungen in Faenza, von denen eine gute Auslese von Argnani in zwei Publicationen (1889 und 1898) veröffentlicht ist.

Was zunächst auffällt, ist die Armuth der der Pflanzenwelt entnommenen Ornamentik. Da sind Linienstengel und die einfachen, rosettenartig gebildeten Blüthen; da ist ferner eine Blüthe, die man etwa als stilisirte Artischocke bezeichnen kann, dann noch drei andere verwandte Arten. Bei der einen wächst aus einer weit geöffneten Blüthe ein rübenförmiger Stempel hervor, bei der anderen sind zwei Reihen von Blättern, die eine weit geöffnet, die andere tulpenartig geschlossen, in der Mitte ragt eine runde Frucht hervor; bei der dritten endlich ist in eine palmettenartig gebildete Blüthe ebenfalls in der Mitte eine runde Frucht eingefügt. Zu den vegetabilischen Ornamenten rechne ich für Faenza auch einen häufig vorkommenden Decor, für den man die Bezeichnung »das Pfauenauge« angenommen hat. So wie in Faenza dieses angewandt ist, — es stammt vermuthlich aus Florenz (vergl. S. 155) — verstanden es die Maler zweifellos als eine Blüthe, ähnlich der Callablüthe, mit deutlich betonten Staubfäden und bei der der innere Kelch meistens in den Farben Mangan, Weiss, Grün, Ocker nach aussen hin abgetönt ist; der obere Rand ist ein Rund- oder Spitzbogen oder er ist aus mehreren kleinen Rundbogen gebildet. Ferner werden zwei gezackte Blätter oft mit ihrer Spitze über breiter Basis so an einander gelegt, dass sie wie eine aufgesprungene Frucht aussehen und dieser Eindruck wird wohl noch durch eingefügte Perlen erhöht. Damit ist der ganze Vorrath von Ornamenten, den die Faentiner Majolikamaler, in stärkster Stilisirung, der Pflanzenwelt entnommen haben, erschöpft. Um so reicher ist die

Ornamentik, die sich an die architektonische Decoration anschliesst: der Perlenstab, der Eierstab, vereinzelt die Palmette, das Band in eigenartigen Verschlingungen und Verknüpfungen oder auch als ewiges Band um einen Stab herumlaufend, Schuppen, daneben dann einfache Linienornamente, von denen wir ja bereits oben zwei der wichtigsten, die Flammen- und Strahlenlinien, besprochen haben. Das Bild, das uns die sicher aus Faenza stammenden Stücke von der Decorationsart an dieser keramischen Hauptwerkstätte in der zweiten Hälfte des XV. Jahrhunderts geben, ist ein so klares und ein so deutlich zusammenstimmendes, dass wir nicht vorsichtig genug sein können, Faenza als Ursprungsort zu bezeichnen, wo uns eine ganz andere Art von Ornamentik entgegentritt. Ich glaube, dass diese Vorsicht nicht immer in genügendem Masse angewandt worden ist. Sichere Faentiner Stücke lassen sich mit Leichtigkeit erkennen: gewöhnlich treten die definirten Decorationselemente nicht vereinzelt auf. Als ein besonders charakteristisches Beispiel führe ich ein Gefäss, South Kensington Museum 4628, 58, an, das mit den besprochenen Blüthenornamenten, ferner mit Flammen und Strahlen, mit Pfauenaugen und zwei Eierstäben decorirt ist. Von den Quattrocentomajoliken, die auf der Ausstellung waren, lässt sich sicher als Faentiner Arbeit ein flaschenartiges Gefäss der Sammlung von Beckerath bezeichnen, das ausser einigen anderen Motiven jene Flammen und Strahlen aufweist, ferner das um einen Stab herumlaufende ewige Band mit Mittelrippe und gezacktem Rand, genau so wie auf der Ragnolis-Schale. Es steht dieser so nahe, dass es in derselben Werkstätte und etwa in derselben Zeit entstanden sein muss. Auch das Gegenstück zu dieser Flasche, ebenfalls mit dem Flammen- und Strahlenmotiv, dann vor Allem mit jenem sogenannten Pfauenauge schuppenartig geschmückt, ist nach Faenza zu weisen. Ebenso ein Albarello (Sammlung von Beckerath), bei dem die sogenannten Pfauenaugen in einer für Faenza besonders charakteristischen Art an einander gereiht sind. Zweifelhafter schon können wir bei einer bauchigen, zweihenkeligen Vase der Sammlung Bode sein, die ganz mit jenen artischockenartigen Blüthen bedeckt ist. Dieses Decorationsmotiv ist überaus häufig. Fast jede Sammlung hat Vasen oder Albarelli der Art aufzuweisen. Es hat sich auch fast unverändert sehr lange erhalten, wie auf der Ausstellung selbst eine grössere Vase der Sammlung von Beckerath mit eingefügtem Jesuszeichen, die offenbar bereits aus dem vorgeschritteneren XVI. Jahrhundert stammte, bewies. Wir dürfen nicht annehmen, dass dieses Ornament, ebenso wenig wie das Strahlen- und Flammenornament oder das sogenannte Pfauenauge, ausschliesslicher Besitz von Faenza geblieben ist.

Von der figürlichen Malerei in Faenza im XV. Jahrhundert können wir uns an Hand der dort gefundenen Stücke, dann der figürlichen Mittelstücke in den Fliesen von S. Petronio und der auf Grund bestimmter Stilmomente mit grosser Sicherheit nach Faenza zu weisenden Stücke einen guten Begriff machen, und wir erkennen auch nach dieser Richtung hin frühzeitig ein grosses künstlerisches Können, wie wir es ja auch von vorn herein mit Recht von der berühmtesten Majolikastadt Italiens erwarten werden. Zu den frühesten Stücken dieser Richtung, die nach Faenza zu weisen sind, gehört die neuerdings aus der Sammlung Zschille vom Berliner Kunstgewerbe-Museum erworbene runde Wandplatte mit einem Bischof, die noch um die Mitte des XV. Jahrhunderts oder nicht lange nachher entstanden sein wird. Ferner, aus etwas späterer Zeit, die Schüssel der Sammlung Hainauer mit einem thronenden Fürsten. In den achtziger Jahren ist das Corvinus-Service entstanden, von dem sich zwei Teller im South Kensington Museum (7410, 60 und 1738, 55) befinden; ein Stück war früher in Pariser Privatbesitz. Der Vergleich der Randdecoration mit in Faenza gefundenen Scherben (Argnani, Publ. 1898, Taf. XXXIV) läfst die Zuweisung dieses Services nach Faenza als sicher erscheinen. Auch das charakteristische, um einen Stab herumlaufende, an den Rändern gezackte ewige Band kehrt hier wieder. Der eine Corvinus-Teller zeigt in der Puttenscene der Mitte schon eine grofse Geschicklichkeit. Weit höher aber stehen noch zwei andere Stücke, die ich versucht sein möchte, Faenza zuzuweisen. Es ist die berühmte grofse Platte mit einer Madonna von 1489 im South Kensington Museum (490, 64) und eine weit schwächere kleinere Madonna von 1492, die von Delange aus der Sammlung Cajani in Rom veröffentlicht wurde. Gewisse ornamentale Eigenarten nebensächlicher Natur sind oft mehr im Stande als der Stil des Ganzen, uns über den Ursprung aufzuklären. Wenn wir nun in jener früher citirten Wandplatte im South Kensington Museum von 1491, die sicher nach Faenza gehört, an einigen helleren Stellen ein kleines, aus Halbkreisen zusammengesetztes Ornament angebracht sehen, wenn wir dieses intermittirende Ornament wiederum bei jenen beiden Madonnen beobachten können, so scheint mir das mit einer gewissen Wahrscheinlichkeit für die Entstehung am gleichen Orte zu sprechen. Die Madonna von 1489 ist vielleicht in Hinsicht auf die Malerei das schönste erhaltene Majolikastück des XV. Jahrhunderts; sie scheint ferner in ihrem verrocchiesken Stil, in ihrer ganz vorzüglichen Zeichnung weit eher nach Florenz als nach einem Ort der Ostküste zu weisen. Als gelöst ist die Frage nach ihrem Ursprung nicht zu betrachten, aber eine Reihe von in Faenza gefundenen Scherben, besonders mit Profilköpfen, dann auch mit Putten (vergl. insbesondere Argnani, Publ. von 1898, Taf. XXXV, 4), die sicher noch der Frühzeit angehören, beweisen, dafs wir den Majolikamalern der etwas abgelegenen Stadt auch viel zutrauen dürfen. Besonders im Vergleich mit dem letztcitirten Stücke möchte ich nach Faenza das Mittelstück eines Tellers der Sammlung von Beckerath weisen, das mit einem weiblichen Profilkopf von wunderbar feiner Malerei geschmückt war und vielleicht in Hinsicht auf die Malerei als das hervorragendste Majolikastück der Ausstellung gelten kann. Von dieser Feinheit der Modellirung kann unsere Abbildung (vergl. das Schlufsbild) keine ganz genügende Vorstellung geben.

Eine Gruppe von Majoliken steht, sowohl was die Ornamente wie was die Farbenerscheinung betrifft, zweifellos den sicher Faentiner Stücken sehr nahe; sie stammt entweder aus einer Faentiner Manufactur selbst oder aus einer Fabrik, die in unmittelbar stilistischem Anschlufs an Faenza arbeitet. Die Teller Nr. 2837 und 2838 im Cluny-Museum, Sammlung Hainauer Nr. 293, South Kensington Museum Nr. 2592, 56 (mit einem Eber in der Mitte) charakterisiren deutlich den Stil. Blau und Ocker beherrschen den Farbeneindruck, der im Ganzen etwas schwer ist. Decor in Farbe auf Farbe (befonders Schwarz auf Ocker) kommt öfters vor. Die Ornamente felbft find rein geometrifcher Natur und kehren faft identifch, nur in verfchiedener Reihenfolge, in allen diefen Stücken wieder. Dafs einige von diefen Ornamenten fich bisher noch gar nicht an ficher Faentiner Stücken nachweifen liefsen, andere nur in ähnlicher Form, kann bei dem ftetigen Wiederkehren derfelben Decorationselemente auf den ficheren Faentiner Stücken etwas ftutzig machen. In erfter Linie fteht unter diefen Ornamenten eines aus aneinandergereihten Rauten, die durch querlaufende Doppelftäbe getrennt find. Die Flächen find mit kleinen Linienfchnörkeln ausgefüllt. Dann kommt ein Ornament aus aneinandergereihten, etwas nach der einen Seite geneigten und fich etwas übereinanderlegenden fpitzen Dreiecken, meiftens in zwei Farben, miparti. Eine leichte Schwingung der Formen, befonders an der Spitze, giebt den Dreiecken das Ausfehen von Blattenden, fo dafs das Ganze den Eindruck von dem Rande eines ftilifirten Lorbeerkranzes macht.

Eine Reihe von Schüffeln mit figürlichen Darftellungen gehört ebenfalls nach dem Randdecor hierher, fo der Tartfchenträger der früheren Sammlung Zfchille und eine Schüffel mit Puttenfcene im South Kensington Museum (2559. 56), bei denen beiden der Rand mit dem zuletzt befchriebenen Ornament gefchmückt ift; dann eine Schüffel mit einem Reiter, die Delange aus der Sammlung Cajani veröffentlicht hat, mit dem Rautenornament, u. A. Auch nach der Art, wie in der Mitte bei diefen letzteren Stücken ein unregelmäfsiges Feld für die Darftellung ausgefpart ift, das Übrige mit Ranken bedeckt ift, zeigen diefe Schüffeln eine ftarke ftiliftifche Ähnlichkeit und gehören andererfeits hierin wiederum mit Stücken zufammen von ausgefprochenem Faenzacharakter (vergl. Cluny-Mufeum 2809, Schüffel mit Kopf, am Rande Flammen und Strahlen in entgegengefetzter Richtung, und South Kensington Museum 2558, 56, Schüffel mit fymbolifcher Darftellung, am Rand ein Kranz von Pfauenaugenblüthen). — Auf der Ausftellung war der Stil vor Allem durch ein grofses, henkellofes, bauchiges Gefäfs mit Wappen aus der Sammlung von Beckerath vertreten, das in einzelnen Zonen über einander die meiften jener Ornamente trug, aufserdem auch noch das Pfauenaugenornament hatte; ferner durch eine kleine Schüffel mit tiefem Boden und flachem Rand aus der Sammlung Bode, befonders intereffant, gleichfam als Vorläufer unferer Gruppe. Nach dem Charakter der figürlichen Darftellungen auf den citirten Stücken werden wir die beiden letzten Jahrzehnte des XV. Jahrhunderts als die Urfprungszeit diefes Stils bezeichnen. Das Stück der Sammlung Bode aber gehört allem Anfchein nach einer etwas früheren Zeit an. Im Innern befindet fich ein Stern, der dem Mofaik aus Marmorquadern nachgeahmt fcheint, auf dem Ablauf das Rautenornament, genau übereinftimmend bis auf Kleinigkeiten der raumfüllenden Schnörkel mit dem der übrigen Stücke der Gruppe, auf dem Rande das Flammen- und Strahlenornament. Die angewandten Farben find ein gebrochenes Blau, Grün und Gelb, die coloriftifche Erfcheinung des wichtigen Stückes ift eine vollkommen eigenartige. Auch die grofse Schüffel mit einem Wappen mit ftehendem Löwen über Quaderfufsboden innerhalb einer durch zwei Bäume angedeuteten Landfchaft in der Mitte, die aus der Sammlung Simon auf der Ausstellung war, ist wohl nach der Decoration des Randes hier am besten zu erwähnen. Dasselbe besteht aus im Zickzack aneinandergeordneten Ornamenten, von denen jedes, miparti gefärbt, aus zwei Kreissegmenten besteht. Das Ornament, das ähnlich auf Robbiastücken wiederkommt, dann im Stern gestellt auf Gefäsen in Berlin und im Louvre, darf so, wie es an unserer Schüssel erscheint, nur als eine Variation innerhalb des beschriebenen Stils gelten.

Es ist im Grunde gleichgültig, ob die Gruppe, deren Stil wir eben charakterisirt haben, in einer Manufactur in Faenza selbst oder ausserhalb dieser Stadt entstanden ist: denn das bleibt doch auf jeden Fall sicher, dass sie stilistisch nach Faenza hingehört. Die Erkenntniss der faentinischen Art in der zweiten Hälfte des XV. Jahrhunderts ist für uns das Wichtigste. Die Zuweisung dieses oder jenes Stückes ist demgegenüber ohne Wichtigkeit. Das Hauptcharakteristicum des faentinischen Stils dieser Epoche ist eine Abneigung gegen das Vegetabilische, das in Nachahmung nach einigen orientalischen Vorbildern oder nach dem stilisirten Rankenwerk aus gewundenen Linien und Rosetten in der Umrahmung von Miniaturen vollkommen erstarrt erscheint, ohne jegliche Beziehung zur Natur. Wo Blattwerk vorkommt, ist es fast ausschliesslich die Nachahmung nach Steinornamenten, wie die Färbung und die eigenthümliche Wiedergabe des leicht Undulirten, das so charakteristisch für die Steinornamentik der Frührenaissance ist, beweist. Den plastischen Ornamenten ist auch fast der ganze übrige Vorrath von Schmuckwerk, dessen sich die Faentiner Majolikakünstler dieser Zeit bedienen, entnommen, soweit es nicht einfach geometrische Muster sind, deren Grundform wir bereits auf den Töpferwaaren des Trecento begegnen. Ich wiederhole dies hier, weil ich glaube, dass man dem ziemlich scharf den *Florentiner* Stil gegenüberstellen kann. In dem vorhergehenden Aufsatz ist die Entwickelung etwa bis zur Mitte des Jahrhunderts geschildert. Es war da gezeigt, wie eine vegetabilische Ornamentik, allerdings zunächst in starker Anlehnung an orientalische Vorbilder, zu einer kräftigen decorativen Wirkung benutzt wird. Aber statt einer Erstarrung finden wir hier eine frische Fortentwickelung. Als zweifelloser Beweis hierfür kann eine Gruppe von grossen, wohl für architektonische Einfügung in die Wand bestimmten Platten dienen, die sich mit Sicherheit nach Florenz weisen lassen und die etwa im Beginn der zweiten Hälfte des Jahrhunderts entstanden sein dürften. Es ist das eine grosse Schüssel mit glattem Rand und glattem Ablauf wohl von 60 cm Durchmesser im Berliner Museum, drei kleinere Schüsseln derselben Form im South Kensington Museum, eine ebenfalls kleinere im Cluny-Museum, ferner je eine im Louvre, in der Sammlung S. Bardac und, wenn ich mich nicht irre, in Sèvres (Nr. 109). Alle diese Schüsseln von derselben Form sind fast ausschliesslich in einem hellen Grün und einem hellen Mangan decorirt, wobei bald die eine, bald die andere Farbe die herrschende ist. Die Glasur hat häufig eine leichte Tönung in's Violette, in's Grünliche, wohl auch in's Graue. Eine von diesen Schüsseln, im Louvre, ist in der Mitte mit einem Löwen geschmückt, der ein Banner mit der Florentiner Lilie trägt. Das würde schon Florenz als Ursprungsort wahrscheinlich machen, aber wir besitzen einen ſtiliſtiſchen Beweis, der vielleicht noch mehr wiegt. Auf dem Rand und im Ablauf mehrerer dieſer Schüſſeln, beſonders der in Berlin, im Louvre und im Cluny-Muſeum, finden ſich Ornamente, die, ſo einfach ſie ſind, doch auf keinen anderen Majoliken ſich nachweiſen laſſen als auf jener Gruppe mit dickem Email, deren Florentiner Urſprung Bode bewieſen hat: geſchwungene Linien, bei denen in die Schwingungen ein lilienartiges Ornament eingefügt iſt, dann ein zweites Ornament, wo ein dicker länglicher Farbentupf mit einer dünnen Linie abwechſelt. Sowohl im Farbeneindruck als auch in beſtimmten ornamentalen Einzelheiten, wie z. B. einem Netzwerk, das manche Theile des Grundes bedeckt, ſtehen andererſeits die citirten Stücke jenen mit plaſtiſchem Decor nahe, die ebenfalls Florenz zuzuweiſen ſind. Ich citire hier außer den bereits oben genannten noch ein Albarello in Sèvres (Nr. 234) und beſonders ein ſehr intereſſantes, frühes groſses Henkelgefäſs in South Kensington (671, 84), das dort fälſchlich in das XVII. Jahrhundert gewieſen wird. — Ebenſo wie bei den Gefäſsen mit emailleartigem Decor ſind auch bei jenen Wandplatten die figürlichen Darſtellungen bald ohne Weiteres in die vegetabiliſche Decoration eingefügt, bald ſind für ſie unregelmäſsige Felder, den Contouren folgend, ausgeſpart. Während das Figürliche mitunter von faſt bäuerlicher Roheit iſt, wie z. B. bei einer Diana auf der Schüſſel im Cluny-Muſeum, iſt es dann wiederum, wie bei dem berühmten Berliner Stück, von höchſt feiner Durchführung. Von gröſstem Intereſſe aber für uns iſt das Vegetabiliſche. Es iſt von einer Mannigfaltigkeit wie ſonſt faſt nirgends in der italieniſchen Majolikamalerei. Die verſchiedenſten Pflanzen- und Blattformen begegnen uns da, und vor Allem zeigen ſie in ihrer Stiliſirung ein directes Zurückgehen auf die Natur und ein Gefühl für groſse decorative Wirkung, wie es den ſicher Faentiner Stücken trotz ihrer weit feineren Details und ihrer kunſtvolleren Technik nicht nachgerühmt werden kann.

Ein Monument aus dem XV. Jahrhundert (um 1480) iſt uns noch erhalten, das neben figürlichem Reichthum auch eine ähnliche vegetabiliſche Mannigfaltigkeit aufweiſt. Es ſind dies die Flieſen eines Bodens, der aus S. Paolo in Parma ſtammt und ſich zum gröſsten Theil im dortigen Muſeum befindet. Einige Stücke ſind hier und dort in andere Muſeen gelangt: nach Berlin, in das South Kensington Museum u. ſ. w. Ein groſser Theil der Flieſen iſt mit Köpfen geziert, andere mit gröſseren Compoſitionen, wie dem Parisurtheil, einem Manne mit Schwert, einem Ritter, der über einen Graben ſpringt, u. ſ. w. Für die figürlichen Darſtellungen iſt bald ein unregelmäſsiges Feld ausgeſpart, bald ſind ſie auch ohne Weiteres von der vegetabiliſchen Ornamentik umgeben. Dieſes Vegetabiliſche hat aber einen naturaliſtiſchen Charakter, wie wir ihn in ſämmtlichen bisher nachweisbaren Faentiner Arbeiten der Zeit vergeblich ſuchen werden. In dieſer Richtung — man vergleiche beſonders die Berliner Schüſſel — iſt der Boden von Parma eine deutliche Fortſetzung deſſen, was ich als den Florentiner Stil bezeichnen möchte. Auch das ſchon iſt für uns wichtig, wenn wir auch noch nicht die Conſequenz ziehen, ſeine Entſtehung in Florenz zu behaupten.

Auch von einem *römiſchen* Stil wird ſeit einiger Zeit geſprochen, ſeitdem Fraſchetti eine kleine Studie in Arte 1898 veröffentlicht hat. Man hat ſich Fraschetti's Behauptung gegenüber sehr skeptisch verhalten, wie ich glaube, nicht ganz mit Recht. Fraschetti hat nachgewiesen, dafs sich in einer römischen Apotheke, der des Hospitals von S. Giovanni in Laterano, zwölf Apothekergefäfse von Alters her befanden, doppelhenkelig und dickbauchig, die bis auf eins vollkommen im Stile übereinstimmen. Er hat ferner den Beweis geführt, dafs acht von diesen Gefäfsen nach dem Wappen zweifellos für die Apotheke hergestellt wurden, er hat in den Rechnungsbüchern einen Zahlungsvermerk an einen in Rom ansäfsigen, aus Florenz stammenden Töpfer Leonardo vom Jahre 1513 für Apothekergefäfse gefunden, den er in höchst plausibler Weise mit jenen erhaltenen Stücken in Zusammenhang bringt, er hat endlich den gleichen Stil auf einer Anzahl anderer, mit Wahrscheinlichkeit aus Rom stammender Gefäfse nachgewiesen. — Ich glaube, Fraschetti ist auf halbem Wege stehen geblieben. Von jenen elf Gefäfsen aus dem römischen Hospital, die für uns hier in Betracht kommen, sind drei in einem unzweifelhaften Quattrocentostile decorirt, mit lang gewundenen Blättern, deren Enden kugelförmig aufgerollt sind, die dort, wo sie emporspriefsen, einen runden Auswuchs zeigen und die zumeist auf der einen Seite miparti gefärbt sind, während bei der anderen gewöhnlich nur die Rippe betont ist. Mehrere Blätter spriefsen aus einem Stiele hervor nach verschiedenen Seiten; in der Mitte zwischen diesen Blättern ist dann jenes sogenannte Pfauenauge als Blüthe eingefügt. Das Blattwerk ist in Blau, Blaugrün und Mangan gehalten. Die acht übrigen Gefäfse sind von der einen Seite in derselben Art decorirt, auf der anderen Seite sind innerhalb eines Lorbeerkranzes die pharmaceutische Inschrift, das Wappen des Hospitals, dann Masken, Füllhörner, aufgeschlagene Bücher und andere Einzelheiten im ausgesprochenen Grotteskenstil des XVI. Jahrhunderts enthalten. Auch der übrige Theil dieser Seite der Vasen, aufserhalb des Kranzes, ist in einem anderen, späteren Stil decorirt, als die quattrocentistische Rückseite. Auf diese acht Gefäfse bezieht sich wohl sicher jener Rechnungsvermerk von 1513. Ein Töpfer wurde angewiesen, zur Ergänzung des vorhandenen Materials Gefäfse in demselben Stile wie dieses anzufertigen, und er half sich so, dafs er die eine Seite in dem alten Stile beliefs, während er für die andere, wo er des Wappens wegen Änderungen treffen mufste, nur den ihm geläufigen modernen Stil anzuwenden vermochte. Dafs also der betreffende Stil noch in dem Römischen Hospital bis in's XVI. Jahrhundert hinein beliebt war, ist sicher. Von den übrigen, angeblich aus Rom stammenden Beispielen, die Fraschetti anführt, will ich nur eins als wirklich überzeugend ansehen: die beiden Albarelli, die sich heute noch in der römischen Apotheke Bruti bei Ponte S. Angelo befinden. Aber einen anderen, noch viel wichtigeren Beweis giebt uns der bekannte Fufsboden in der dritten Capelle rechts in S. Maria del Popolo. Gewöhnlich wird die Fertigstellung dieser Capelle, in der sich das Grabmal des 1483 verstorbenen Giovanni Basso-Rovere befindet, noch in die achtziger Jahre gesetzt. Aber selbst wenn wir uns sehr skeptisch verhalten — die von Schmarsow angeschnittene Frage, wann die Fresken von den Händen eines Pinturicchioschülers entstanden sind, kommt hier in Betracht —, so werden wir doch zum Mindesten für den Fufsboden nicht über die neunziger Jahre als Urfprungszeit hinausgehen. Diefer Fufsboden ift nun vor Allem von dem gleichen Stile wie jene Apothekergefäfse beherrfcht: der Verbindung jenes gothifirenden Blattwerks mit Pfauenaugenblüthen. Damit wäre für Rom auch für das XV. Jahrhundert die Vorliebe für diefen Stil bewiefen. Ich glaube, dafs fich fogar, wenn mich meine Erinnerung nicht täufcht, wenigftens für das Blattwerk ein noch früheres Beifpiel nachweifen läfst, eine Tafel in Sèvres mit dem Wappen und dem Namen des Grafen Nicola Orsini, des bekannten fpäteren venezianifchen Feldhauptmanns, und dem Datum 14. Januar 1477 (richtig 1478). Die Zahl der zu diefer Gruppe gehörenden Stücke ift ungemein grofs. Für das South Kensington Museum findet man in dem Katalog von Fortnum auf S. 80 ff. mehrere verzeichnet. Eine Schüffel (1806, 55) mit einer figürlichen Darftellung im Spiegel — eine Frau, die auf den gefeffelten Jüngling zielt — ift wichtig wegen des eingeritzten Ornaments am Rand, da diefes beweift, dafs fie mit mehreren Henkel-Albarelli der Sammlung Wallace und einer Schüffel, früher bei Bardini, mit einem Frauen-Profilkopf zu einer engeren Familie innerhalb der gröfseren Gruppe gehört. Andere Stücke find noch fpäter in das South Kensington Museum gelangt, von denen ein Albarello mit Frauenkopf (245, 94) intereffant ift, weil der figürliche Decor genau übereinftimmt mit einem von zwei hierhergehörigen Gefäfsen der früheren Sammlung Zfchille (Nr. 4 und 5). Wallis bildet in dem Privatdruck Italian ceramic art unter Nr. 24, 36—42 und unter Nr. 54 eine Reihe von Fliefen, Gefäfsen und Tellern aus Londoner öffentlichen oder Privatfammlungen, die hierher gehören, ab. Von den übrigen mir bekannten Stücken (im British Museum, in Hamburg, auf der Auction Bardini 1899, in der Sammlung Wallis u. f. w.) führe ich hier nur noch eine vor nicht langer Zeit vom Louvre erworbene Schüffel an, die in der Mitte mit einer im grofsen Stil gehaltenen Staude aus Blättern und Blüthen der bezeichneten Art gefchmückt ift, während am Rande fich jenes früher citirte Ornament von aneinandergereihten, miparti gefärbten Lorbeerblattenden befindet. Auf der Ausftellung war diefer Stil befonders fchön vertreten durch drei vorzügliche Stücke, einen Albarello der Sammlung Bode, bei dem ein fchönes tiefes Blau vorherrfchte, eine Schüffel und ein Ausgufsgefäfs der Sammlung von Beckerath, beide mit Wappen, die in einem mehr grünlich-blauen Ton gehalten waren. Das Ausgufsgefäfs trägt die Marke *f*, die auch auf den älteren Stücken des Römifchen Hofpitals fich findet. Wo find jene Gefäfse angefertigt worden und woher ftammt der betreffende Stil? Die letztere Frage kann man, glaube ich, wenn man die Stücke forgfam durchgeht und auf die einzelnen Ornamente hin prüft, unbedenklich dahin beantworten, dafs von Faenza der Stil feinen Ausgang nahm. Aber da das betreffende Blattwerk fich in einer nur entfernt ähnlichen Weife auf einigen in Faenza ausgegrabenen Scherben wiederfindet (Argnani, Publ. von 1898, Taf. X), da fich die Verbindung von Blattwerk und Pfauenaugenblüthen hier nirgends nachweifen läfst, fo kann man mit Sicherheit fagen, dafs eine Fabrik, die wohl zunächft fich an Faenza anfchlofs, dann aber vollkommen ihre eigenen Wege ging, diefe zahlreichen Fliefen, Teller und Gefäfse hervorgebracht hat. War fie in Rom felbft? Das will ich nicht behaupten, aber Rom scheint in erster Linie Abnehmer für diese Fabrik, deren Hauptthätigkeit wohl in die beiden letzten Jahrzehnte des XV. Jahrhunderts zu setzen ist, gewesen zu sein, und so sind wir wohl berechtigt, von einem römischen Stil zu sprechen.

Unter den hierhergehörigen, von Wallis abgebildeten Albarelli befindet sich einer mit eigenartig geformtem Henkel, der in derselben Sammlung, dem Wallace-Museum, ein Gegenstück hat (Wallis Nr. 40), das jedoch nicht mit jenem Blattdecor versehen ist. Innerhalb eines Rechtecks ist ein Feld unregelmäßig ausgespart, in dem sich ein Vogel befindet, während das Übrige mit eichenblattähnlichem Ornament ausgefüllt ist. Rechts und links von dem Rechteck ein einfaches Ornament aus aneinandergefügten, S-förmig geschwungenen Linien. Mit diesem Albarello sowohl nach der ganzen Eintheilung, nach den hier und dort wiederkehrenden Ornamenten, wie besonders auch nach jenen auseinandergespreizten Blättern gehören zusammen: ein eigenartiges Gefäß mit Traghenkel mit dem Sforzawappen im Louvre, dessen Decor in einem dick aufgetragenen, emailleartigen tiefen Schwarz ist, ferner ein Albarello, früher bei Bardini, dann endlich zwei Albarelli der Sammlung von Beckerath, die auf der Ausstellung waren, der eine mit Henkeln und einem »E« auf beiden Seiten, der andere mit einem Blatt, durch das ein Band mit der Inschrift »Pensa el fine« hindurchgeht. Eine genauere stilistische Prüfung wird bei dieser von mir vielleicht zu groß gefaßten Gruppe noch auf weitere Scheidungsmerkmale stoßen; doch trotz mannigfacher technischer Verschiedenheiten glaube ich an eine Zusammengehörigkeit im Großen und Ganzen. —

Der decorative Stil der Frührenaissance mit feinen Palmetten, Lorbeerkränzen und dem Acanthuslaub, kurz allem jenem der Antike entnommenen Vorrath von Decorationselementen, gewinnt erst gegen Ende des XV. Jahrhunderts festen Fuß in der Majolikamalerei. In dem letzten Jahrzehnt des XV. Jahrhunderts und den beiden ersten Jahrzehnten des XVI. Jahrhunderts sind jene zahlreichen Albarelli und andere Apothekergefäße entstanden, die auf der Vorderseite mit einem *streng stilisirten Kranze*, zumeist einem Lorbeerkranze, dessen Blätter oft miparti gefärbt sind, geschmückt sind, während die Rückseite bis auf die von dem Kranze ausgehenden wehenden Bänder in ihrer stark glänzenden Weiße gelassen ist. Das Innere jenes Kranzes ist dagegen meist vollkommen von Farbe gedeckt: grüne, blaue und ockerbraune Farben lösen einander für den Grund ziemlich willkürlich ab, auf dem ein reiches Blattwerk in der Art des Bärenklau, figürliche Darstellungen, Inschriftbänder, Wappen, Füllhörner u. s. w. in geschickter Anordnung und Raumvertheilung abwechseln. Ein hierher gehöriges Fragment im Berliner Museum trägt das Datum 1493, ein Albarello im British Museum ist 1501, einer im Berliner Museum 1506 bezeichnet. Eine Henkelkanne im Amsterdamer Rijksmuseum trägt das verhältnißmäßig späte Datum 1514. Wohin dieser Stil zu weisen ist, vermag ich nicht zu sagen, nach Faenza, wie mir scheint, jedenfalls nicht, da unter den dort gefundenen Fragmenten absolut nichts Ähnliches zu sein scheint. Auf der Ausstellung war dieser Stil durch einen Albarello der Sammlung Bode, einen Albarello und eine große Henkelkanne mit einem Adlerwappen aus der Sammlung von Beckerath vertreten.

Stilistisch nahe steht dieser Gruppe jene andere, deren Decor man als *Palmettenstil* bezeichnen kann. Zunächst scheint die Palmette in stärkerem Umfang auf dem Rande der Schüsseln angewandt zu sein, wo zuvor einfache lineare oder erstarrte vegetabilische Muster ihren Sitz hatten. Beispiele der Art sind eine Schüssel mit Alexander und Diogenes im South Kensington Museum (1673. 55), ein Schüsselfragment in Sèvres (Nr. 112) und, verwandt wenigstens, die Schüssel mit der Kreuztragung Christi (Sammlung Zschille Nr. 1). Das Fragment in Sèvres trägt die Jahreszahl 1498. Ein kleiner Albarello der Sammlung Bode mit fein gesprungener grauer Glasur vertrat auf der Ausstellung diesen Stil vorzüglich, ferner eine Schüssel der Sammlung Simon mit grünlicher Glasur, mit einem Frauenkopf in der Mitte, während in den Rand zwischen den abwechselnd aus Palmetten und Schuppen gebildeten Ornamenten Medaillons mit Profilköpfen, einem durchbohrten Herzen, einem Monogramm eingefügt waren. Diese Schüssel scheint mir ein deutliches Beispiel für die Entwickelung des Stils jener Fabrik zu sein, die bis tief hinein in das XVI. Jahrhundert die Frührenaissance-Decoration bewahrt hat, nämlich die Fabrik von Deruta. Aus diesem Palmettenstil vom Ende des XV. Jahrhunderts, speciell der Abwechselung von Palmetten- und Schuppenornament, die für Deruta so charakteristisch ist, möchte man eine directe Anlehnung an antike oder altchristliche Vorbilder annehmen, wenn man genau denselben eigenartigen Decorwechsel auf altchristlichen Sarkophagdeckeln beobachtet. Dass Deruta andererseits auch wieder Decorationselemente aus Faenza übernahm, zeigte auf der Ausstellung ein kleiner Teller mit der Inschrift »Lucretia« aus der Sammlung von Beckerath, auf dessen Rand ein oben beschriebenes, besonders in dem Boden von S. Petronio öfters wiederkehrendes Ornament, das einer aufgesprungenen Frucht ähnelt, wiederkehrt, während andererseits das Stück noch mehr an die Deruta-Ornamente erinnerte, in seiner Färbung übrigens wiederum mit jener Lorbeerkranzgruppe, wenn ich mich so ausdrücken darf, am meisten zusammenstimmte.

Im Jahre 1502 wird Pinturicchio beauftragt, die Bibliothek des Doms in Siena zu schmücken, mit der ausdrücklich ausgesprochenen Bedingung, den *Groteskenstil* anzuwenden. Diesen Stil, der damals erst wenige Jahre alt war und in Anlehnung an antike Wandmalereien entstanden war, finden wir in vollster Weise entwickelt auf dem zwei Jahre später entstandenen Fussboden in der Kirche S. Catarina in Siena, und ein anderer Fussboden, wenige Jahre jünger, vom Jahre 1509, aus dem Palazzo Petrucci in Siena darf wohl überhaupt als eins der herrlichsten decorativen Denkmäler der Renaissance nach dieser Richtung hin betrachtet werden. Dieser Stil mit seiner phantastischen Zusammensetzung aus Thier- und Rankenornamenten, aus Candelabern, Vasen, Füllhörnern und Schrifttafeln, mit seiner graziös spielenden Art, die Flächen zu decken, ist sicher in Siena in der meisterhaftesten Weise ausgebildet worden. Aber die zeitliche Priorität ist wohl Faenza zuzuweisen. Ein Albarello in diesem Stil, bei dem sich in einer oft wiederkehrenden Weise die Ornamente von ockerbraunem Grunde abheben, im Cluny-Museum ist mit 1500 bezeichnet, ein Gegenstück in London (nach O. von Falke) »Faenza«. Ein drittes zu dieser Folge gehöriges Stück war aus der Sammlung von Beckerath auf der Ausstellung, ein viertes sehr ähnliches befindet sich im Berliner Kunstgewerbe-Museum. »1502« ist ferner ein in Faenza ausgegrabenes Fragment, das ebenfalls diesen Stil zeigt, bezeichnet (vergl. Argnani, Publ. von 1898, Taf. XVII).

Die Entwickelung der *italienischen Majolikakunst im XVI. Jahrhundert* ist von O. von Falke wiederholt in letzter Zeit in so klarer und präciser Form kurz zusammengefaßt dargestellt, dass es eine undankbare Aufgabe sein würde, hier nochmals einen gleichen Versuch zu machen. Ich beschränke mich daher darauf, kurz hinzuweisen, welcher Art das hierher gehörige Material war, das die Berliner Sammler zu der Ausstellung beigesteuert hatten. Ich darf um so eher kurz sein, als wohl vieles Gute, aber kein einziges ganz hervorragendes Stück, kein einziges auch, auf Grund dessen unsere bisherige Kenntniss eine starke Erweiterung erfahren hätte, auf der Ausstellung vorhanden war.

Jene ornamentalen Majoliken, die wohl in den zwanziger und dreissiger Jahren des Cinquecento den Hauptausfuhrartikel aus *Faenza* gebildet haben dürften, jene Teller in Blau auf Blaumalerei, die die Specialität der Fabrik Casa Pirota waren, jene gebuckelten Schalen, bei denen die alte Vorliebe Faenzas für eine kräftige, etwas schwere Farbenwirkung oft in den grün-, blau- und ockergefärbten Feldern zum Ausdruck kommt, alle diese verbreitetsten Arten der italienischen Majolikakunst waren in zum Theil recht guten Exemplaren aus den Sammlungen Simon, Schnitzler, Rosenfeld, Zeiss, Weisbach und von Parpart vertreten. Späterhin suchte Faenza bekanntlich die beliebtere Manier von Urbino, die Teller und Schüsseln bildmässig zu decoriren, nachzuahmen. Eine gebuckelte Schale aus dem Besitze des Herrn Bruno Güterbock war hierfür ein gutes Beispiel.

In gar vielen Fällen ist selbst unter den Berufensten die Meinungsverschiedenheit, ob Faenza oder *Caffagiolo* als Ursprungsort zu nennen sei, nicht entschieden. Ein kleiner vorzüglicher Albarello aus der Sammlung von Beckerath, mit reichem Ornament aus Blättern und Früchten, mit einem sitzenden Hund auf jeder Seite und mit eingeritzten Ornamenten auf dem oberen und unteren Rand, gehört zu dieser Kategorie; ferner ein kleiner Teller der Sammlung Hainauer auf dem Rande mit Vasen und dudelsackspielenden Putten, in der Mitte mit einem Wappen decorirt. Dieses Wappen stimmt überein mit dem auf Fliesen, die aus einer Villa in S. Pieve a Quinto bei Forlì stammen und jetzt im South Kensington Museum sind, so dass dieses aus der Sammlung Addington stammende Stück wohl nach *Forlì* oder Faenza zu weisen ist; aber andererseits muss seine Stilverwandtschaft mit bezeichneten Caffagiolo-Majoliken (Teller der Sammlung Rothschild, bei Delange Taf. 25) im Auge behalten werden.

Einige lüstrirte und unlüstrirte Kannen, Vasen, Schüsseln und Teller aus den Sammlungen von Beckerath, Simon, Schnitzler, Georg Reichenheim, von Parpart gaben eine gute Vorstellung von dem grossen decorativen Zug, den in der bereits oben angedeuteten Weise sich die Fabrik von *Deruta* während des ganzen Cinquecento zu bewahren wufste, fowohl was die grofsförmige Ornamentik in einem einfachen, antikifirenden Blätter- und Palmettenftil, als auch was die auf eine genauere Durchführung im Einzelnen oder auf die Anwendung einer reicheren Palette verzichtende Wiedergabe des Figürlichen betrifft. Die in Relief geformte Judithfchale aus der Sammlung Hainauer ift eins der feltenen Beifpiele für die Anwendung des Grotteskenftils in Deruta. Ähnliche Stücke, mit dem Sonnenwagen und mit der Auferftehung, befinden fich im South Kensington Museum (1805, 55) und in der Sammlung Salting.

In *Gubbio*, dem zweiten Ort in der Kunft des Lüftrirens, wurde der Stil von Deruta mit dem von Faenza verfchmolzen. Die berühmte Werkftatt des Maeftro Giorgio war durch ein 1519 datirtes Stück aus der Sammlung Reichenheim vertreten, ferner durch einen Teller mit drei Satyrn aus der Sammlung Hainauer, der aus jenem berühmten Service ftammte, von dem fich Stücke, 1524 und 1525 datirt, im South Kensington und im British Museum befinden. Bei der Auction Bardini in diefem Frühjahr erreichte ein Wappenteller, M. Giorgio 1525 fignirt, den höchften Preis von allen Majoliken. Dasfelbe Wappen befindet fich auf einem Gubbioteller der Sammlung Simon. Zu den beliebteften Erzeugniffen der Fabrik in Gubbio in den dreifsiger Jahren gehörten jene kleinen Teller und Schüffeln, bei denen fowohl die figürliche Darftellung der Mitte als die Ornamente des Randes, zumeift grofse Blätter und Früchte, leicht in einem Relief der Maffe felbft zum Ausdruck gebracht find. Die Sammlungen Simon und von Parpart hatten derartige Stücke beigefteuert. Von dem einen derfelben kenne ich nicht weniger als vier genaue oder faft genaue Wiederholungen.

In *Caftel Durante* ift wohl der Urfprung der figürlichen Decorationsart, deren Hauptfitz fpäter Urbino wurde. Im Gegenfatz aber zu dem Streben, eine gemäldeartige Wirkung hervorzurufen, das diefem Stile feinen Charakter verleiht, ift auch ein anderer Stil in Caftel Durante heimifch, der im höchften Grade eine decorative Wirkung anftrebt. Mit dem von Deruta zufammen kann diefer Stil von Caftel Durante als die Fortfetzung des auf eine grofse decorative Wirkung hinzielenden Quattrocentoftils gelten. Teller, Schalen, Apothekergefäfse aus den Sammlungen Schnitzler, Simon, Zeifs und vor Allem von Beckerath bewiefen auf der Ausftellung, wie vorzüglich diefe Caftel Durante-Majoliken, die, in der Nähe gefehen, befonders wenn fie aus der fpäteren Zeit ftammen, von einer faft bäuerifchen Rohheit find, doch andererfeits zu decoriren vermögen. Einige diefer Stücke müffen aus fehr reich ausgeftatteten Apotheken ftammen, fo eine doppelhenkelige Vafe, mit den für Caftel Durante befonders charakteriftifchen, breit gemalten Trophäen und dem Bilde einer Königin auf einem eingefügten Felde. Stücke gleicher Art kommen oft vor, fo z. B. in der Sammlung Salting und im South Kensington Museum (4389*a*, 57); das letztere ift 1574 datirt. Den fünfziger und fechziger Jahren gehören nach datirten Stücken in Sèvres (201, von 1555) und im South Kensington Museum (1570, 55, von 1562) jene häufig vorkommenden, oftmals mit dem Urfprungsort bezeichneten Albarelli an, die auf blauem, orangegelbem und grünem Grund mit

Medaillons mit antiken Köpfen, mit sphinxartigen Fabelwesen und Trophäen decorirt sind. Ein Stück der Sammlung von Beckerath vertrat diesen Stil.

Unter den im Gemäldestil behandelten *Urbino*majoliken der Ausstellungen ließen sich nur wenige mit einem der bekannten Künstlernamen in Verbindung bringen und auch diese nur mit dem des Fra Xanto. Vier Teller, einer aus dem Besitz des Herrn Hollitscher, einer aus der Sammlung G. Reichenheim, zwei, die Herr E. Gutmann hergeliehen hatte, trugen das bekannte Künstlerzeichen. Die drei letzteren, die von 1535, 1538 und 1539 datirt sind, sind in Gubbio mit Lüsterschmuck versehen worden. Ganz vorzüglich ist der von 1532 datirte Teller der Sammlung Hollitscher; er stammt aus der Sammlung Fountaine, in der sich noch drei weitere Stücke desselben Services für die Florentiner Familie Pucci befanden. Der Art des Fra Xanto standen auch zwei Teller der Sammlung Schnitzler mit dem Strozzi-Wappen und ein Teller der Sammlung Hainauer mit einer mythologischen Darstellung nahe. So trefflich der letztere Teller auch sein mag, so ist er doch ebenso wie eine der Pilgerflaschen, die aus kaiserlichem Besitz auf der Ausstellung waren, ein Beweis für den fabrikmäßigen Betrieb in Urbino: die weibliche Figur auf dem Teller und der Reiter auf der Flasche wiederholen sich genau in anderen Compositionen auf einer Schüssel im British Museum mit Perseus und Danae und einem Teller der Sammlung Salting mit Caesar in Aegypten.

Zwei große Schüsseln aus den Sammlungen Simon und Gutmann und verschiedene kleinere Stücke aus dem Besitz von Frau Rosenfeld und Herrn von Parpart vertraten jenen Stil, mit dem in Urbino in der zweiten Hälfte des Cinquecento wieder das ornamentale Element die Oberhand gewann; man knüpfte an die Ornamentik aus dem Beginn des Jahrhunderts, an den Groteskenstil an, und zwar jetzt an jene leichte, graziöse Ausbildung, die dieser Stil durch Raffael in den vaticanischen Loggien erfahren hatte. — Auch eine andere Art von vorwiegend ornamentalen Majoliken wird, ohne rechten Grund, gewöhnlich Urbino zugewiesen, jene Teller und Schüsseln, die außer einem kleinen Medaillon in der Mitte und einem schmalen Blätterkranz am Rand nur in Weiß auf Weiß decorirt sind. Ein 1544 datirtes Stück in South Kensington giebt einen Anhalt für die Zeit dieses Stils, von dem auf der Ausstellung eine Schüssel aus dem Besitz des Herrn E. Gutmann ein gutes Beispiel war.

* *

Die keramischen Erzeugnisse *Frankreichs* und *Deutschlands* im XVI. Jahrhundert spielten auf der Ausstellung nur eine nebensächliche Rolle. Für Frankreich gaben drei Schalen und Schüsseln aus dem Besitz der Herren E. Gutmann und von Parpart einen Begriff von dem barocken Stil, der dem Bernard Palissy seinen Ursprung verdankt. Das deutsche Fayencegeschirr war durch zwei große Exemplare der bekannten süddeutschen Waare, die man fälschlich als Hirschvogelkrüge bezeichnet, gut vertreten. Das deutsche Steinzeug war eine Zeit lang ein beliebtes Sammelobject, dementsprechend war diese Abtheilung an Stückzahl bedeutender als die der Fayence. Die Herren Schnitzler, von Parpart, Weisbach, Gutmann hatten Siegburger Pinten, Frau Hainauer und Herr von Dirksen Siegburger, Kölner und Frechener Bartmannskrüge beigesteuert; besonders die beiden Exemplare der Sammlung Hainauer waren schon durch ihre Grösse höchst bemerkenswerth.

Ich schliesse diese cursorische Übersicht mit dem Hinweis auf ein deutsches Fayencestück der Sammlung Sussmann-Hellborn, das zu dem Wichtigsten gehörte, was die Ausstellung bot, in gleicher Weise interessant in künstlerischer wie in fachlicher Hinsicht (Abbildung S. 146). Es war dies ein grosses, in der Art der Ofenkacheln mit farbigen Zinn- und Bleiglasuren überzogenes Relief, ein Salzburger Innungszeichen aus dem Jahre 1561, das uns das Innere einer Töpferwerkstätte vorführt. Geschmackvoll sind die Figuren in dem im Renaissancestil decorirten Raum vertheilt, mit höchster Lebhaftigkeit und scharfer Naturbeobachtung ist die Stellung an der Drehscheibe, die lebhafte Verhandlung zwischen Verkäufer und Kunden wiedergegeben. Dank diesem Relief hatte die kleine deutsche keramische Abtheilung wenigstens *eine* Arbeit aufzuweisen, die dem Besten der betreffenden italienischen Abtheilung — wenn wir von den Robbiawerken absehen — an künstlerischem Werth und an historischer Wichtigkeit zum Mindesten gleichkam.

FAENZA UM 1500 BES. A. v. BECKERATH

TAFELN

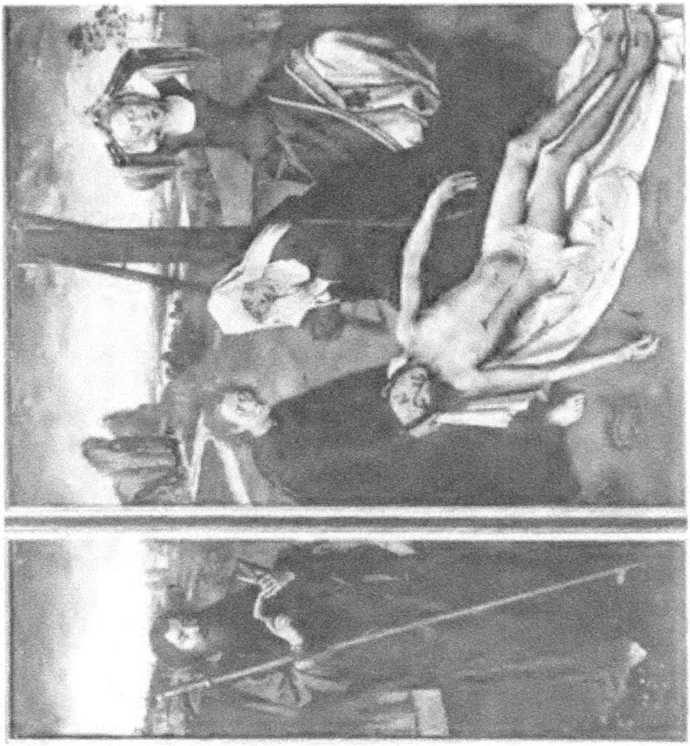

JOACHIM DE PATENIER
LANDSCHAFT MIT JÄGERN
BESITZER FRAU WESENDONCK

SCHÜLER DES FRA FILIPPO
MADONNA MIT DEM KINDE UND ENGELN
BESITZER FRAU JULIE HAINAUER

ANDREA MANTEGNA
MADONNA

CARLO CRIVELLI

SIBYLLEN

MARMORSTATUEN VON GIOVANNI PISANO

DIE HL. MAGDALENA [illegible] MARIA AUS [illegible]

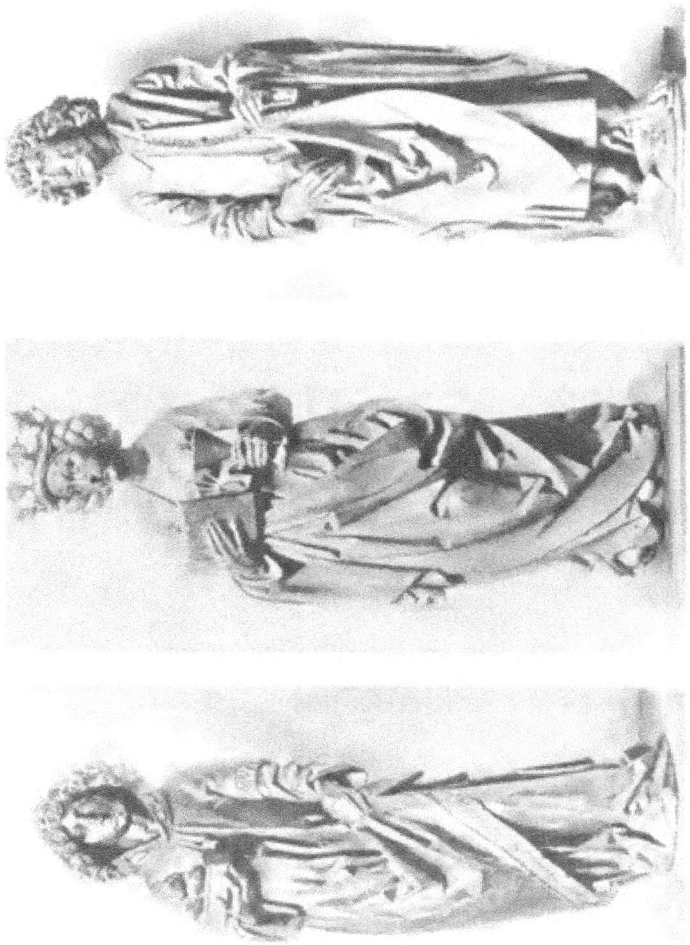

1. Hans Schwarz Med. auf Martin Pfinzing. 2. Hans Schwarz (?) Med. auf Hans Burgkmair 1518. 3 Hans Schwarz Med. auf Stephan Westner. 4 Hans Schwarz Med. auf Kunz von der Rosen. 5 Med. auf Michael Ott von Aechterdingen. 1522. 6 Med. auf Sigismund von Herberstein. 7 Peter Flötner (?) Med. auf Georg Hermann. [illegible] 1526. 8. Hans Schwarz Med. auf Konrad Peutinger. 9. Nürnberger Meister H. B. (?) Med. auf Franz Ygelshofer. — 1 bis 8 Bronze. 9 Silber.

DEUTSCHE SCHAUMÜNZEN DES XVI. JAHRH

BESITZER JAMES SIMON

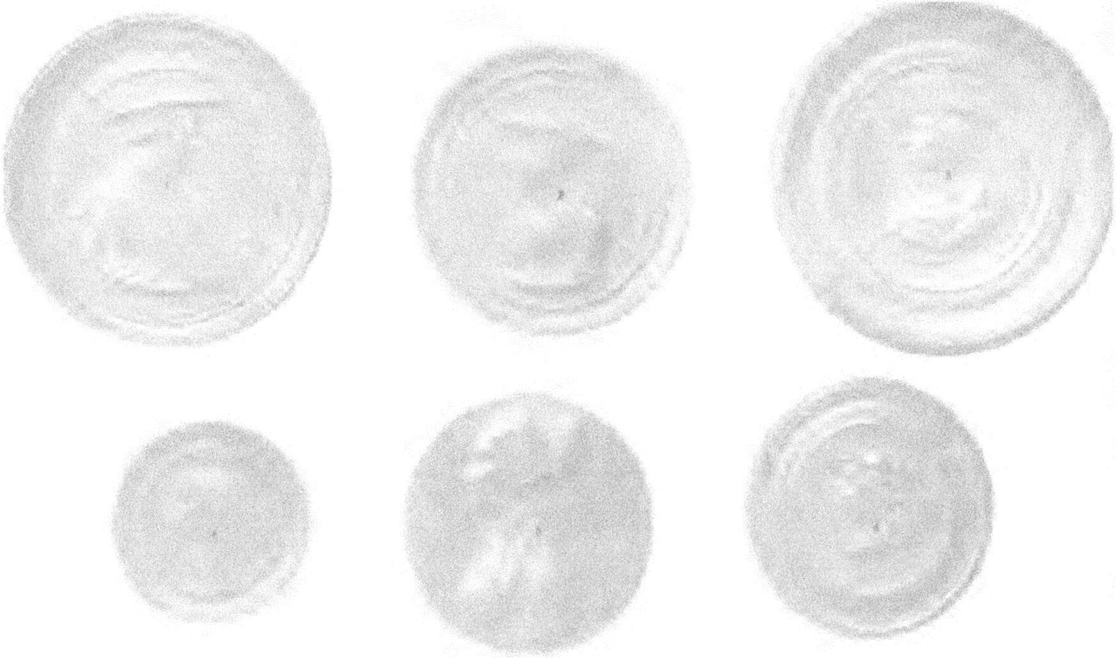

1. Arbeit des Hagenauer Besitzer J. Simon 2. Arbeit des Hagenauer Besitzer J. Simon 3. Besitzer V. Weisbach 4. Besitzer J. Simon
5. Besitzer V. Weisbach 6. Besitzer J. Simon

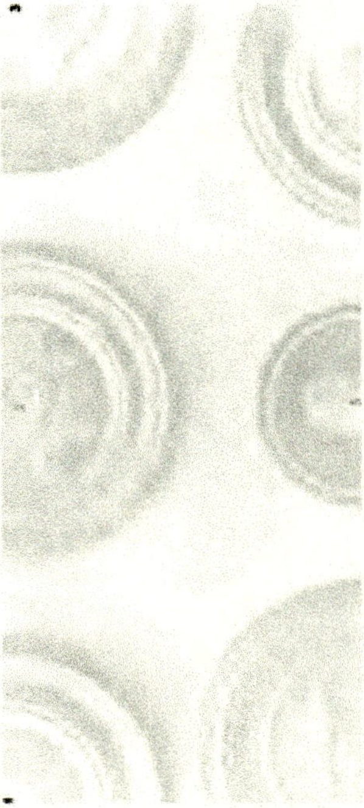

MARIA MIT DEM KINDE

MARMORRELIEF VON ANTONIO ROSSELLINO

BESITZER FRAU JULIE HAINAUER

MARIA MIT DEM KINDE
PADUANER BRONZERELIEF DES XV JAHRH

KOPF EINES JUNGEN SKLAVEN
ITALIENISCHE BRONZEBÜSTE DES XVI JAHRH

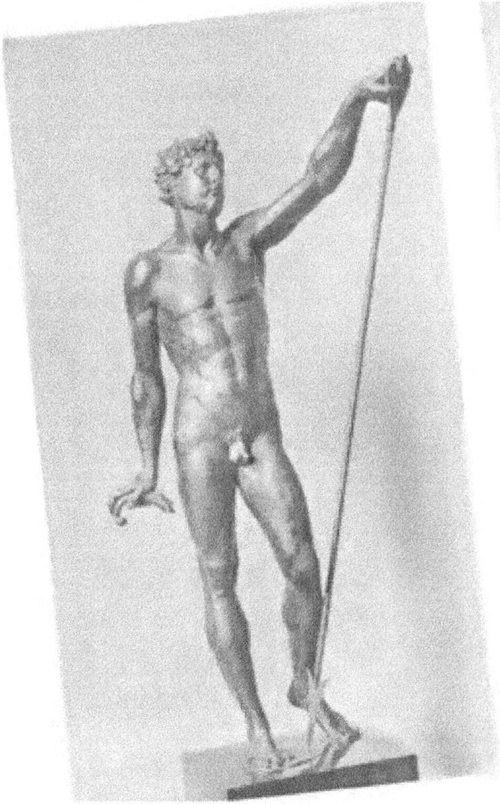

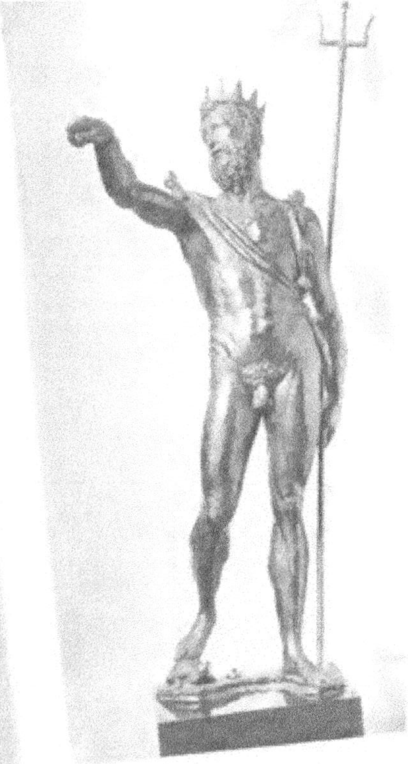

[illegible]

[illegible] BRONZEBÜSTE DES [illegible]

[illegible]

[illegible] BRANCA [illegible]

[illegible] JAMES SIMON

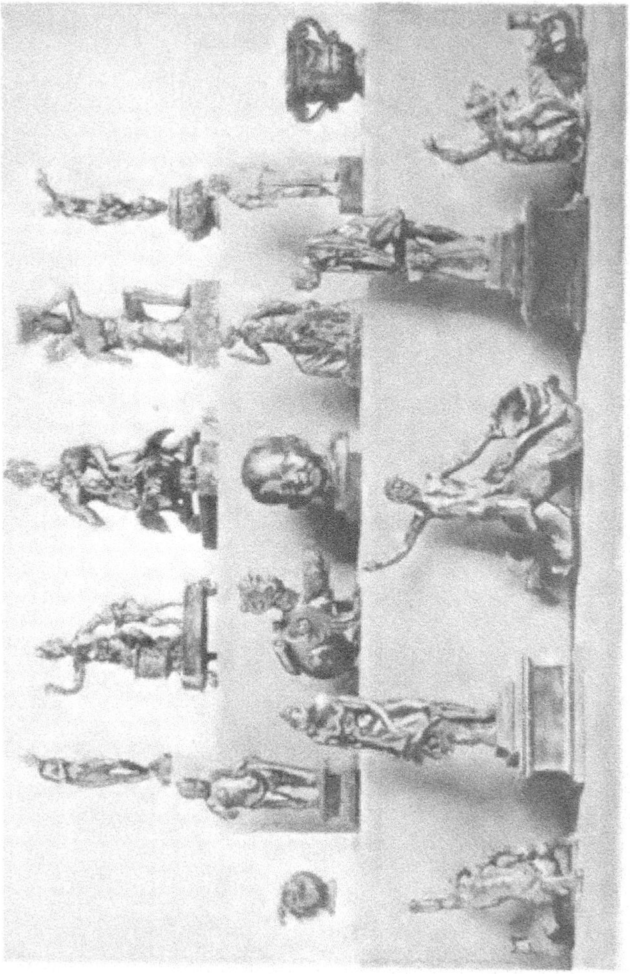

1 Venezianisch um 1550 Besitzer Frau J. Hainauer 2 Anfang des XVI Jahrh Besitzer A. von Beckerath. 3 und 5 Venezianisch, Ende des XVI Jahrh. Besitzer J Simon 4 Venezianisch, Anfang des XVII. Jahrh Besitzer F von Hoeneveradt 6 Erste Hälfte des XVI. Jahrh Besitzer Martin Liebermann 7 Venezianisch, Ende des XVI Jahrh. Besitzer H. Wallach 8. Art des Riccio Besitzer A. von Beckerath. 9. XVI Jahrh Besitzer Martin Liebermann 10. XVI Jahrh Besitzer Frau J. Hainauer 11. Art des Bertoldo di Giovanni Besitzer A von Beckerath 12 Art des Riccio Besitzer Rud P Goldschmidt

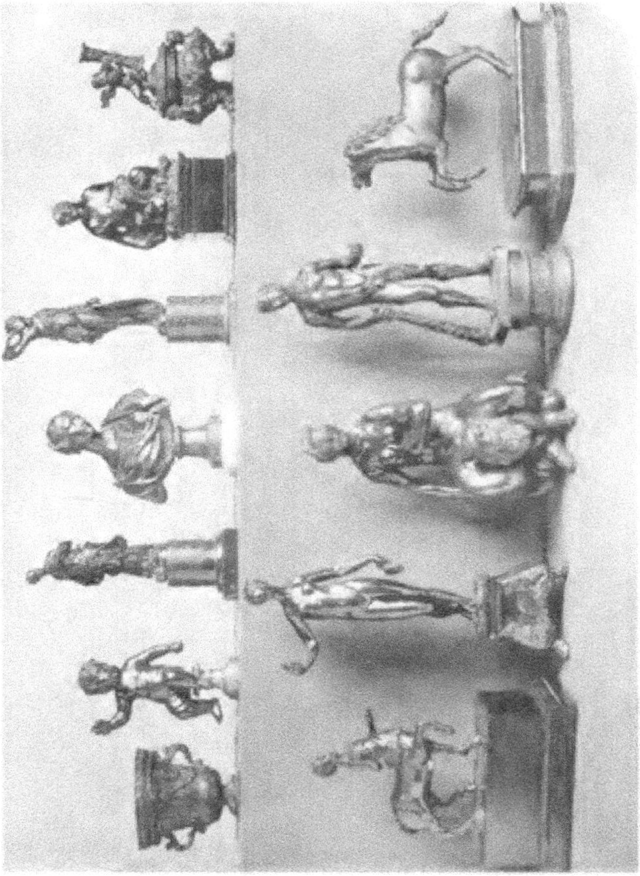

1 und 5. Venezianisch. Besitzer A. von Beckerath 2. Venezianisch. Besitzer J. Simon. 3. Paduanisch. Besitzer G. Reichenheim 4. Venezianisch. Besitzer H. Wallich 6 und 10. Venezianisch, um 1550. Besitzer W. Bode. 7. Venezianisch. Besitzer A. von Beckerath 8. Besitzer C. Hollitscher 9. Venezianisch. Besitzer Frau M. Rosenfeld

BILDWERKE UND GERATHSCHAFTEN IN BRONZE
ITALIENISCHE ARBEITEN DES XVI. JAHRH

1 Besitzer J. Simon 2 und 4. Besitzer Robert von Mendelssohn. 3 Besitzer J. Simon 5 Besitzer Frau J. Hainauer

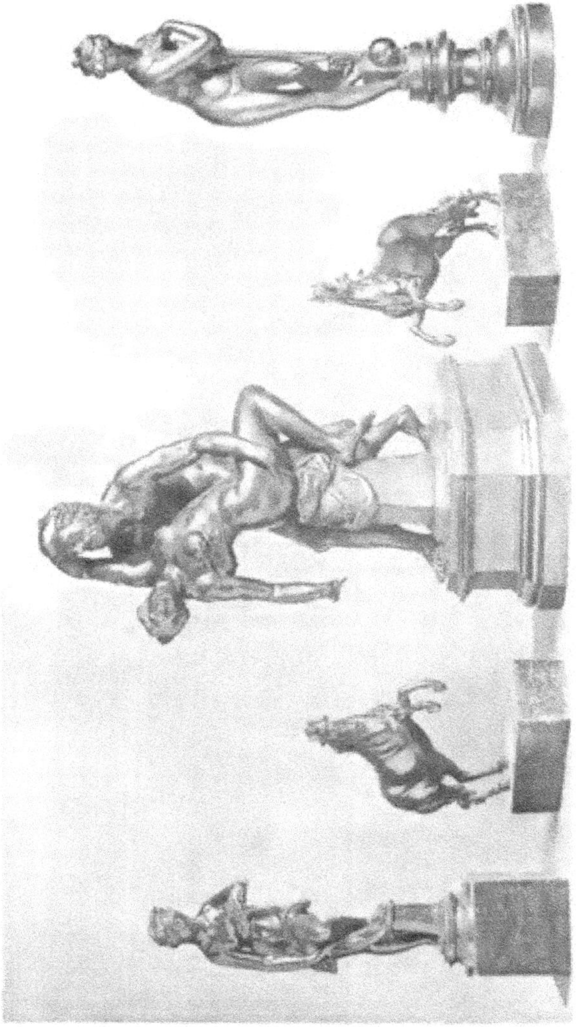

BILDWERKE IN BRONZE

ARBEITEN DES GIOVANNI DA BOLOGNA

1. Art des Riccio. Besitzer Graf F. von Pourtalès. 2. Gio. Anto. Tavani. Besitzer Frau J. Hainauer. 3. Venezianisch, Ende des XVI. Jahrh. Besitzer J. Simon. 4. Italienisch, XVI. Jahrh. Besitzer A. von Beckerath.

1. Giovanni Christophoro Romano. Medaille auf Elisabetta Gonzaga. 2. Neapel um 1500. Medaille auf Giovanni Pontano.
3. Pisanello. Medaille auf Joannes VII. Paleologus. 1438. 4. Bertoldo di Giovanni. Medaille auf Mahomet II.

ITALIENISCHE SCHAUMÜNZEN DES XV UND XVI JAHRH.

BESITZER JAMES SIMON

1. Pisanello. Medaille auf Filippo Maria Visconti. Besitzer J. Simon. 2. Sperandio. Medaille auf Virginio Malvezzi. Besitzer J. Simon. 3. Florentinisch, XVI. Jahrh. Medaille auf Cosimo II. Medici. Besitzer J. Simon. 4. Sperandio. Medaille auf Giovanni Lanfredini. Besitzer W. Bode.

ITALIENISCHE SCHAUMÜNZEN DES XV. UND XVI. JAHRH.

MEDAILLE AUF ERCOLE GONZAGA
DAILLE DES SPERANDIO AUF GALEOTTUS MARTIUS
BESITZER JAMES SIMON • WILHELM BODE

1 und 2 Medaille auf [illegible]. 3 und 4 Florentinisch. Medaille auf [illegible]. 5 und 6 Florentinisch, um 1480. Medaille auf eine Unbekannte

ITALIENISCHE SCHAUMÜNZEN DES XV JAHRH.

BESITZER JAMES SIMON

1 und 4. Meister P O F XVI Jahrh. Medaille auf einen Unbekannten (F G E M O). 2 und 5. Bologna XV Jahrh. Medaille auf Domenico Garganelli. 3 und 6. Johannes Filetus Medaille auf den Presbyter Marcus.

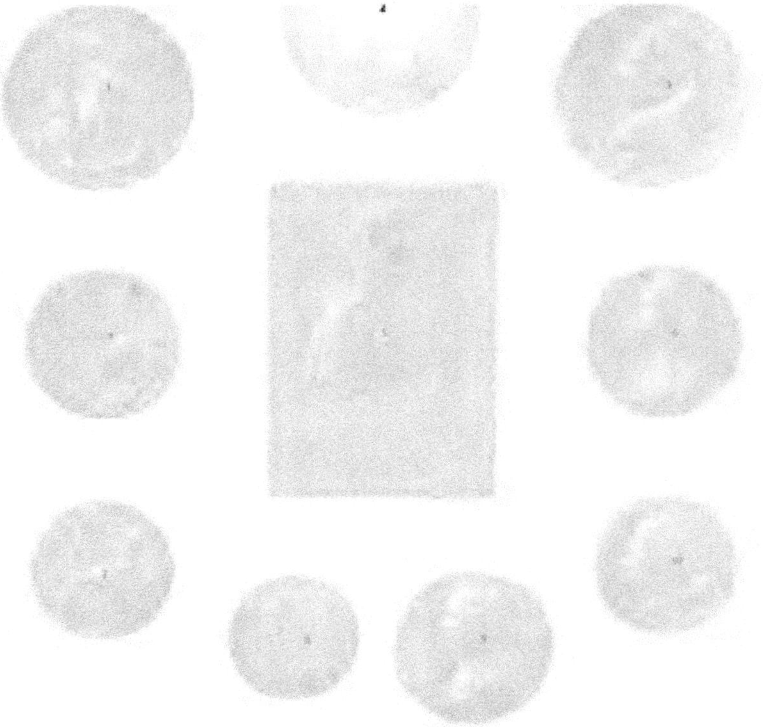

1 und 3. Italienisch, Anfang des XVI. Jahrh. Medaille auf Papst Leo X. Besitzer J. Simon. 2. Italienisch, Anfang des XVI. Jahrh. Medaille auf Laura Tortorina. Besitzer J. Simon. 4 und 6. Venedig, um 1530. Besitzer W. Bode. 5. Italienisch. 1565. Medaille auf Ludovicus Regius Cremonensis. Besitzer J. Simon. 7 und 10. Italienisch, um 1490. Medaille auf Antonius Dionysius, Kardinal von S. Vitale. Besitzer J. Simon. 8. Italienisch, XVI. Jahrh. Medaille auf Amaranda Orsina. Besitzer Graf August von Dönhoff-Friedrichstein. 9. Italienisch, XVI. Jahrh. Besitzer J. Simon.

ITALIENISCHE SCHAUMÜNZEN DES XV. UND XVI. JAHRH.

REKONSTRUKTION DES URSPRÜNGLICHEN ZUSTANDES
DES JAMNITZER POKALS
ZEICHNUNG VON BRUNO SCHULZ

[illegible]POKAL · KAISERPOKAL

GOLDSCHMIEDEARBEITEN DES HANS PETZOLT UND WENZEL JAMNITZER

IM BESITZ SR. MAJESTÄT DES KAISERS

1. Um 1550. Pierre Courteys. Besitzer V. Weisbach. 2. Um 1540. Art des Couly Noylier I. Besitzer G. Rosenheim. 3. Um 1540. Art des Pierre Raymond. Besitzer G. Rosenheim. 4. Um 1500. Besitzer K. von Kaufmann. 5. Um 1540. Pierre Raymond. Besitzer E. Gutmann. 6. Um 1550. Pierre Courteys. Besitzer W. von Dirksen. 7. Um 1500. Besitzer J. Simon. 8. Um 1500, Art des Nardon Pénicaud. Besitzer V. Weisbach. 9. Um 1500. Besitzer J. Simon. 10. XIII. Jahrh., Grubenschmelz. Besitzer V. Weisbach.

XLV

KLEINERE ARBEITEN IN EMAIL, PERLMUTTER UND ANDEREM MATERIAL

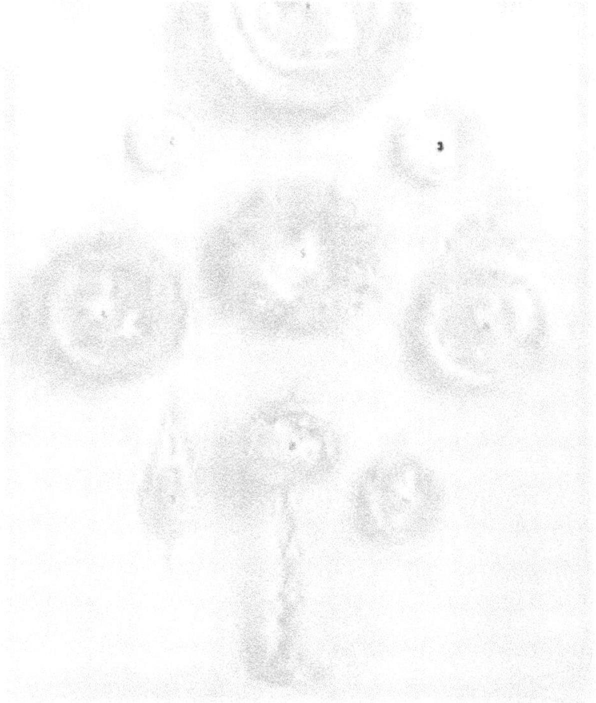

1. Italienisch. Wachs. Papst Paul III. Besitzer V. Weinbach. 2. Deutsch, um 1530. Maser. Isabella, Gem. Karls V. Besitzer Martin Liebermann. 3. Deutsch, um 1530. Maser. Graf Christoph von Zollern. Besitzer J. Simon. 4. Venezianisch. Wachs. [illegible] Besitzer V. Weinbach. 5. Italienisch, um 1560. Wachs. Besitzer G. Reichenheim. 6. Italienisch. Wachs. Besitzer J. Simon. 7. Deutsch, um 1525. [illegible] Besitzer G. Reichenheim. 8. Italienisch. Wachs. Besitzer J. Simon. 9. Italienisch. Wachs. Besitzer J. Simon.

ITALIENISCHE UND DEUTSCHE ARBEITEN DES XVI JAHRH
IN WACHS, BERNSTEIN, GEPRESSTER MASSE

1. Stil von Faenza, Ende des XV. Jahrh. Besitzer A. von Beckerath. 2. Stil von Deruta, um 1500. Besitzer J. Simon. 3. Anfang des XVI. Jahrh. Besitzer A. von Beckerath. 4. Römischer Stil, um 1480. Besitzer A. von Beckerath. 5. Ende des XV. Jahrh. Besitzer W. Bode. 6. Stil von Faenza, Ende des XV. Jahrh. Besitzer J. Simon.

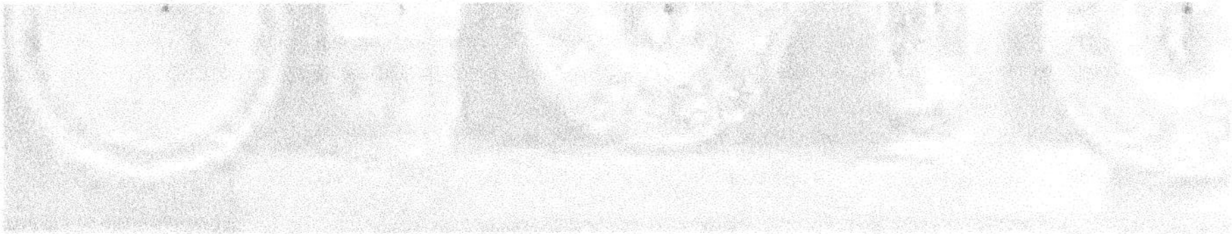

1. Deruta, 1. Hälfte des XVI. Jahrh. Besitzer A. von Beckerath. 2. Faenza, um 1540. Besitzer A. Schnütgen. 3. Deruta. 1. Hälfte des XVI. Jahrh. Besitzer J. Simon. 4. Faenza, um 1520. Besitzer V. Wesendonck. 5. Um 1500. Besitzer A. von Beckerath. 6. Faenza, um 1530. Besitzer Frau Rosenfeld. 7. Um 1500. Besitzer W. Bode. 8. Faenza. Casa pirota, um 1530. Allianzwappen der Valpino in Verona und Soderini in Florenz. Besitzer A. Zeiss.

1. Deruta, 1. Hälfte des XVI. Jahrh. Besitzer A. von Beckerath. 2. Faenza, um 1540. Besitzer A. Schnütgen. 3. Deruta, 1. Hälfte des XVI. Besitzer J. Simon. 4. Faenza, um 1530. Besitzer V. Weinbach. 5. Um 1500. Besitzer A. von Beckerath. 6. Faenza, um 1530. [illegible] Frau Rosenfeld. 7. Um 1500. Besitzer W. Bode. 8. Faenza, Casa pirota, um 1530. Allianzwappen der Vulpani in Verona und [illegible] in Florenz. Besitzer A. Zeiss.

ITALIENISCHE MAJOLIKEN DES XVI. JAHRH

1 Köln (Eigelstein), um 1580. Besitzer K. Hackenbroich. 2 Frechen, 1599. Besitzer W. von Dirksen. 3. Köln (Maximinenstrasse), um 1580. Besitzer W. von Dirksen. 4 und 6 Sog. Herzogskrüge. Besitzer E. Gutmann. 5 Frankreich, in der Art des Palissy. Henri IV. und seine Familie. Besitzer von Parpart.

www.ingramcontent.com/pod-product-compliance
Lightning Source LLC
Chambersburg PA
CBHW021105270326
41929CB00009B/738